學做工

勞工子弟何以接繼父業？

Learning to Labour:

How Working Class Kids Get Working Class Jobs

保羅・威利斯（Paul Willis）—— 著
秘舒、凌旻華 —— 譯
李明璁 —— 導讀

目錄

第二部分——分析

【總序】

「時代感」總序

——李明璁

謝謝你翻開這本書。

身處媒介無所不在的時代，無數資訊飛速穿梭於你我之際，能暫停片刻，閱覽沉思，是何等難得的相遇機緣。

因為感到興趣，想要一窺究竟。面對知識，無論是未知的好奇或已知的重探，都是改變自身或世界的出發原點。

而所有的「出發」，都涵蓋兩個必要動作：先是確認此時此地的所在，然後據此指引前進的方向。

那麼，我們現在身處何處？

在深陷瓶頸的政經困局裡？在頻繁流動的身心狀態中？處於恐慌不安的集體焦慮？抑或感官開放的個人愉悅？有著紛雜混血的世界想像？還是單純素樸的地方情懷？答案不是非此即彼，必然兩者皆有。

你我站立的座標，總是由兩條矛盾的軸線所劃定。

比如，我們看似有了民主，但以代議選舉為核心運作的「民主」卻綁架了民主；看似有了自由，但放任資本集中與壟斷的「自由」卻打折了自由；看似有了平等，但潛移默化的文化偏見和層疊交錯的社會歧視，不斷嘲諷著各種要求平等的法治。我們什麼都擁有，卻也什麼都不足。

這是臺灣或華人社會獨有的存在樣態嗎？或許有人會說：此乃肇因於「民族性」；但其實，

遠方的國度和歷史也經常可見類似的衝突情境，於是又有人說：這是普同的「人性」使然。然而這些本質化、神祕化的解釋，都難以真確定位問題。

實事求是的脈絡化，就能給出答案。

這便是「出發」的首要準備。也是這個名為「時代感」書系的第一層工作：藉由重新審視各方經典著作所蘊藏的深刻省思、廣博考察、從而明確回答「我輩身處何處」。諸位思想巨人以其溫柔的眼眸，感性同理個體際遇，同時以其犀利筆尖理性剖析集體處境。他們立基於彼時彼地的現實條件，擲地有聲的書寫至今依然反覆迴響，協助著我們突破迷霧，確認自身方位。

據此可以追問：我們如何前進？

新聞輿論每日診斷社會新病徵，乍看似乎提供即時藥方。然而關於「我們未來朝向何處」的媒介話語，卻如棉花糖製造機裡不斷滾出的團絮，黏稠飄浮，占據空間卻沒有重量。於是表面嘈雜的話題不斷，深入累積的議題有限。大家原地踏步。

這成了一種自我損耗，也因此造就集體的想像力匱乏。無力改變環境的人們，轉而追求各種「幸福」體驗，把感官託付給商品，讓個性服膺於消費。從此人生好自為之，世界如何與我無關；卻不知己身之命運，始終深繫於這死結難解的社會。

「時代感」的第二項任務，就是要正面迎向這些集體的徒勞與自我的錯置。

據此期許，透過經典重譯，我們所做的不僅是語言層次的嚴謹翻譯（包括鉅細靡遺的譯

註），更具意義和挑戰的任務，是進行跨時空的、社會層次的轉譯。這勢必是一個高難度的工作，要把過去「在當時、那個社會條件中指向著未來」的傳世作品，連結至「在此刻、這個社會脈絡裡想像著未來」的行動思考。

面朝世界的在地化，就能找出方向。

每一本「時代感」系列的選書，於是都有一篇扎實深刻、篇幅宏大的精彩導讀。每一位導讀者，作為關注臺灣與華人社會的知識人，他們的闡釋並非虛掉書袋的學院炫技，而是對著大眾詳實述說：「為什麼此時此地，我們必須重讀這本著作；而我們又可以從中獲得哪些定位自身、朝向未來的重要線索？」

如果你相信手機的滑動不會取代書本的翻閱，你感覺臉書的按讚無法滿足生命的想望，或許這一趟緩慢的時代感閱讀，像是冷靜的思辨溝通，也像是熱情的行動提案。它帶領我們，超越這個資訊賞味期限轉瞬即過的空虛時代，從消逝的昨日連結新生的明天，從書頁的一隅航向世界的無垠。

歡迎你，我們一起出發。

李明璁

導讀

那些年，壞小子（好哥們）教我的事

李明璁

「如果你問我，我是不是一名知識分子，我會回答我不是。我會說，我只是住在伍爾弗漢普頓的一個人，有時候會從事一些知識工作……如果我絕大部分是一個被學術機構界定的人，我大概不僅會感到孤單，而且也不可能做好自己想從事的工作。」

——保羅．威利斯訪談自述

拜臉書之賜，去年我和兩位老同學重啟聯繫，現在一位是怪手司機，另一位是有線電視的工程師傅。初中時他們便是痳吉，屬於已經被老師放棄（連體罰都懶得給予）的「考不上高中的那群壞傢伙」。而我則是微妙地介於他們、以及「還有點希望（所以被打很兇）的吊車尾」之間。

那時期，我除了迷上推理小說、日本偶像、武俠港劇，下課常和他們去鬼混，騙家裡上補習班其實是去打撞球打電動。更糟的紀錄是跟著那幫人去教訓好打小報告的抓耙仔同學，甚至還曾幫忙把風讓他們扁了某位很機車的學校職員。我雖然不完全屬於他們（畢竟仍在以升學為組成任務的「好班」），但其實有點莫名崇拜這群壞學生。有時跟著蹺課，覺得他們實在比那些乖乖牌酷一百倍。

據說那群哥兒們的老大，中輟混了一陣子幫派後，有「變好」去當監工，沒想到意外被脫落的鋼筋砸到而身亡。至於我僥倖考上高中，在那個沒有手機網路的年代，逐漸也就和他們失聯了。再無交集，人生一晃，三十年後才又重逢。

兩位哥們都有點驚訝我成了大學教師，本來還不知道怎麼和我搭話，而我也因此覺得不好意思（又不能故作江湖姿態太過矯情）。直到酒酣耳熱，才聊開了各自不同際遇的種種，以及人生說到底都有的荒謬無奈。

記得那晚聚會的當下，我腦海裡竟不斷浮現一本對我影響至鉅（我也在課堂反覆教過）的社會學經典作品：《學做工》。書裡頭那些「反學校」叛逆傢伙的言行舉止，竟和我記憶深處（屬於少年的）、與如今重逢話舊（已然中年的）的哥兒們，疊影般地交相參照、互給註腳。我當下也跟他們說，在英國唸博士讀此書時，總是清晰憶起年少作伙打混的點點滴滴，如此雷同。而他們嚼著檳榔，不敢置信地回我：「哪有可能大師級的人會做這種研究。」

就像我崇敬的威利斯將這本書獻給漢默鎮男校的那群壞小子，他在謝詞中說「沒有他們，我的研究便不可能實現」。我也希望自己至少能把這篇導讀文章，獻給曾經帶我一起𨑨迌、逃離升學體制、感受片刻自由的「壞朋友」（其實是好朋友）們。

一、《學做工》的醞釀背景：勞工生活與文化研究

在這本書最前面的致謝詞，威利斯還向他的兩位老師致敬——霍加特（Richard Hoggart, 1918-2014）與霍爾（Stuart Hall, 1932-2014）。很顯然地，在《學做工》裡的關懷設定、思想取徑與研究方法，都受到他們深厚的影響。

先談談霍加特吧。他出身於工業大城里茲的藍領家庭，在當地就讀大學，畢業後在學校擔任成人教育講師。一般來說，接受成人教育的學生大多來自中下階層，因經濟或個人條件而無法進入高等教育。這些學生後來成為霍加特撰寫《讀寫何用》（*The Uses of Literacy*, 1957）的靈感來源、也是訴求對象和主要讀者。

這本被譽為英國文化研究起點的關鍵作品，其實不太是嚴格定義下的學術出版，書裡溢散著相當程度的自傳色彩。霍加特將自身成長經驗，與二戰前後英國工人階級受大眾傳播文化影響的生活變貌，巧妙地交織論述。

一方面，不同於當時學院菁英普遍對庶民文化不屑一顧，霍加特對流行歌曲、通俗小說、報章雜誌等素材相當重視；但另一方面，他也對這些勞工階級喜愛的休閒文化，態度相當保留、甚至頗為衝突。澳洲文化研究宗師特納（Graeme Turner），便曾以「一種焦慮的矛盾心態」來形容霍加特[1]。

無論如何，《讀寫何用》對勞工階級日常生活文化的鮮明描繪，設下了一個典範，不僅在學術領域啟人無數，其影響也擴及大眾。一九六〇年代開播、英國史上最長壽的電視影集《加冕街》（*Coronation Street*），展演北英格蘭勞工社區的日常人際與生活細節，相當程度便呼應著霍加特的這本書[2]。事實上，霍加特本人一直都積極投入媒體與大眾文化的各種辯論，曝光頗多，儘管學院人士不以為然，但他仍熱切扮演公共知識分子的角色。

一九六四年，霍加特在伯明罕大學創設當代文化研究中心（The Birmingham Centre for Contemporary Cultural Studies）[3]，四年後，他受聘至聯合國教科文組織，由霍爾接棒擔任主任。而差不多同一時間，從劍橋大學畢業的威利斯，原本認為自己並不是做學術的人，想棄文從商，先去倫敦政經學院讀個未來好找工作的科目。但後來因緣際會，大抵是受到當時嬉皮與革命風氣的影響，他決定先閃躲一下，不急著逼自己「找一份合適的工作」，從中心逃去邊陲，轉去剛成立的伯明罕當代文化研究中心。威利斯是該中心首批學生，並於一九七二年獲得博士學位，爾後繼續留下來做研究。《學做工》這本書的田野調查，便是從一九七二到一九七五年間進行的。

除了霍加特，威利斯的另一位導師霍爾，對他（乃至整個英國文化研究）的影響更為深刻。出身牙買加移民家庭的霍爾，靠獎學金進入大學，雖然在白人有錢菁英匯聚的牛津大學，一路唸到了博士，但卻因參與政治運動而中輟。爾後他在倫敦教了一陣子中學與成人教育。跟霍加特的生涯路徑近似，如此偏離傳統高教體制、進入庶民教育系統的經驗，深刻影響了伯明罕文化研究學派的發展。

一九六〇年，霍爾與著名的馬克思主義者湯普森（E. P. Thompson, 1924-1993）與威廉士（Raymond Williams, 1921-1988）等人共同創辦了《新左評論》（*New Left Review*）期刊[4]。爾後，他被霍加特延攬進入當代文化研究中心，並從一九六九年開始擔任主任。整個一九七〇年代，霍

---

1 參見Graeme Turner (1992) *British Cultural Studies*. London: Routledge.

2 參見Stuart Laing (1986) *Representations of Working-Class Life, 1959-64*. London: Macmillan.

3 該中心在創建之初，曾受知名的企鵝出版社（Penguin Books）資助。這家出版社創立於一九三五年，是掀起英國平裝書平價革命、促進「文學大眾化」的關鍵推手。也是捍衛出版和言論自由的重要旗手。一九六〇年，企鵝因發行完整版《查泰萊夫人的情人》、違反英國《淫穢出版禁令》而遭起訴。霍加特在當時大力聲援，最終促成無罪判決，不僅拯救了該出版社，更大幅推進了英國的出版自由。也因此，當霍加特在一九六四年要成立一個跨學門、以大眾文化為核心關懷的自由研究機構時，企鵝出版社便慷慨提供金援。

4 一九五六年，蘇聯入侵匈牙利震驚全球，許多英國共產黨人，包括當時的湯普森與霍爾等年輕左派知識分子，因不滿史達林獨裁主義路線而脫黨。隨後便以《新左評論》作為論述反省與行動重整的重要媒介。

爾帶領團隊成就了以下重要貢獻：

一、在理論取徑上，接合了兩股新馬克思主義路線——葛蘭西（Antonio Gramsci, 1891-1937）的「文化霸權」（cultural hegemony）論，以及阿圖塞（Louis Althusser, 1918-1990）的結構主義和「意識形態國家機器」（ideological state apparatuses）論。

二、在研究對象上，全面展開對各式流行文化、媒體文本和日常消費的解析。這些都是過往在高教學術機構未曾被正眼看待的事物。同時，霍爾及其研究團隊也致力將傳統左派重視的階級問題，與不同性別、族群、年齡等議題進行辯證性的接合。

三、在研究方法上，自由多元地跨越門戶界線，不僅採用在文本與媒體分析的各種策略如符號學、影像敘事與論述分析等，更積極結合社會學的訪談方法、心理學的精神分析、尤其是人類學民族誌（ethnography）的田野調查等。

四、在研究交流上，大幅促進英美與歐陸間的連結對話。比如法國學者巴特（Roland Barthes, 1915-1980）、傅柯（Michel Foucault,1926-1984）的著作，都在霍爾與中心研究同仁的引介下，更廣泛地被閱讀。

總的來說，一九七〇年代的伯明罕當代文化研究中心，像是一個產能滿載的發電廠，不斷推促、刺激著英國、歐陸乃至全球的學術界，且同時在喚醒公眾意識的政治行動上，活力旺盛地扮演重要角色[5]。

在這樣的氛圍薰陶與協助下，威利斯展開了他的博士研究。當時他便以民族誌的方法，深入比較飛車黨和嬉皮族這兩種相互對立的次文化。此一研究成果，後來晚《學做工》一年出版成書：《世俗文化》（*Profane Culture*, 1978）。若從此書回看《學做工》之前的威利斯，會發現他對人們主觀敘說真實經驗的重視，明顯多於「社會科學需客觀化」的實證主義要求；同時，比起學院派好發議論的概念化、理論化工作，他似乎也對知識的普及化與研究的生活應用，更具實踐熱情[6]。

5 光是在霍爾主事期間，該中心所產出、影響日後至鉅的著作，就已質量驚人。比如一九七七年出版的本書、以及一九七九年何柏第（Dick Hebdige, 1951-）的《次文化：風格的意義》（*Subculture: The Meaning of Style*），都是重量級的經典。

6 特納（Graeme Turner）因此評價，同樣是研究次文化，威利斯的《世俗文化》相較於何柏第的《次文化：風格的意義》，或許在理論與概念化的貢獻上沒那麼敏銳，但卻對研究對象有著更清晰的浪漫同理。

二、《學做工》的研究脈絡：叛逆小子與「看破／看穿」難題

如果說霍加特的《讀寫何用》，讓文學研究者蛻變為「文化研究者」，並進而想像如何以社會科學的方法，跨出文本分析局限的第一步；那麼威利斯的《學做工》，毫無疑問便是文化研究學派，具體實踐並確立其「民族誌轉向」（ethnographical turn）的里程碑。這不僅是方法學上的轉向，其實也是種認識論的位移。

受威利斯影響的民族誌文化研究，大多不是從特定文本或理論概念著手（即便這些研究終究也能在論述層面上提供謹慎而有創見的貢獻），而是從關注特定社會群體的生活處境開始，比如《學做工》裡的壞學生、何柏第《次文化》裡各種穿著打扮或音樂喜好族群、或愛看肥皂劇的家庭主婦、玩龐克的少女樂團等等。

威利斯在博士畢業後，仍想繼續探究工人階級子弟從學校到就業工作的轉變歷程。蹲點是必須的，就選擇他最熟悉的英格蘭中部、一個勞工階級群聚的小鎮漢默鎮（Hammertown）。主要的田野調查地點是一所中學男校，核心研究對象則是令校方頭疼的十二個傢伙（the lads）。他們不愛唸書也不守規矩，形成一個搗亂的次文化團體。威利斯從這幾個「傢伙」在校期間，一路觀察跟訪到他們畢業、進入工廠做工的前半年。

威利斯所使用的民族誌，指涉的並不只是單一方法，而是涵蓋了各種質性研究的技術，包括參與觀察、深度訪談、小組討論等等。此外，除了上述的「壞學生小團體」，威利斯還將其觸角廣伸及學校老師、各戶家長、工廠主管等。由此逐步建立的社會網絡與社會化過程，讓我們不僅能深刻同理行動者主體的思維與行為，也能同步宏觀檢視校裡校外的規訓結構及其意識形態。《學做工》因此比起威利斯的前作《世俗文化》，嚴謹周密許多，也更能達到學院理論化需求的標準。

然而，威利斯還是在本書前言裡，明確表示自己不僅要與從事社會研究的同儕對話，更希望相關職業人士、乃至一般大眾讀者都能理解書中論點。據此，他把這本書拆分成兩大部分：首先是第一部分故事感濃郁的民族誌，對校園裡的青年叛逆文化及其與勞工社區生活、人際的各種連結，做了鉅細靡遺、引人入勝的描繪。威利斯認為，即使不是學院中人，也會對這部分的發現和討論感到興趣。其次，才是理論化（可能是社會學者更關注）的第二部分。

透過與既有社會理論（尤其是馬克思主義）的承繼與對話，威利斯闡釋了他在第一部分所歸納之耐人尋味的問題，尤其是那些充滿矛盾張力的衝突狀態。最終如同威利斯所言，他希望能闡釋這些「反學校／學做工」的文化過程，是「如何一方面推動了工人階級文化，另一方面又幫助維持並再生產社會秩序」。

在此浮現了本書的核心問題：工人階級的子弟，為什麼在看起來似乎是自由與平等的教育環境下，仍然得不到自身階級向上流動的機會？或者更精確地說：要解釋工人階級子弟為何在學校一畢業就快速投入工人階級工作，微妙與困難之處就是要解釋他們為什麼自甘如此？

對於這個問題，傳統馬克思主義的解答大致如下：

一、階級之所以無法流動，一方面是由於上層階級將自己封閉起來、把中下階層區隔開，製造了所謂的社會封閉（social closure）；另一方面則是所謂的階級再生產（class reproduction），意指一個階級透過代際傳承，繁衍了自身階級的利益、行為、價值與認同。

二、資本主義的意識形態透過學校教育和媒體宣傳，讓工人階級產生認同資本主義生產秩序的「虛假意識」（false consciousness），從而「誤認」了自己的利益，並以此建構出一個順服的身體和信念。

這套論述固然有其犀利洞見，但夾帶著悲觀主義色彩的結構決定論，總有一種矮化低估社會行動者的風險。畢竟多數行動者既不是坐以待斃地被社會結構框限，也不是心甘情願地被意識形態洗腦。人們或多或少仍是有選擇的，只是這個選擇不全然隨心所欲，而是一種特定條件化的半

（或偽）自由選擇。

據此，《學做工》更新、重論了階級再生產——並不是自動由階級封閉的結構所決定，也不單是意識形態作用，而是一套日常文化的習作與態度形成。威利斯細膩地考察、解釋工人階級的孩子，如何在學校中「自願選擇」地放棄了階級向上流動的可能機會，反而主動「迎向學習」一套工人階級特有的生活方式。反學校文化（counter-school culture），在此成為最關鍵的命題：

「工人階級子弟寄託希望於文憑和證書實非明智之舉……知識總是帶有偏見、充滿階級意涵，因而工人階級出身的學生必須克服一些不利條件，這些不利條件就嵌在他們錯誤的階級文化和教育觀念之中。但是，能夠做到這點並獲得成功的人只是少數，絕不可能是整個階級。更多的人則只能不斷為此努力，但正是透過這個努力爭取的過程，階級結構被合法化了……因此，從這個意義上來說，這種隱含於反學校文化之中的對於競爭的拒絕，就是一種激進的行動：拒絕與施加於自身的教育壓制合謀。」（頁二六〇）

相對於多數來自中產階級、循規蹈矩、服從權威、認真學習、成績優良的「乖乖牌」（書中稱之為「the ear'ole」），威利斯所關注的這群「the lads」（其實很難翻譯，可以說是傢伙、小子或哥兒們），他們不僅不愛唸書，而且是從頭到腳一整套、都沒在怕地挑戰權威（違反校規、破壞公物、甚至作弄教職員等）。有趣的是，這套反學校文化的發展和運作，其實直接上連至他們父兄輩在工廠裡的「廠房文化」（shopfloor culture）。

也就是說，這些壞小子並不是沒在學東西，只是他們不想學那些課堂上教的、藉此許諾他們可以變成不同階級的虛假東西，他們自成一團、用屬於自己的「課程時間表」學做工[7]。必須與學校裡那些受師長寵愛、看起來人生前景光明的乖乖牌整個對立才行，必須揪出、取笑甚至懲罰那些告密的同學才行，必須從穿著打扮、言行姿態就顯而易見我們和他們不同才行，必須要狠、要man、要像那些已經在工廠幹活的大人們一樣才行……這些都是沒有妥協餘地，非如此不可才能證明自身存在的對抗。

別以為他們傻、都沒在想，從這本書裡許多作者與報導人的對話，就可清楚發現，這些「壞小子」不是不知道大社會的殘酷運作法則、如何連結學校裡的競爭遊戲規則，也心知肚明那些被他們嘲笑捉弄的乖乖牌，以後可能會有個比自己體面的工作，但他們就是不願跟著照做，其實是因為他們已經「洞察」（penetrate）了：感覺即使服膺這個秩序，終究仍是徒勞。

「Penetrations」，洞察，是一些具有穿透既定社會局限力量的念頭，威利斯以此作為本書第二部分、也就是理論化分析的起頭章名。他相當成功地使用這個帶有睿智氣味的語詞，來反轉一般對這些壞學生的刻板印象——他們年少輕狂、沒想太多，所以才不求上進。其實相反地，這些傢伙相當清楚明白實際狀況是怎樣。

事實就是：資本主義社會透過學校教育，讓學生們相信每個人都是有選擇而能改變的，只要你好好學習。對多數人來說（尤其是中產階級的孩子），這似乎已成了一個不證自明的神話。此即威利斯所謂之「局限」（limitation），它妨礙了各種自由念頭的發展、及其對自身所處位置與處境的偏斜理解或詮釋（這便是洞察）。威利斯區分了這兩種狀態，但他認為不太可能予以截然二分。洞察與局限是交織一塊、也相互拉鋸的文化過程。

其實在臺灣的庶民語境中，我們也有著一個類似的普羅用語：「看破」。勞動階級經常掛在嘴邊，用來表示自己對於這個世界秩序的洞察，以及更重要的是某種相應的豁達（甚或放棄）心態。看破，或多或少有一種由下而上、戳破神話的激進性，但正如威利斯所提醒，我們不能只是過度浪漫化這類反抗言行。

反學校文化對主流社會價值的抵制和「看破」，雖然是一種不加掩飾的質疑，但最終還是會回到社會框架並嘗試適應此般現狀。弔詭矛盾之處在於：看破其實不等於「看穿」，後者可說是洞察所涉及諸多「念頭」中，視野上最全面、行動上也最激進的一種革命傾向。

7　挑戰甚至反轉學校裡各種關於「時間就是金錢」、「時間不可浪費」的律令，是這些壞小子們形塑自身認同的一個重要切入。他們會覺得，成天在那邊乖乖死讀書才是浪費時間吧。

工人代代都可能沿襲著相當程度「看破」的洞察，以至於他們寧願早日開始學做工，也不願故作盼望地演出順服學習的劇碼。看破的念頭凝聚了哥兒們同仇敵愾、集體放棄的意識，但各種無法「看穿」的局限卻也如影隨行。在本書第二部分的分析，緊接在「洞察」一章後面的即是「局限」。威利斯明確指出：

「由於存在著深奧的、基本的、使人混亂的分工，文化洞察受到了抑制和破壞，且無法展現其全部潛力或政治表達。兩種最重要的分工就是腦力勞動和體力勞動之間的分工，以及性別之間的分工。」（頁二八二）[8]

在本書最後，威利斯回到與馬克思主義的銜接對話。說到底，資本主義的意識形態仍持續作用於工人階級的日常文化，反之亦成立。也就是說，工人文化同時會不斷促成意識形態的再生產。比如，各種職業指導和謀職建議，就是壞小子們棄學校而學做工的同時，用以稀釋「看破」洞察、所灌注的資本主義意識形態力量。

於是，社會行動者既不是意識形態的被動承載者、也不是實踐革命的主動反抗者，在實際每日生活中，比較像是一個「積極的意義占有者」。宏觀來看，這群反學校的叛逆小子們，通過矛盾的反文化實踐與鬥爭，一方面對社會結構進行了相當程度的「看破」，但諷刺地、同時又造成一種非預期結果——對現存不平等結構的再生產。

因此悲觀嗎？不見得，畢竟知道這一切殘酷事實後，教育才能開始反思並重新構想自身的角色與行動，到底是要繼續這麼直、間接地協助階級再製（儘管表面上看來是不斷在鼓勵勞工子弟們力爭上游），或者還有其他出路？

三、《學做工》的重讀反思：四十年世界變局與臺灣經驗

教育向來擅長許諾。師長以權威的恫嚇也好、溫婉的勸服也罷，都不斷要學生們相信一種看似務實其實虛幻的想像：「你正在學的東西、一輩子都受用」或「你所學的沒有人可以拿走」之類的。如前所述，威利斯筆下的壞小子們，早已粗暴但卻犀利地看破了這些東西。

更遑論，較諸本書所出版的年代，如今世界變動之快之大，每天都在超越老師乃至學校教育體制所設定的理解框架。要用一種固定、普遍性的知識來維持一套秩序化的世界觀，其實已日益困難。

---

8 性別上的問題尤其鮮明、且具爭議，而且還跟族群不平等產生連結。威利斯在民族誌中所呈現這些「壞男孩」在反學校／學做工過程裡的男性沙文與種族主義傾向，是本書日後引發無數辯論與相關後續研究的起點。

過去透過考試，學校體制拼命逼使孩子們要記得師長所教、不可以忘記這些那些。但問題是，進展到「液態化的現代世界」（Liquid modern world，社會學大師鮑曼用語），如今社會更像是一座大型「遺忘裝置」，流動經驗的重要性逐漸大過固態教育。鮑曼因此說：「在我們這個不穩定的世界裡，一切都風雲變幻、捉摸不定，正統教育的最終目標，如固定的習慣、可靠的知識觀念和穩定的價值偏好，現在都成了障礙。」[9]

長久以來教育所設定的獎懲規則與內容偏好，在不斷變動的網路新世界中變得不那麼牢靠。比如以前覺得動漫與電玩是扞格、有害於教育的，所以師長不允許學生頻繁接觸這些。但在現今真實世界中，動漫與電玩甚至已不能再說是一種「次」文化，而是主流文化的重要構成元素了。對各種階級背景的孩子來說，現在無論是乖乖牌還是壞小孩，走的是「拿文憑」或「學做工」的路徑，都必須有更多生存在新世界裡的技法和態度，但這些根本是學校裡學不到的事。

如果主流教育繼續強化一種「只要好好接受教育，個人便能改變自己甚至世界」的意識形態，人們就會被期望透過文憑取得、尋求個別的方案去解決其實是社會性的問題，而不是大家群聚討論、通過社會性的方案去解決個別的煩惱。換句話說，這樣的教育在本質上是違背米爾斯（C. W. Mills）所倡議之「社會學的想像力」（sociological imagination）——主張將個人的煩惱，放置在社會集體與歷史脈絡的連結中，大家一起面對與尋求改變。

去年是《學做工》出版四十週年，臺灣的《教育研究集刊》特別做了專刊，邀請三位學者撰文帶領大家從不同角度重讀此書。包括高師大楊巧玲教授特別關注反學校文化裡的階級與性別交織（並結合了臺灣從事勞動民族誌研究的先驅謝國雄老師的概念）。中研院黃庭康研究員則對威利斯所使用之概念、方法與研究方向進行批判性的重構，提出了一些反思：比如應重視勞工階級內部不同行動者的比較、以及「向上流動」的案例研究比較等等。最後是國立體育大學的鄭英傑老師，則以臺灣實際現況，探討本地工人階級學生及其家長因「面子」考量衍生的「反再製」心態；以他們「怕做工」的各種實作，來與「學做工」的框架進行對話。

有趣的是，「做工」也意外引人矚目地成為一個大眾閱讀話題。一位從事建築監工的年輕人，將他十餘年來在工地現場的真實見聞與反思，寫成《做工的人》，創下了驚人的銷售數量，短短一年已達四十九刷，並獲誠品閱讀職人大賞選為「書店職人最想賣的一本書」。而初試啼聲的作者林立青，因此獲選「臺灣年度最期待作家」。

在頒獎現場，我們看到力推這本書的誠品書店第一線工作人員現身說法：「看這些故事的時候就好像看見我的叔叔、阿伯或是我的鄰居、我的同學他們所發生的故事……推薦大家看這本書，因為我們都是做工的人」「我覺得艱苦人疼惜艱苦人，是這本書所想要傳達出的一種感受」。的確，《做工的人》之所以叫好叫座，不僅是出版社行銷功夫到位，更是因為它深具同理

9 參見 Zygmunt Bauman (2010) *44 Letters from the Liquid Modern World*. Cambridge: Polity.

感染力、平實而動人地說出了「我們周遭甚或我們自己」辛勤做工的人生故事。

然而與溫暖故事共時存在的諷刺現實卻是，不見起色的低工資與日益惡化的長工時，像黑壓壓的烏雲罩頂島國上空。如果不是繼續無奈的「看破」、幹譙取暖，我們就得從更多「做工」的研究中，尋找更具「看穿」能量的洞察，並據此啟動自我與群體轉變的可能，進而展開串連、採取行動。如同威利斯在書末精彩的譬喻：尋常上工的週一清晨固然令人沮喪，但覺知這沮喪的一切來龍去脈，就使得「週一清晨不必然再意味著，同樣的週一清晨無盡無休」。

前言

一九七二年至一九七五年，我受社會科學研究委員會資助，研究工人階級子弟從學校到就業工作的轉變歷程；本書即該專案的成果。本專案採用的研究方法包括個案研究、訪談、小組討論以及對幾組工人階級子弟在校最後兩年以及剛開始工作那幾個月進行的參與觀察。本書的第一部分呈現該專案的實證資料和主要發現。本部分基本上是一部校園民族誌，尤其是描述校園內對立性工人階級文化形式的民族誌，是對從學校過渡到工作的相關文獻的實際補充。第二部分較理論化。它分析了第一部分所記載的那些文化過程的內在涵義、緣由以及變化；同時也闡釋了這些文化過程如何一方面推動了工人階級文化，另一方面又幫助維持並再生產社會秩序。

本書旨在讓社會學者、相關從業者和普通讀者都能了解書中的論點。因此，專業術語和文獻都挪到註釋部分。相關從業者可能對本書第一部分和結論更感興趣，而社會學者則更關注第二部分。

值此書出版之際，社會科學研究委員會已經同意資助本書的一個衍生項目，該衍生專案旨在關注「青年工人和廠房文化」（shop floor culture）。這一研究成果將成為本書的續篇。

致謝

感謝斯圖亞特・霍爾和理查・霍加特的幫助、建議、鼓勵和示範。也感謝曾經閱讀過本書草稿並提出實質性建議的人：托尼・傑弗遜、丹・芬恩、邁克爾・格林、艾倫・奧西，以及伯明罕當代文化研究中心教育組的成員。同時感謝打字員迪爾德麗・貝克、艾麗妮・霍爾和珀爾・紐。

我也要感謝當代文化研究中心及其所有成員，感謝漢默鎮（Hammertown）的學校和居民，尤其是漢默鎮男校的那些「小子們」。沒有他們，我的研究就不可能實現。

筆錄符號說明

〔〕　背景資訊

……　停頓

（……）　刪除的內容

—　身分未確認的發言者

—　摘自於不同討論的筆錄

*　來自田野筆記，而非筆錄

PW　訪談筆錄中作者的簡稱

個人在沒有創造出他們自身的社會關係之前，根本無從駕馭這些關係。不過，倘若把這種關係看成單純的客觀關聯，看成是自然而然的、與個體本質（與他們有意識的認知和意願相獨立的個性）不可分割的，而且是個體固有的關聯，那就大錯特錯了。它是個體的產物。它是歷史的產物。它屬於個體發展的特定階段。它所表現出來的與個體對立的異己性和獨立性，只是表明：個體仍在致力為他們的社會生活創造條件，他們甚至還沒從這些條件出發，開始他們的社會生活。……全面發展的個人……不是自然的產物，而是歷史的產物。

卡爾．馬克思（Karl Marx），《政治經濟學批判大綱》（*Grundrisse*）（一八五七）企鵝（Penguin）出版社，第一六一、一六二頁

序言

要解釋中產階級子弟為何從事中產階級工作，困難在於解釋別人如何成全他們；要解釋工人階級子弟為何從事工人階級工作，困難處卻是解釋他們為何自甘如此。

單說他們別無選擇，未免太過簡單。在不同社會體制下，使人們進行體力勞動的方法有很多：從以機槍、子彈和卡車威脅，到灌輸集體意識、使他們自願加入產業工人大軍。我們所在的自由民主社會可能正處於這兩者之間——沒有明顯的武力威脅，在一定程度上是自我導向的結果。然而，體力勞動報酬低下，社會地位不高，且其本身也日益單調無聊；簡單來說，體力勞動者處於我們階級社會的底層。[1]這本書的主要目的就是要闡明這一令人驚訝的過程。

---

1 許多資料都表明英國的工人階級和中產階級之間存在系統性差異。這些資料極為可靠，最近一期的《社會趨勢》（*Social Trends*, no. 6, 1975, HMSO）匯總了大部分官方資料。百分之六十三的家庭的男主人從事某種體力勞動。社會階層愈低，收入愈低，失業的可能性愈大，工作的環境愈糟糕，並且因病曠工的情況愈多。參見財富和收入分配：A. Atkinson, *Unequal Shares*, Penguin, 1974; F. Field, *Unequal Britain*, Arrow, 1974。

人們通常認為，工作能力和學習才能在不同人群中是逐步遞減的，而工人階級處於底層，從事著糟糕的工作，以至於他們認為：「我知道我很蠢，所以下半輩子就應該待在汽車廠裡把螺帽一個個旋上輪子，這公平合理。」當然，這種逐步遞減的模型須假設其底層的刻度為零或接近於零。然而生活在底層的真實個體很少會給生活打分數，更別說給人生評分。既然這些個體遠非行屍走肉，而且使整個系統陷入危機，那麼我們顯然有必要重新審視這個模型。在資本主義社會裡，工作的市場經濟斷然不會延伸到滿意度的市場經濟中去。

我要指出的是，那些「失敗的」工人階級子弟並不是隨便撿個中產階級與成功的工人階級子弟不肯做的糟糕工作就去做的。我們不應當假設在職業、階級結構裡面有一條連續下滑的能力曲線，相反地，我們應該要看到在不同文化形式銜接裡顯現出的徹底斷裂。我們應該觀察工人階級「失敗」的文化模式和其他文化模式有何不同，以及兩者是如何中斷的。儘管處於既定的環境中，它與其他傳統意義上被視為更成功的群體相比，有自己的過程、自己的定義和自己的看法。這種階級文化不是中立的典範（paradigm），不是**心理**範疇，也不是一套外界灌輸給學校的變數。它包含了各種經歷、關係，以及關係的系統類型總和，這些不僅設定了孩子們在特定時間的「選擇」和「決定」，而且在實際和經驗的範疇內，設定了這些「選擇」一開始是如何出現和被定義的。

本書另一相關、次要的目的，是通過具體研究工人階級文化中最有啟迪意義的一種表現形式，來探討工人階級文化的重要及核心方面。事實上，我最初的研究興趣是整個工人階級文化，但我逐漸被導引到那些心懷不滿、不求進取的男青年身上，他們適應工作的過程正是工人階級文化形式不斷更新的關鍵時刻，而這些文化形式關係到勞動關係這個最基本的社會結構。

事實上，上述兩組關注的話題均指向了勞動力這個重要概念，以及在我們的社會中它是如何被準備、以應用到體力勞動中的。勞動力是人類使用工具、改造自然、生產物品以滿足需求和繁衍的能力。勞動不是一項普世、永恆、不變的人類活動。它在不同的社會具有特殊的形式和意義。勞動力被主觀理解、客觀應用的過程，以及過程間的相互關係，對於所生成的社會類型和該社會各階級的身分及構成具有深遠的意義。這些過程不僅在經濟和結構的層面，而且在文化和象徵層面，都有助於建構特定主體的身分和鮮明的階級形式。

只有當階級身分在個體和群體中被傳遞、在個人和集體自主意識的情境中得以再現時，階級身分才真正被再生產。當賦予人們之物被重塑、強化並應用於新目標時，人們才真正活出了、而不是借用他們的階級命運。勞動力是這一切的重要樞紐，因為它是人們**主動**聯繫這個世界的方式——用外部現實表達自我的最佳方式。這事實上就是透過現實世界的自我實現與自我的辯證。一旦達成這種與未來的基本契約，其他一切就能作為常識被接受。

我認為，對體力勞動力的某種主觀意識，以及將體力勞動力應用到體力工作中的客觀決定，是在工人階級反學校文化的特定背景中產生的。正是在這種背景下，工人階級的主題在確定的環境裡被調和到個人和群體中；也是在這種背景下，工人階級子弟在自己的實踐中，創造性地發展、改變，並最終再生產了大文化環境的某些方面，以至於他們最終被導向某類工作。這本書的第一部分是一部男性白人工人階級反學校文化的民族誌。為求簡要明晰，我沒有討論諸如種族和性別等其他變數，但這不意味著它們不重要。

我們也許應該註明一下，這種反學校文化的存在，照例已被媒體以誇大的形式披露，如教室暴力和無紀律。[2] 一九七二年九月英格蘭開始實施的「提高離校年齡」計畫（RSLA, Raising of the School Leaving Age）似乎也強調並進一步揭露了該文化最具攻擊性的各方面。[3] 主要教師工會委託撰寫特別報告，[4] 尋求工會支持，以將「鬧事者」逐出課堂的做法正規化。在英格蘭和威爾斯，有超過大半的地方當局在學校裡設立專門班級，甚至倫敦內城區也為這種鬧事的孩子設立了獨立的「淨化所」。英國教育大臣下令對這個問題進行全國性的調查。[5] 學校裡的破壞和蹺課行為儼然成為英國首相卡拉漢（Callaghan）先生呼籲的教育「大辯論」之重要議題。[6]

我認為，正是那些孩子自身的文化，最為有效地讓部分工人階級子弟準備好用體力勞動方式來出賣勞動力。因此，某種意義上我們可以說，在西方資本主義社會的底層角色中存在一種自我詛咒。然而，矛盾的是，他們是以真正的學習、肯定、占有和反抗形式來體驗這種詛咒的。在本書的第二部分，我進一步分析了第一部分的民族誌，指出這些主觀感受和文化過程擁有客觀基礎，它們其實已部分洞察了真正決定工人階級生存狀態的先決條件，這些認識顯然要比那些由學校和各種政府機構所提供的官方版本要高明。只有在這種真實反映他們境遇的文化表達基礎上，工人階級子弟才走上了自我詛咒的道路。悲劇和矛盾在於，這些「洞察」往往在不經意間被一系列複雜過程限制、扭曲、攔阻，這些過程範圍廣泛：從普遍的意識形態和學校與指導機構的意識形態，到工人階級文化中的男性家長統治和性別歧視的普遍影響。

我在第二部分最後想要論證的是，自我納入勞動過程的過程是構成整個工人階級文化更新的

---

2 參見“Control experiment”, *The Guardian*, 18 March 1975; “They turn our schools into a jungle of violence”, *Sunday Express*, 9 June 1974 (by Angus Maude MP)；以及“Discipline or terror”與“In our schools... defiance, gang war and mugging”, *Sunday People*, 16 June 1974；以及安吉拉・波普導演的電影《黃金時代》（*The Best Years*），一九七七年三月二十三日在英國廣播公司的全景節目（Panorama）中播出。

3 對「提高離校年齡」計畫第一年情況的官方報導相對於其他評論，以積極性著稱，但它也承認「存在核心的異議」，並寫道：「品行不端增加了，這給我們留下了深刻印象。」引自DES Reports on Education, *The First Year After RSLA*, April 1975。

4 參見National Association of School Masters, “Discipline in Schools”, 1975; NAS, “The Retreat from Authority”, 1976; National Union of Teachers, Executive Report, “Discipline in Schools”, in 1976 Conference Report。

5 報導見*The Guardian*, 27 June 1976。也參見J. Mack, “Disruptive pupils”, *New Society*, 5 August 1976。

6 前首相卡拉漢先生於一九七六年十月在牛津羅斯金學院發表重要演講，他呼籲人們展開「大辯論」，以討論新教學法、父母的「憂慮」，以及「核心課程」和「透過有效地運用六億英鎊的已有資源（……）以（教育）特權（……）保證高效率」。

一個方面，也是反映這個文化如何與規範性國家制度產生千絲萬縷關聯的一個重要例證。他們對整個社會的再生產起了重要作用，尤其是再生產了某一特定生產方式的社會基礎。

以上是本書的主幹。在達成上述目的的過程中，本書也對其他一些領域做出了貢獻。本書探討了我們學校教學關係的核心——教育典範，批評了職業指導，並針對現有國家公辦教育中一而再的失誤提出了一些建議，以期能從根本增加工人階級子弟在生活中的機會。[7]第二部分討論與父權制及資本主義有關的性別模式化，並在理論層面對文化與意識形態的關係形式及各自的地位進行討論。

這項研究所採用的定性方法、參與觀察法，以及採民族誌呈現的方式均源自於我對「文化」的興趣。用這些技術記錄這一層面的故事，能更敏感地捕捉各種意義與價值，也能更好地再現及闡釋文化生產中的象徵性表達、實踐和形式。尤其是民族誌這種形式，能夠允許研究對象在不知道為什麼的情況下主動敘述，展現自己的創造力和人類能動性，並在分析中傳達給讀者。這對我的研究意圖至關重要，因為在我看來，文化不僅是一套被傳遞的內部結構（如一般意義上的社會化），也不僅是主導意識形態自上而下行動的消極結果（比如在某些馬克思主義制度下），而至少在一定程度上是人類集體實踐的產物。

漢默鎮的個案研究

這本書所彙報的研究，包括一個實驗研究和五個對比研究。實驗研究關注的是一個鎮上十二名受中等教育的工人階級子弟，我們稱這個鎮為漢默鎮（Hammertown），稱他們的學校為漢默鎮男子學校。我選擇他們是因為他們和工人階級學校反抗文化的關係——他們不是反抗文化的成員，就是成員的朋友。這所學校建於兩次世界大戰之間，地處那時所建的社會福利住宅當中，這些社會住宅均按標準建造，維護良好，通常都有陽臺，房子與房子之間由迷宮一般的馬路、彎道和巷弄連接在一起，社區裡有很多大酒館、成群的商店和小超市。

在我開展研究的那段時期，這所現代化、非選擇性的中學只收男生，旁邊還有一所同等級的女校。調查研究結束後，作為當地中等教育重新規劃的一部分，這所學校被重新設置成單一性別的綜合中學。在我調查研究期間，學校預見到教學改革，同時為應對比賽及「提高離校年齡」計畫的壓力，擴建了校園，並引進或實驗了一些新的方法。學校用混合分組取代分流教學，建立資源中心，嘗試了小組教學和課程發展專案，並為「提高離校年齡計畫年」推出了一系列的新「選

7 哈爾斯雷（A. H. Halsley）最近認為，即使經濟合作組織關於「教育、不平等和生活改變」的研討會很有幫助，「我們仍遠未理解……〔為什麼學業〕成績和社會出身關係如此緊密」。（"Would chance still be a fine thing", *The Guardian*, 11 February 1975）。

修」課程。我接觸這個學生群體是在他們畢業前一年的第二個學期之初，我密切關注他們，一直到他們工作的前六個月（他們在校的最後一年正好是「提高離校年齡」計畫實施的第一年）。學校共有約六百人，學生中有不少來自西印度群島和亞洲的少數族裔。我選這所學校，是因為它位於一個典型的、建於戰間期的工人階級社會住宅社區中心，而這個社區正處於漢默鎮中心。雖然這所學校的學生完全來自工人階級，但它卻是一所名聲不錯的「好」學校。這似乎意味著這所學校基本上代表了學生行為和穿著的「合理標準」，而這些標準由負責任、有能力的資深教職人員執行。我想盡可能確保所選的群體是工業區中典型的工人階級，而他們享受的教育至少和同等環境下英國所能提供的教育一樣好。選這所學校還有一個好處，就是它新建了一座設施齊全的青年活動中心，學生們經常光顧那裡，這也為我最初進入這所學校提供了非常開放而非正式的機會。

比較個案研究是在同一時期進行的。他們是：漢默鎮男子學校同一年級的一群「循規生」（conformist lads）；漢默鎮附近一所現代男女混合中等學校的一群工人階級出身的「循規生」——這所學校被視為一所「更野」的學校；漢默鎮男子文法學校的一群「違規生」（non-conformist lads）；漢默鎮所在城市市中心附近一所綜合中學的一群相似學生；漢默鎮所在城市最高級住宅區一所重點文法學校的一群各階級男「違規生」。我盡可能保證所有群體都來自同一個年級，屬於友誼群體，選擇他們也是因為他們都很有可能在法定最低離校年齡十六歲時終止求學。對於那所重點文法學校的學生，後一個原因決定了這組成員的組成和他們來自各階級的特徵——只有他們打算在十六歲讀完第四學年的時候離校（那是我第一次接觸他們時，他們的想法），事實上，只有兩個學生在本文寫作的時候確實離校。我選擇這幾個小組是為了就階級、能力、學校制度和對學校的態度等方面進行對比。

在課堂、學校和課餘活動中，我對實驗組進行了密集的觀察也參與觀察；定期進行小組討論並錄音；同時還採取了非正式訪問和日記形式。我（作為班級一員而非教師）參加了這群學生在不同時間上的所有主修和選修課，還參加了一輪職業培訓課程，培訓課由一名相當熱忱、經驗豐富、剛修完聲譽很高的職業諮詢課程的教師執教。我還長時間訪談了實驗組成員的所有父母、所有副校長、和小組學生長期接觸的低年級教師，以及來到學校的職業指導官員，並進行了錄音。

我對實驗組的十二名男孩以及從對照組裡挑出來的三名男孩進行工作跟蹤調查。我和每個孩子都一起工作了一段時間，進行了參與觀察，最後與他們進行了一對一的錄音訪談，我也有所選擇地採訪了領班、經理及商店管理員。

漢默鎮最早的記載出現在《末日審判書》（*Doomsday Book*）中。它地處英格蘭中心，是一座大都市的衛星城。和附近許多小鎮一樣，它的人口數量和重要性在工業革命時期激增。十八世紀中期，博爾頓（Boulton）和瓦特（Watt）為了向其他製造商供應金屬鑄件，在當地開通運河、建立鑄造廠，從而改變了這座小鎮的風貌。它是最早的工業化城鎮之一，它的居民也成為第一批工業無產者。到了一八〇〇年，它已擁有大量熔鐵廠和鑄鐵廠，以及肥皂、鉛和玻璃製造廠。最近，它成為設計和製造彈簧、自行車零件、玻璃、螺帽和螺絲的重要工業中心。它的確算得上英國中部地區的螺帽螺絲鎮，是工業革命的發源地之一。

漢默鎮現在是中部地區大工業區的一部分。人們還是將它視為一個粗野、骯髒的地方，儘管該鎮在公共服務和住房補助方面的市民紀錄要比該地區大部分地方要好。搖搖欲墜的房舍和維多利亞時期的貧民窟，現在都已經清除得差不多，取而代之的是現代化社會住宅和高樓公寓。但是，當漢默鎮的男孩和其他地方的女孩約會時，他們還是喜歡聲稱他們來自緊鄰漢默鎮的大城市，恰好漢默鎮也使用那座大城市的郵遞區號。

這個鎮的人口在二十世紀五〇年代初達到頂峰，此後雖然有很多黑人移民遷入，但人口數量一直在減少。現在的人口大約是六萬人，有趣的是，它還是英國「活躍率」[8]最高的市鎮之一——尤其對婦女而言。漢默鎮的年齡／性別結構和英格蘭以及威爾斯其他地方相似，但它的階級構成有顯著不同。它基本上是座工人階級的城鎮。只有八%的居民從事專業類和管理類工作（這是全國比例的一半），絕大部分人口從事體力勞動。每天有約三千位中產階級人士從南邊和西邊到漢默鎮工作，但他們不住在那裡。以下的事實亦反映了這個鎮缺少中產階級：只有不到百分之二的成年人接受全日制教育（這又是全國比例的一半）。

這裡的就業結構顯示了這個工人階級社區特有的工業性質。這個鎮共有約三萬六千名勞動力，而百分之七十九的人從事製造業，相較之下，全國的比例是百分之三十五，而整個城區的比例是百分之五十五。金屬及金屬零件的製造提供了大半的就業。其他主要就業來源是食品、飲料和菸草業，以及機械工程、機車、磚、陶器和玻璃製造與分銷。在漢默鎮，就業前景總體不錯，即使在經濟衰退時期，它的失業率也總是比全國平均水準低一個百分點。

儘管這個鎮在兩百多年前就已工業化，而且基本維持了原先的基礎工業——特別是金屬和金屬加工，但是，它並不像許多類似的城鎮一樣，擁有小公司或家族企業的基礎結構。事實上，它的工業組織結構相當現代化。漢默鎮大部分人在大工廠裡工作，而這些工廠也常常是全國性或者跨國性公司的分支。百分之六十的工人在雇工數超過一千人的大企業裡就業。少於百分之五的製造業工人在員工數少於二十五人的小工廠裡工作。百分之五十八的工業廠房集中在三十八家面積均超過十萬平方英尺的工廠裡。這座鎮總面積的百分之二十以上用於工業用途。

漢默鎮總體來說是一座典型的工業鎮。它具備所有典型的工業特質和現代的壟斷資本主義特徵，並擁有可能是世界上歷史最悠久的工人階級。

8 活躍率就是十五歲以上經濟方面的活躍者在人群中的比例。這項以及下面的大部分資訊都來自自治市的結構計畫。大部分數據是一九七〇年的。

第一部分

民族誌

第一章 文化的元素

抵制權威，摒棄教條

反學校文化最基本、最明顯、最明確的表現是對「權威」根深柢固的徹底反抗。這種感覺很容易被「小子們」（the lads）[1]（這是反學校文化分子的自稱）表達出來。

1 「lads」是非正式英語，意為「夥伴、傢伙」。在威利斯的田野調查中，「lads」是那些不願學習、群聚玩耍、反抗權威的「壞學生」的自稱。關於這詞的中文譯法，至今並未統一。中國簡體字版《學做工》譯為「傢伙們」，而臺灣社會學家何明修教授曾譯為「小子」，此外也有人稱之為「哥兒們」。其實以上譯法大致都適用，在不同語境脈絡中各有其傳神之處。本書希望這個稱謂，能較為中性而簡約地呈現，所以採取何明修的譯法，並強調其複數型態：「小子們」。——編註

〔談論教師的小組討論會〕

喬伊：（……）他們能懲罰我們。他們的個子比我們大，他們代表的機構比我們的大，我們就是小混混，而他們是大人物，你就是要拿回自己的東西。嗯，我想這就是憎惡權威吧。

艾迪：老師們覺得因為自己是老師所以就高人一等、厲害一些，但他們其實什麼都不是，他們只是普通人，不是嗎？

比爾：老師們認為他們就是一切。他們懂得更多，也比我們高一等，但他們只是自以為高人一等，其實不是。

斯潘克斯：我們希望可以直呼他們的名字……他們自以為是神。

彼特：要是那樣就好多了。

PW：你們說他們高你們一等。那你們承認他們懂得比你們多嗎？

喬伊：是，但不能僅僅因為他們稍微聰明點，就壓著我們啊。

比爾：他們對待我們就應該像他們希望我們對待他們的那樣。

（……）

喬伊：（……）現在我們得聽從他們的每一個奇思異想。他們想讓我們做什麼，我們就得做，因為，呃，呃，我們就是，我們就是在他們下邊。我們這兒有個女老師就是這樣，我們都戴戒指，有一兩個還戴手鐲什麼的，就像她戴的那種，但是，她會毫無理由地說：「都給我摘掉。」

PW：真的？

喬伊：是啊。我們說：「這個摘不下來。」她說：「把你的也摘下來。」我就說：「那你得先把我的手指砍下來再說。」

PW：她為什麼要你把戒指摘下來呢？

喬伊：就是作秀吧。老師們就愛幹這些，他們忽然想讓你把領帶繫好，諸如此類。你得應承他們所有的要求。如果他們想讓你做一件事，而你覺得這件事不對，你如果反對的話，你就會被帶到西蒙斯〔校長〕那兒，或者挨頓揍，或者晚上多出點公差。

PW：你認為學校大部分職員都是敵人？

——：是。

——：是。

——：大部分是。

喬伊：這能給你的生活增加樂趣，如果你以後想以其人之道還治其人之身的話。

這種反抗包括對權威所支持的常規價值觀的明顯反抗。勤奮、謙恭、尊敬——這些都可以用另一種方式解讀。

〔一次小組討論〕

PW：伊萬斯〔職業規劃導師〕說，你們很粗魯（……）你們（在一次職業規劃講座中）很不禮貌，不好好聽講座。他說，為什麼你們沒意識到你們的成長正使世界變得粗野？當你們自己有孩子的時候，他們只會更糟。你們想過這個嗎？

喬伊：他們不會。他們只會很直率。媽的，他們不會是言聽計從的笨蛋。他們會是坦白正直的人。

斯潘克斯：如果我的小孩能像這裡的這些人一樣，我會滿高興的。

這種反抗主要表現為一種風格。這種風格體現在無數細節中，已經成為這些孩子們日常生活中幾乎儀式化的一部分，與學校制度格格不入，能夠被教師們一眼識別出來。教師們不得不成為精明的陰謀理論家。這也部分解釋了為什麼他們熱衷從「疑犯」中找出「真相」。他們生活在顯而易見的陰謀中，儘管沒有透過言語表達出來。這很容易使許多教師整日提心吊膽。[2]

當「小子們」走進教室或參加集會的時候，他們總是相互點頭示意，似乎在說「過來坐，和我們一塊兒找點樂子」，臉上帶著笑，斜眼盯著教師在哪兒。這些小動作可能因為教師的命令或注視而停止一會兒，然後「小子們」又四處走動，臉上擺出一副「老師，我只是剛好走過」的表情。若再受阻止，他們總有一堆理由：「老師，我得把大衣脫了。」「老師，誰誰誰讓我去見他。」集會開始後，被同伴落下的孩子會從椅背上爬過去，或者從禮堂的窗簾裡鑽出來，一路上踢著別的孩子，或者試圖把別人坐的椅子拆散。

「小子們」善於節制，在激發正面衝突前收手。教室裡，他們圍聚成一堆，不斷磨蹭著椅子，被問到最簡單的問題時只會氣呼呼地發出「咳咳」聲，並不斷在椅子上擺出各種坐躺的姿勢。自習時間，有些人把腦袋靠在課桌上，想以公然睡覺來顯示他們的不屑；有些人則背靠著課桌，呆呆地盯著窗外或是牆壁。教室裡瀰漫著一種漫無目的的桀驁不馴，滿嘴託詞和藉口，讓人難以抓住把柄。如果有人坐在暖氣上，那是因為他的褲子被雨淋濕了；如果有人在教室裡穿行，那是因為他要去拿紙寫作業；如果有人離開教室，那是因為他要「像往常一樣」去倒垃圾。半開的課桌裡，漫畫、報紙和色情圖片混雜在課本中。教室裡，竊竊私語聲像不斷拍打沙灘的海浪一樣綿延不絕，滴溜打轉的眼睛和誇張的嘴型間傳遞著鬼鬼祟祟的祕密。

2　有報導指出，一些在學校中擔任教職的教師日常生活被嚴重擾亂，這已成為日益嚴重的問題。參見J. Lawrence, "Control experiment", *The Guardian*, 18 March 1975。

課堂上，正式命令總是遭遇學生們暗地裡的對抗：「不，我聽不懂，你這個笨蛋。」「你說什麼呢？」「操，才不可能呢。」「我現在能回家了嗎？」要是不小心有任何關於性的雙關語出現，後排就會發出咯咯傻笑和故作驚訝的「哇噢」聲，同時某人抿著嘴唇色瞇瞇地在頭上用雙手做著誇張的手淫動作。如果這些陰謀遭到挑戰，他們就在教師背後擺出勝利的「V」字手勢，把指關節扳得「咔咔」響，而前排則裝出一臉無辜的模樣。學生都盯著領帶、戒指、手指，或是桌上的污點——反正不會是教師的眼睛。

走廊裡，校長經過時，拖著腳走路的人要麼過分熱情地打招呼，要麼突然安靜下來。有人走過時，會爆發出嘲笑或者瘋笑，也許是針對過路人，也許不是。無論你停下來還是繼續走，都會十分尷尬。你常常可以看到一排學生集體站在走廊兩側，排成「印第安人式夾道攻擊」的樣子，但你永遠無法證實他們的企圖——他們會說：「老師，我們只是在等斯潘克斯。」

當然，個體情況有所不同，而且不同的教學方式多多少少能控制或者壓制住這種言行上的對峙。但是，學校規則的遵循者——小子們眼中的「書呆子」——態度顯然不一樣。這並不是說他們支持教師，他們支持的是教師這個概念。他們認同教育的正式目標，支持學校制度，並從中獲得自我認同——從某種意義上來說，他們放棄了自己找「樂子」的權利——於是他們要求教師至少應該敬畏同樣的權威。這與忠實信徒提醒牧師恪盡職責完全相同。

〔和漢默鎮男校「循規生」的一次集體討論〕

蓋瑞：好吧，我不認為他們現在足夠嚴厲（……）我是指格雷西先生還有其他一些老師，比如格勞喬，連一年級的學生都能耍他（……）他們那些「小子們」應當受罰，這樣他們長大了才不至於厚臉皮（……）其他一些老師還行，你能和他們一起相處。我是說像彼得斯先生那樣，一開始上課每個人就會保持安靜，如果你沒做作業，你就必須回來做完。但也有一些老師，從第一年開始，雖然會交代作業，但是如果你不做，他們也從不過問，他們根本就不在乎。

實際上，正是對直接權威的熱情，並成為直接權威的同謀，使他們——「書呆子」或「乖乖牌」——成為「小子們」的第二大攻擊對象。「書呆子」這個詞本身就暗含著好學生在「小子們」眼中的消極和荒誕。他們似乎總是聽從，而從不**行動**：他們過得死氣沉沉，順從權威，毫無個性可言。耳朵是人體最不具備表達力的器官：它只接受他人的表達，蒼白無力，易屈服於淫穢之語。這就是「小子們」對那些遵循學校教育正規理念的學生的印象。

關鍵是，「小子們」不僅排斥「書呆子」，而且自認為**高人一等**。這種優越感最明顯的表現途徑也正是「循規生」恰好放棄的樂趣、獨立和刺激：找「樂子」。

〔一次小組討論〕

PW：（……）為什麼不像那些「書呆子」一樣，為什麼不試著參加並通過中學畢業考試（CSE）呢？

——：他們不開心，不是嗎？

德瑞克：因為那些人是傻瓜，有個傻瓜，他現在的成績單上有五個A，一個B。

——：誰？

德瑞克：博查爾。

斯潘克斯：我是說，他們的學校生活有什麼能記住的？他們以後回顧現在，有什麼東西可回顧呢？坐在教室裡，坐到屁股冒汗，而我們可是……我是說看看我們能夠回顧的東西：和巴基斯坦佬打架，和牙買加佬打架。還有我們對老師所做的惡作劇，我們以後回過頭來看這些的時候可是樂事啊。

（……）

珀斯：你知道的，他沒什麼樂趣，你看斯潘克斯整天玩耍，找了不少樂子。班尼斯特就整天在那兒坐著，屁股直冒汗，而斯潘克斯無樂不做，而且開心得很。

斯潘克斯：第一、第二年，我念得真的很不錯。你要知道我拿過兩三個A呢。以前我回到家，我常躺在床上想：「啊，明天還要上學。」你了解吧，我還沒做功課呢，對吧……「我還得把功課做完」。

—：對呀，就是這樣。

斯潘克斯：但是現在我回家的時候，很安靜。我不用想任何事。我就對自己說：「噢，好極了，明天上學，會有樂子。」你懂吧？

威爾：可是你還沒來過呢！

斯潘克斯：誰？

威爾：你。

〔哄笑〕

（……）

—：你沒法想像……

—：你沒法想像〔聽不清〕進普勞酒吧說「給我上一品脫啤酒」。

弗雷德：你想像不出來博克利泡妞回家，和她幹上一場。

—：我能，我見過他。

—：他泡上妞了，哦，博克利這傢伙！

—：就是。

弗雷德：但是我沒法想像他泡她，你知道，像我們泡妞那樣。

「小子們」特別愛在性方面展現相較於「書呆子」的優越感。「鑽出你的殼」，「丟掉你的羞澀」，這是成為「小子們」一員的一部分，這也是「泡妞」的成功途徑。這是一種對教師和「書呆子」之間關係的扭曲反映。「小子們」覺得自己和教師一樣，在優越性和經驗方面於權威結構中占據了相似的位置，但是以一種不同的、反社會化的方式。

〔一次個人訪談〕

喬伊：我們〔小子們〕都泡過妞……有一天我們數了一下，有多少人真正和女人有過一腿？我們認識的孩子中那些真正有過一腿的，在五年級一百多個孩子中，我們好像只數出二十四個來，這才四分之一。

PW：但你總是能知道這種事嗎？

喬伊：是，我能（……）你要知道，這種事情總能在我們當中傳來傳去，還有我們認識的那些「半吊子書呆子」，他們和我們或者那些「書呆子」都不一樣，他們是另一夥的，就像德福、西蒙斯和威利斯那幾個。他們都在自己的圈子裡混，但是他們走路、做事的那副德性，還是他媽的一股孩子氣。他們沒法讓我們開心，我們卻能逗他們樂，有時候他們看我們鬧，都能笑出眼淚來，但他們就沒有那個能力讓我們笑。這就是我們（……）他們〔「半吊子書呆子」〕當中一些人泡過妞，我們知道這種事。那些「書呆子」，他們就等著吧。我的意思是說，看看湯姆．布萊德利，你注意過他嗎？我總是看著他，然後想：好吧，我們經歷了人生所有的痛快和煩惱，我們喝過酒，我們打過架，我們體驗過挫折、性、憎恨和愛所有這些玩意兒，但是他對此一無所知。他從來沒有過女人，他從沒去過酒吧。我們不知道，但我們猜想是這樣——我敢說，他如果幹過肯定會來告訴我們——但是他從沒有過女人，他從沒喝醉過。我從沒聽說他打過架。他對我們經歷的那些情緒一無所知，這一切他慢慢等去吧。

喬伊是公認的小頭頭，時不時喜歡扮演飽經滄桑的年長角色。就像以上訪談及其他地方所顯示的，他也是個相當有洞見和表達能力的傢伙。從某種意義上來說，這或許可能不足以使他成為典型違反校規的工人階級子弟。但是，儘管喬伊可能不是典型的工人階級子弟，但他無疑是他們的代表。他住在一個工人階級社區，來自於一個以打架出名的大家庭，一家之長是個鑄造工人。他離校時不會得到學歷文憑，是教師們公認惹是生非的學生——這更加深了「他有股那個勁」的印象。儘管可能有些誇張，但他著力表達的那些經歷只可能來自他親身經歷的「反文化」。他所描述的文化系統具有代表性、核心性，即使他以一種獨特的方式與這種文化關聯在一起。

值得注意的是，喬伊以自己的語言，並透過這個群體的調解，對本學年和本校的社會風景建構了完整的理解和看法。他認為資訊會傳到「小子們」那裡去，因為他們是這道社會風景的焦點。「公開反叛」的一個鮮明標誌就是建立一套諸如此類的社會觀點和評價系統。同時，應當注意的是，「小子們」所建構的非主流標準，在一定程度上已被教師們認可——至少是私下認可。在教師辦公室裡，你常能聽到年輕教師褒獎某些男生的男性魅力：「他實際上比我說的還要行。」

遵循學校價值的學生沒有形成類似的社會圖景，他們也沒有發展出描述其他團體的暗語。他們對「小子們」的反應通常是偶爾的畏懼、不安的嫉妒和普遍的焦慮，唯恐自己被牽扯進違紀的圈子，並對「小子們」阻礙正常教學流程感到無可奈何。學校中的循規生接受了正式體制，放棄了其他人所享受的樂趣，這意味著他們期望學校體制承認的管理人員和教職員工能夠處理學生的違規行為，而不是由自己出面阻止。

〔與漢默鎮男校循規生的小組討論〕

巴瑞：（……）你知道，他〔一個教師〕總是說「每個人要……」我不喜歡那樣，他們總說「每一個人……沒有人喜歡這個，沒有人喜歡那個。你們都遇到麻煩了」。他們應該說「你們幾個……」像彼得斯先生，他就這麼說，他不會說「每個人」，他總是點那幾個人的名字。這樣更好，因為我們有些人還是感興趣的（……）

奈傑爾：問題是當他們開始鬧、耍弄老師的時候（……）我們就不得不浪費寶貴的上課時間。這就意味著他們浪費了我的時間。有時候我真希望他們直接打包走人（……）

巴瑞：他們現在這樣可能更好（……）把他們都放在一個班〔CSE不是混合班，是按能力分班〕。他們做不做作業都無所謂，你只要管好自己就行，〔在自己班上〕管好自己就行，因為這兒如果有人講話，他會讓你閉嘴繼續做功課。

PW：（……）你有沒有曾經覺得自己應該試著阻止他們？（……）

巴瑞：我從來都不管他們（……）現在是五年級了，他們應該……你知道，你不能在教室裡走到某個同學面前大聲嚷嚷，你知道，你說話得理智些。〔教師們〕應該更嚴格一點。

「小子們」行為做事，總愛顯示他們對教職人員的反抗，以及與「書呆子」的格格不入，這形成了他們特有的整體氛圍；但是，我們有必要更具體地討論一下這些工人階級子弟如何使資本主義提供的三種消費商品——服飾、香菸和酒精——為其所用，從而形成了我們所說的某種「風格／象徵的話語」。服飾作為反抗教師和勝過「書呆子」最明顯、最個人化，也是最顯而易見的元素，對「小子們」意義重大。一個傢伙「公開亮相」的首要信號是服飾髮型的迅速改變。這種另類服飾的特定風格受到外界影響——尤其是更廣泛的青年文化符號體系的流行趨勢。當前，一個「傢伙」的裝備包括：梳理整齊的長髮、厚底鞋、寬領襯衫——領子翻到馬甲外面、牛仔上衣，還有必不可少的喇叭褲。不管什麼樣式的衣服，他們有一樣絕對不穿——那就是校服，他們也很少繫領結（如果無法強制穿校服，很多學校就會退而求其次，要求繫領結），而且利用色彩來製造衝擊力，與單調乏味、統一的校服形成鮮明反差。他們對制服有很深的成見——比如，斯派克描繪制服領子的形狀時說：「你知道的，那個就跟老師的一樣！」

我們也許會注意到，外界整個商業化的青年文化系統，為這些孩子提供了一套關於時尚的詞彙，這些詞彙早有內涵，能被這些「小子們」用來表達他們自己更個人化的涵義，儘管這些服飾以及相關音樂可能純粹是商業產物，並不能代表其追捧者的真正渴望，但我們應該意識到，這些年輕人崇尚和使用時尚的方式具有個性表達的真實性和直接性，而這在最初的商業生產中是欠缺的。

教師和學生之間就服飾問題而產生衝突並非偶然。對一個局外人而言，這種衝突可能很愚昧。但是，焦慮的教師和牽涉其中的學生都明白：服飾是他們爭奪權威的陣地之一。這是文化衝突的一種現代形式。歸根究柢，這是關於學校作為機構的合法性問題。

與服飾緊密相關的當然是「小子們」的個人魅力問題。穿著時髦是他們向學校比中指的一種挑釁，也是將自己和「書呆子」區分開來的方式，這為他們製造了機會，使他們在異性面前顯得更具吸引力。客觀事實的確如此，和同齡學生相比，「小子們」約會女孩的數量確實要多得多；而且我們也已看到，他們之中大部分都有過性經驗。性吸引力以及其隱含的成熟，加之學校禁止性行為，這些都使得服飾穿著不僅僅是膚淺的炫耀，而是表達制度／文化認同的一種機制。這種雙重的表達是反學校文化的特徵之一。

如果說穿著方式是教師和學生發生爭執的主要明顯原因，那麼吸菸僅居其後。我們能再次從中看到「小子們」與「書呆子」的區別性特徵。他們大部分都抽菸，而且更為重要的是，他們都被人看到在抽菸。男生抽菸的主要地點是在校門口。「小子們」很多時間都用來商量下一次怎樣抽菸，或者如何「蹺課」去「抽一口」。如果「小子們」抽得洋洋得意，並炫耀自己的魯莽行徑，那麼資深教師至少不能視而不見。一般來說，學校會經常頒布嚴格的禁菸規定。正因為如此，如果「小子們」繼續在公共場所吸菸而且視之為榮耀的話，學校的資深老師們就會覺得這是對他們權威的挑戰，因而惱羞成怒。如果和另外一個挑戰——撒謊——同時發生，那就更是如此了。

〔針對最近和教師發生的小衝突進行的小組討論〕

斯派克：我們就進去了。我說：「我們沒抽菸。」他說（……）然後就變得非常生氣。我以為他會揍我一拳什麼的。

斯潘克斯：「竟說我是騙子。」「我不是騙子。」「那回來。」我們最後承認了；我們確實吸菸了（……）他氣急敗壞，說：「還說我是騙子啊。」我們說我們沒抽菸，想否認到底。但是西蒙斯大發脾氣。

斯派克：他確實看到我們點菸了。

對學校資深老師們而言，對抽菸的懲罰是不可避免的，那些孩子當然明白。

斯潘克斯：好吧，他〔副校長〕沒法怎麼樣，他不得不打了我三下。我滿喜歡這個傢伙的，我覺得他工作做得不錯。但是我在校門口抽菸，博特從我後面過來。我一轉身就被抓住了，然後我就直接去見了他，挨了板子。星期一早上，我一到學校就挨了三下……你知道他不能放過我。

鑑於上述事實，在學校這種持續發生「游擊戰」的環境中，對於「小子們」而言，發現同情者敵對陣營中薄弱和「愚笨」對手的最有效方法，就是看哪些教師——通常是年輕教師——會在看到一支點燃的香菸後不採取措施。

法茲：我是說阿徹，他幾乎每天早上都看到我在帕德洛克那裡抽菸，因為我在等我泡的馬子，他每天早上都看到我。可他一句話都沒說過。

威爾：他在註冊的時候跟我說過。

PW：（插話）這個阿徹是誰？

威爾：阿徹啊，他說：「別在吃晚飯的時候上那兒去。」他問道：「你去那兒幹什麼呀？」

「在那上面，就在那上面，周圍。」我說：「哦，去小灌木叢。」哦，但是他就那麼被騙了，我們都樂了一回。

同樣地，當學校和外界意義相結合時，對「小子們」而言，抽菸象徵著成人世界的價值觀和言行，因此，抽菸就好比在學校面前作亂。成人世界，尤其是成年男性工人階級的世界，成為他們反抗和排外的重要材料來源。

除了能產生「好的」效果，「小子們」公開喝酒也是因為這對教師和「書呆子」們而言是最具決定性的象徵，以此宣稱個人已經從校園中獨立出來，加入了一種更另類、高級、成熟的社會生存方式。他們興奮地複述著被教師目擊出入酒吧的故事，這比談抽菸還要津津有味；要是哪位教師看到他們「連夜酗酒」卻沒有作為的話，那麼學校陣營裡誰是「背叛者／同情者／弱者」就更加顯而易見了，而且要比對「抽菸」無動於衷更甚。他們對這種特殊意義的領悟力，導致一些進步的年輕教師身處困境。有些教師採取了奇怪的解決辦法，搞得「小子們」不明所以：以下這個例子就涉及到一位憂心、進步的年輕教師。

〔關於教師的小組討論〕

德瑞克：然後阿爾夫就說，哦，「老師好」〔在一家公共酒吧裡遇見教師時〕，但他沒有回應，然後他就說：「老師好？」於是他轉過身，就那樣看著他，哦……他還不回應。第二天，他說：「我找你，阿爾夫。」他走到面前，他就說：「昨天晚上是你在那兒嗎？」他說：「我在參加一個足球聚會。」他說：「好吧，你難道不覺得你那樣做就像侮辱某人？」他說：「不會啊。」他就問：「那如果我羞辱你，你會感覺如何？」「你這是什麼意思？」他說：「在那種地方跟我打招呼，你覺得我應該怎麼回應你？」他繼續說：「好吧，下次不要跟我講話，除非我先跟你說話。」「好的，老師，我以後不會再打招呼了，」他說，「哪怕走路時碰見，我也不說了。」

「小子們」當然很清楚喝酒所具有的重要象徵意義，即加入成年人行列、反抗學校。對他們來說，最後一個學期的最後一頓午餐應該在酒吧裡吃，而且必須喝到盡興。正是在這一刻，他們終於擺脫了學校，在未來的日子裡他們會將這一刻銘記於心。

〔工作中的個人訪談〕

PW：為什麼最後一天喝醉那麼重要？

斯潘克斯：這很特殊。一生只有一次，不是嗎？我是說，那天我還在學校，是學校的學生，但第二天我就上班了，你知道我的意思嗎？

PW：當然，你第二天就去上班了。

斯潘克斯：是啊，我喝醉了，睡一覺，然後我就去上班（……）如果我們沒喝醉，你知道的，我們就不會記得那一天了；我們也可以留在學校（而不是去酒吧），但那只不過又是一天。不過我們那樣做了，我們的最後一天就有東西可以回憶了，我們離開學校的那刻就有回憶了。

這些漢默鎮的「小子們」在酒吧裡確實製造了很特殊的氣氛。斯派克總是解釋說，儘管他有時候看起來像個「可惡的笨蛋」，但他真的很喜歡他的同伴，以後會想他們的。艾迪下定決心要保持「紀錄」，喝掉八品脫酒——按照校長的話說，艾迪在學校被抓時「爛醉如泥」，很不體面地被他開車送回家。法茲解釋說他那天早上如何差點把桑普森（一位教師）弄瘋，結果被送去見校長，「但是他沒怎麼樣，就是開了點玩笑」。更重要的是，酒吧老闆和成年顧客都接受他們，還買酒給他們喝，詢問他們今後的工作。即將離校的時候，他們會像大人一樣許諾幫別人修理管路、砌磚，但他們還沒意識到這些承諾並不可信。

這些「小子們」上學遲到，渾身酒氣，甚至有時微露醉態，但是他們並沒有完全恣意胡鬧，學校教師也強調這點。為了表明學校的權力有法律和國家強制手段為後盾，校長叫來警察。校長和一名警察等在校門口。這個架勢嚇到了「小子們」，當他們試圖避開警察的時候，奇怪的一幕發生了。

〔之後的小組討論〕

威爾：我正走在〔去學校的〕路上，當時我拖著斯派克和斯潘克斯（……）你知道吧，我是想保證他們倆能走。喬伊看見警察走過來（……）我走到小泥塘邊〔路盡頭，後邊只有圍牆〕。我看見了警察，「如果他沒看到我，我就能從圍牆那兒跳過去，免受懲罰，因為要是沒人看見我，我就沒事」。但那時我想：「如果他過來了，我要儘量看起來沒怎麼樣。」所以我就脫了褲子假裝撒尿，好像我只是上學遲到了。然後比爾跑過來，我想「天啊」，就翻過後面的圍牆，爬出去了（……）西蒙斯看見比爾了，他說：「啊，我想我看到了你們兩個。」他說：「你們兩個。」我不知道，你要知道，我只是在走路。

最後，「小子們」被集中在一起，送到校長辦公室，在那兒，警察數落了他們一頓；但後來斯派克說：「他把我提起來摔到牆上。」（我沒有親眼目睹這件事）接下來，校長寫信通知他們的父母，說如果不來道歉，學校就會扣留他們最後的學歷證書。對斯派克，他是這麼寫的：

……你的兒子顯然喝醉了，隨後的行為也非常不配合，很無禮，甚至是挑釁。他似乎堅持為自己的行為辯解，還說學校像第二次世界大戰時德國的集中營科爾迪茨城堡（Schloss Colditz）……作為校長，在最終決定該採取何種措施之前，我希望給家長一個與我溝通的機會。[3]

即使是同情學生的年輕教師也覺得這次事件「令人吃驚」，納悶為什麼這些「小子們」就不能等到傍晚再出去喝酒，這樣才「真正合宜」。當然，關鍵就在於必須在午飯時間去喝酒，這樣才是反抗學校的行為。這麼做不僅僅是為了標誌某種中立的轉變——一種儀式。這是一種決定性的摒棄和隔絕。在某種意義上，他們最終用一種「書呆子」和教師們都不能理解的方式擊敗了學校。這對他們而言是脫離在校備受壓迫（在他們眼中，「書呆子」和教師們的行為就是壓抑的象徵）的青春期而進入成熟、**真實**生活的一次跨越。

有些「小子們」的父母對這個情形的看法和他們的孩子一樣。當然，沒有一個家長應邀去見

3 斯派克的道歉信措辭小心，以保證既能拿到結業證書，又能維護自己的尊嚴：「我希望您能接受我誠摯的道歉……學校本身和『科爾迪茨集中營』毫無相似之處……現在，我認識到我的所作所為有些愚蠢，但是在當時我並不這麼覺得，所以，我現在已經準備好接受您認為合適的處理結果。」

了校長。

〔一次小組討論〕

威爾：我媽把所有的信都收起來了，就像西蒙斯寫的〔關於喝酒的〕那封。我說：「你留這些幹什麼？」她說：「哦，以後回過頭讀讀滿好的，不是嗎？」「哦，給你孩子看啊，看你以前多可怕。」我會保留這些信的，我會。

〔工作中的個人訪談〕

PW：你老爸知道你學期最後一天喝酒的事嗎？

斯潘克斯：哦，啊（……）他笑了，說：「虧他們想得出還要寫信。」喬伊的爸爸來我家，也拿這取笑了一通。

儘管受到威脅，擔心法律制裁，這整個插曲對「小子們」來說「很值得」。在之後的工作環境中，這件事是他們最常提起並添油加醋的校園插曲。這很快成了一種個人化的傳說。隨著學校制度日益開明，校服和抽菸不再是校園衝突最主要的原因；因此，我們也可以預見，喝酒將成為今後校園對抗戰的主要焦點。

非正式群體

某夜我們出門
上街
滋擾他人，
我想我們是反社會的，
但我們很享受。
年長的一代
他們不喜歡我們的髮型，
或者我們穿的衣服
他們好像就喜歡把我們
貶低，
如果沒有交這一幫朋友
我不知道我會幹什麼。
——摘錄自德瑞克在一堂英文課上寫的詩

從很多方面看來，上述種種對峙可以理解為正式與非正式之間對立的經典案例。學校是正式的領域，它具有明確的結構：學校的建築、學校的規則、教學實踐、國家認可的教職工權力等級——我們已於細微之處見識到這種權力、法律的威嚴，以及作為國家鎮壓機器的警察。「書呆子」接受了這種正式結構，並希望透過犧牲部分自主權以換得官方監護人對神聖法規的維護，但這通常超越了他們的職責範圍。信徒心甘情願的犧牲必然被不忠者所利用。

反學校文化則屬於非正式領域。在此，正式制度的入侵要求遭到反學校文化的拒絕——哪怕代價僅僅是在時尚、微觀互動和非公共話語中表達出的對抗。在工人階級文化中，對抗通常以撤退到非正式領域為標誌，並以超越規則可及範圍的方式來表達。

即使反學校文化中沒有公共規則、物質結構、等級關係或制度化約束，它也不是空談。它必須擁有自己的物質基礎和自己的基礎結構。當然，這是一個社會群體。非正式群體是這個文化的基本單位和抗爭的基本來源。這也是該文化其他要素存在和成為可能的基礎，同時，它的存在也使得「小子們」和「書呆子」涇渭分明。

反學校文化的成員對這個群體的重要性了然於心。

〔一次小組討論〕

威爾：（……）我們每天在學校都見面，不是嗎（……）

喬伊：就是，我們已經形成一套說話、做事的方式，我們對那些巴基斯坦佬、牙買加佬以及所有別的學生都很不屑……那些小人物，和他媽的書呆子們……我們學會了鑽漏洞，比如怎麼蹺課之類的，我們知道去哪抽菸炫耀又不惹麻煩。你可以來青年中心玩，對吧……你所有的朋友都在這兒，你知道嗎，感覺就像現在這樣，明年還會如此，對吧，然後你知道你今天不得不上學，如果你感覺不爽，你那些哥兒們很快就能讓你高興起來，因為你在這兒上學，要是十分鐘內找不出什麼東西開個玩笑、找點樂子，你就上不下去了。

PW：現在，在學校你的哥兒們真是那麼重要嗎？

──：是。

──：是。

──：是。

喬伊：他們真的是最棒的。

成為「小子們」的關鍵是融進這個圈子。自己不可能形成一種獨特的文化。一個人沒法製造樂趣、氣氛以及社會身分。加入反學校文化意味著加入一個群體，享受這種文化則意味著能夠在群體中打成一片。

〔就如何成為「小子們」的一員而展開的討論〕

喬伊：（……）你自己一個人打盹，沒意思，但是你和你的哥兒們一起打盹，你們就是一塊兒的，一起找樂子，這才是打盹。

比爾：如果你不做別人做的事，你就會感覺不合群。

弗雷德：你覺得脫節了，沒錯，對啊。就像，你感覺別人在做什麼……

威爾：在第二年……

斯潘克斯：我能想像……當我整天沒來學校，但第二天回來的時候，你不在的那天發生了什麼事，你就會覺得「為什麼我那天沒來學校呢」。你知道吧，「我本來可以過得滿開心的」。你知道我說的是什麼意思嗎？你回來了，但是他們說：「哦哦，你昨天應該過來的。」你知道吧。

威爾：（……）就像在第一、二年，你可以說，哦……你那時有點書呆子。然後你想試試看，變成他們那個樣子……就是說，一個男孩，你想嘗嘗他們那種滋味，而不是當書呆子，然後你很喜歡那種感覺。

儘管不正式，但這樣的群體卻有一些規則——不過這些規則照例與一般意義上的「規則」相對立。

PW：（……）你們之間有什麼規則嗎？

彼特：我們不過是破壞其他的規則。

法茲：我們之間沒有規則，是吧？

（……）

彼特：常常變的。

威爾：我們沒有規則，但是我們之間有些共識，我們這兒，你知道，哦，就像，我不會去泡別的哥兒們（比如喬伊）的「馬子」，他們也不會對我這麼做，你知道我說什麼嗎？情況是這樣的，哦……你要是給他一個苦差事，你就要料到他會以牙還牙，就是這樣。

弗雷德：這不是什麼規則，只不過是一種協定。

威爾：不，這就是規則。

PW：（……）這些協議包括哪些？

威爾：哦……我想想……我自己不是，但我想我們當中大部分人第一、二年的時候都沒怎麼玩得盡興，就是這樣，但是你要知道，比如弗雷德來看我，說：「我剛剛在那兒和那個二年級的搞了兩回。」我就會想「多騷的娘兒們」，你知道吧。

（……）

弗雷德：我們很親近，就像他們說的，總黏在一起。

在非正式群體中，將牽連到其他成員的資訊向正式權力告密是一個普遍禁忌。[4]告密違反了非正式群體的核心本質：為了抵制「規則」的滲透而維護對抗性的意義。漢默鎮的「小子們」稱之為「告發」。教職員則稱之為「說真話」。「真話」是官方對「告發」的正式補充。只有找到人「告發」——強迫他們打破這個最神聖的禁忌——正式組織的地位才得以維護。也因此，難怪整個學校可能因為對一次重大事件的突然打擊以及之後的整肅而變得人心惶惶。這是一場爭奪權力和權力合法性的鬥爭。學校必須在這場鬥爭中獲勝，而某個人最後必須「告發」：這是學校自身得以再生產、「書呆子」的信念得以修復的途徑之一。但是，不管「告密者」是誰，他都會成為特殊、軟弱和受人矚目的人。「小子們」常回顧這些事情，不斷重新評估自己性格中的致命弱點，這些弱點普遍存在，但直到關鍵的當下才真正暴露出來。

〔有關臭名昭彰的「消防栓事件」的小組討論。在那次事件中，「小子們」從學校偷出一個消防栓，拖到當地的小公園裡玩〕

PW：這件事一發生就成了今年最大的一件事，是不是？

喬伊：這事被搞大了，有點可怕。當時不過就像這麼一下〔他打了個響指〕，在我看來，我們做的不過是小事一樁，就好比在街角抽菸，或者跑到商店買點薯條。

PW：發生了什麼事（……）？

——：威畢〔處於反學校文化邊緣的人物〕告發了。

喬伊：西蒙斯單獨找到我，他說：「你們其中一個供出來了，想把所有責任都推給法茲。」但是那會兒只有威畢在那兒。

斯潘克斯：我們當時在抽菸。

斯派克：他就那樣。你抽過菸，是吧？〔對法茲說〕

斯潘克斯：威畢想跟著抽會兒菸，所以法茲就給了威畢一根菸。羅傑斯〔一位教師〕走進門來，他就像我學的這樣〔模仿〕走著，威畢就說：「老師，這不是我的，我只是替法茲拿著而已。」

威爾：之前在那個公園（……）這個沒用的傢伙和我還有艾迪把消防栓打開了，是吧？看守公園的人走過來，他拔腿就跑，隨後我和艾迪朝另一個方向跑了，我們坐在那兒，像兩隻猴子一樣。然後威畢就站在那兒，看守公園的人走過去，對他說：「行了，出去。滾出這個公園，我禁止你來。」他走過我和艾迪兩人的時候，說：「我知道你們

4　最近一篇研究英格蘭西部進步私立學校達廷頓學校（Dartington）的報告指出，該學校的孩子對告密不存在禁忌。這相當不尋常，（報告）解釋說是因為非正式群體和反學校文化受到了這所學校的一致性、開放和民主制度的抑制（詳見 *The Guardian*, 1 January 1976）。

不在那兒，你們當時正坐在這兒呢。」然後威畢就說：「不是我，是……」他就要說出來了，對吧？

艾迪：就是，我當時說「噓」，他才記起來不能告發我們。

加入這個非正式群體讓每個成員對生活中看不見的非正式領域都變得相當敏感。在官方定義之外，一個新的領域被打開了。他們發展出一種雙重的能力，一方面領會公共的說法和目標，另一方面識破這一切，考量其隱含之意，然後再去弄懂實際情況。這種闡釋能力通常被看成是一種成熟的標誌，顯示他們開始「精於世故」，知道「事情來的時候該怎麼處理」。這種能力讓真正的「局內人」掌握知識，幫你順利度過每一天。

PW：你覺得你在學校學到東西了嗎？你學到的東西改變或者塑造了你的價值觀嗎？

喬伊：我不覺得學校對我有他媽的什麼用（……）學校對誰都沒什麼影響，我覺得你也就學到點基礎知識。我覺得學校每天的四小時真夠受的。塑造你的不是老師，而是你遇到的那些孩子。你和老師相處的時間不過是你在學校時間的百分之三十，另外那三分之二的時間都花在他媽的聊天、爭論和胡鬧上了。

這個群體也為他們提供了不少與外界的聯繫，使每個人都建立起了有關社會現實的另一種認知，獲得了一點資訊，以了解事情發生的原因。基本上只有透過這個群體，其他群體才得以相互接觸並維持連續性。學校的各種群體相互聯合，並與社區內其他群體彼此聯繫，形成一個網路，傳遞某些獨特的知識和觀點，從而逐漸將學校在工業城市的工人階級青少年成長過程中的地位推向邊緣。正是這種非正式群體的基礎結構，使一種區別於主流的、獨特的**階級**聯繫或者階級文化成為可能。

以「哄騙」、「詐欺」和「局外人」為基礎，反學校文化形成了一種非正式的以物易物的交易方式——當然，這種方式在成年工人階級世界裡更為明顯。

法茲：如果誰說「我想弄一個便宜的磁帶」，好吧，他說了，我們當中一個聽說便宜的磁帶這件事，對吧，所以我們就達成一個交易，然後說「啊，我去給你弄磁帶」。

和商品交換一樣，文化價值和闡釋就這樣非正式地「暗地裡」流傳。

打盹、哄騙和蹺課

對抗學校主要表現為與學校制度和規則爭奪象徵空間和物理空間，並擊敗學校公認的主要目標：讓你「工作」。作為自我導向（self-direction）的形式，獲勝和獎勵發展出了非正式的文化意涵和實踐。關於教師／學生關係的有力觀點，下文將進行探討。當反學校文化發展成形時，其成員已經很善於對付學校這個正式系統，能把學校要求限定在最低限度。他們利用現代制度包容不同能力人群的複雜性，阻礙學校執行課程表和「提高離校年齡」計畫提供的各種選擇；在很多情況下，底線僅僅是上學註冊而已。[5]

〔關於學校課程的小組討論〕

喬伊：（……）週一下午我們沒課，是吧？基本上沒有什麼和學校功課有關的；週二下午我們有游泳課，其餘時間他們就把你們集中在教室裡；週三下午是遊戲；只有週四和週五下午我們要做功課——如果那個算功課的話。週五下午最後一節課，我們常常就是去打盹，我們一半人搖搖擺擺地開溜，另一半進教室坐下，然後直接睡覺（……）

斯潘克斯：躲過這節課，到河堤上走走，抽根菸，然後再去上下一節課，因為那個老師會點名（……）

比爾：其實要回家也很容易，像他〔艾迪〕……上週三下午，他被點到名之後就回家了

（……）

艾迪：今天下午我本不該在學校待著，我應該在社區學院〔按要求，學生每週要花一天時間在學院內上相關課程，接受職業指導〕。

PW：你最後一次寫東西是什麼時候？

威爾：我們最後一次寫東西？

---

5 大多數人認為，按學生成績分班、傳統以學科為基礎的課程安排、考試以及綜合成績測驗容易導致反學校或者類似小流氓的群體出現。在漢默鎮男校，對抗性群體是在第三學年末成績分流時出現的。但是，第四學年初引進混合班之後，反學校文化群體與之前按成績分流時一樣，而且愈演愈烈。此外，並非只有學習能力最差的學生會加入這樣的反學校群體。群體中一些核心人物能言善辯、精明自信，參與各項活動。對於他們那個年齡階段而言，「小子們」的生活比傳統方式要豐富得多。儘管繼續按成績分班可能對學習能力差的學生有強化作用，正如我們預期的那樣；但是我們應當認識到，取消按成績分班能夠帶來一個富有創造性的社會混合體，這不僅能促進整個學校的社會系統的發展，同樣也能夠促進非正式的激進對抗勢力的發展。新型的成績混合班、以問題和學生為導向的教學方式、一天中多次換班造成的混亂，尤其是加上「提高離校年齡」計畫為學生提供的多種選擇，這些都是好事。參見D.H. Hargreaves, *Social Relations in the Secondary School*, RKP, 1967; M.D. Shipman, *Sociology of the School*, Longman, 1968; R. King, *School Organisation and Pupil Involvement*, RKP, 1973。

法茲：哦，我最後一次是在職業指導課上，因為我在一張紙上寫了「是」，當時我的心都碎了。

PW：這為什麼讓你心碎？

法茲：因為我本來打算什麼都不寫就過完這個學期的。自從回來之後，我就什麼都沒幹過。

〔現在已經過了半個學期〕

用曠課來衡量是否摒棄學校非常不準確，甚至沒有意義。這不僅是因為他們在「蹺課」（這已發展成「小子們」得心應手的一種技藝）之前還是得到學校報到，而且這只能用來衡量非正式學生流動性的一方面。一些「小子們」自由出入學校的能力簡直令人歎為觀止。實際上，他們把學校提供的日程表變成了自己的安排。相對而言，曠課只是一種不怎麼重要、相當粗糙的自主表現，自主性有多種體現，表現在各種活動中：隨意離開課堂、待在教室裡卻什麼事都不做、走錯教室、在走廊裡閒逛四處尋求刺激、偷偷睡覺等。體現這些的核心技術是能夠自由離開任何一堂課：保留個人機動性。

〔一次小組討論〕

PW：你們不在教室裡，難道沒人擔心嗎？

法茲：我從廚師那弄了一張條子，證明我在給他們幫廚（……）

約翰：你只要走到他〔教師〕跟前，說：「我能出去做點事嗎？」他會說：「當然，怎樣都行。」因為他們也想擺脫你。

法茲：尤其是我問他們的時候。

皮特：你知道走廊裡有些洞吧，我不想去運動會，他讓我替他拿鑰匙，我就把鑰匙放進走廊的洞裡，他只好去找手電筒來掏鑰匙。

對於那些成功叛逆的人來說，屢屢得手也可能是種困擾。一天內，頻頻在自主的道路上做取捨並非易事。

威爾：（……）我們一直在這間房裡打牌是因為我們能鎖住這扇門。

PW：現在這間房做什麼用？

威爾：資源中心，我們本來要在這兒搭鷹架的〔為副校長做新舞臺〕。

PW：哦！你們還在做那些鷹架！

威爾：我們早該做好了，但我們整天就躺在那個架子上打牌或者睡覺（……）不過，我們開始覺得無聊了，我寧願到教室裡待著。

PW：你想去哪堂課啊？

威爾：哦，我想大概是科學課，因為那課有時候還滿好玩的。

這種自我導向和阻礙正式組織目標實現的行為，也是一種對官方時間觀念的攻擊。副校長最艱巨的任務就是制定時間表。在大型學校裡，有若干課程供五年級學生選擇，因此，每個細節都必須考慮周到。剛開學的幾個星期會不斷地修改時間表，因為有些年輕教師抱怨，有些安排難以實現。時間好比金錢，非常寶貴，不能浪費。每項安排都必須與學校方便大多數人的目標相吻合。各個科目被分成時間塊，並保證相互之間搭配合理。就像學校建築的布局，課程表是學校制度對於時間的安排。校長辦公室牆上懸掛的複雜圖表展示了課程的運作機制。理論上，檢查一天中每個人在特定時間所在的位置是可行的。不過，這些對「小子們」而言可不管用。如果想找他們，你應該了解和掌握他們自成一套的行動節奏及模式。這種節奏摒棄了官方時間表所含的明顯意圖和時間觀念。教師和「書呆子」對「小子們」抱怨最多的就是他們「浪費寶貴時間」。然而，時間對於「小子們」而言不需要小心節約，不是為實現設定的目標而謹慎使用的東西。對「小子們」來說，時間是他們想標榜為直接認同和自我導向的一部分的東西。時間是用來維持「傢伙」這種狀態的，而不是用來實現某種目標或者獲得文憑的。

當然，他們有時也會有緊迫感，尤其是當他們看到學期即將結束而需要找工作的時候。但是，就他們的文化而言，時間的重要性僅僅來自於不受制度時間的約束。在這個文化的時間觀裡，時間以相同單位均勻流逝。時間沒有計畫，不存在浪費或者可預期的兌換。

「找樂子」

連共產主義者都會找樂子。——喬伊

非正式群體從學校及其規程中贏得了屬於自己的空間，並在其中形成和發展出專門用來「找樂子」的獨特文化技巧。「樂子」是反學校文化中一個多元性工具，非常重要。我們之前也已看到，能逗樂是成為「傢伙」的重要標誌之一——「我們可以逗他們樂，但他們就沒法逗我們樂」。但是，「樂子」也用於很多其他情境：打發無聊和恐懼、克服困難和問題——總之是可以解決幾乎所有問題的法子。在很多方面，「樂子」是非正式群體特有的工具，而命令則是正式機構特有的工具。「小子們」自然知道「樂子」的特殊重要性。

〔一次個人訪談〕

喬伊：我覺得他媽的樂子是所有事情裡頭最重要的。什麼都不能阻止我笑（……）我記得有一次，我和約翰還有另一個傢伙在一起，有兩個小子不知為了他媽的什麼事情過來猛揍了我一頓。約翰和另外一個傢伙在遠處（……）我想還擊，但我總是後退，所以我就跑了，跑著跑著，我抄起他媽的一巴掌雪，按在自己臉上，當時我就笑死了。他們一直說：「他媽的你不能笑。」我本該嚇得半死，但是我卻他媽的在笑（……）

PW：笑有什麼好（……）為什麼那麼重要？

喬伊：（……）我不知道我為什麼想笑，我不知道笑為什麼這麼重要。只是（……）我覺得這是不錯的天賦，就是這樣，因為你能化解任何情況。如果你能笑，如果你能讓自己笑，我是說如果你能笑得非常令人信服，那你就能擺脫無數的麻煩（……）如果你不能時不時地笑笑，你會他媽的發瘋的。

一般而言，學校是產生「樂子」的沃土。學校是「小子們」形成、塑造其特有幽默的重要環境。在後續章節中，我們將探討那些可作為他們搞笑和文化發展素材的教學方式。但是，現在我們需要關注的是，他們的幽默是如何測探、玩弄和利用學校權威的某些特定主題的。他們的很多惡作劇和玩笑在其他場合並不具有同樣的意味，而且根本不好笑。當一位教師走進教室的時候，他被告知：「好吧，先生，副校長會來代我們的課，你可以走了。他說這段時間你可以休息。」在學校，「小子們」把二年級和三年級的學生攔下來，說：「阿蓋爾先生想見你，我想你遇到麻煩了。」很快地，阿蓋爾先生的房間擠滿了憂心忡忡的學生。一位新教師會被攔住並聽到這樣的話：「我是學校新來的，校長問你能否帶我參觀一下校園。」新教師剛要開始這麼做，轉過臉去的竊笑暴露了這個把戲。有謠傳說，校長為了找出是誰污損了新街區的石膏像，正在核對每個人的字體。法茲就吹牛說：「那個笨蛋不會來核對我的，我什麼也沒做。」透過告密這個神聖的禁忌，他們幽默地測探著權威與非正式準則相遇時的情境。關於假裝告密的故事有一大堆，他們是要以此刺激教師更有效地去扮演他們的正式角色：「老師老師，喬伊在說話／在轉羅盤／在摳鼻子／要殺死珀西瓦爾／在手淫／在放你車輪胎的氣。」

從更廣泛的意義上來看，「樂子」是一種不遜的、搶劫式的不端行為。猶如一支從事祕密、非正式活動的軍隊，「小子們」在鄉間四處尋找可以用來消遣、搞破壞和煽動的事件。即使在像禮堂集會這樣嚴肅、巡邏嚴密的正式場合，他們也能製造出很多類似的事情。集會中，斯潘克斯掏空坐在自己前面的人的夾克側邊口袋，然後故意問：「這些東西是誰的啊？」喬伊把夾克釘在座椅上，而其他傢伙則在合唱中搗亂：

喬伊：當我們聚集在這間禮堂的時候，我們的主要消遣就是玩弄那些固定椅子的小夾子。你把它們弄下來，然後把某人的外套夾在他的椅子上，然後就等著看他站起來……你永遠不會認真聽……你必須很小心，這樣克拉克〔副校長〕才不會看見而把你叫出去，其他老師就無所謂了。

（……）

喬伊：即使是唱聖歌的時候……他們強迫你唱。

PW：但是他們真的強迫你唱了嗎？我沒看見你們有多少人在唱啊。

——：我就站在那兒，動動嘴。

——：我們整個班只有一本聖歌。我們二十五個人才有一本……

——：我們即使真唱，也要弄個笑話出來。

法茲：比如唱錯段落……假設應該唱第一節，你就唱第三節。〔大笑〕

在禮堂內看電影時，他們把投影器的線繞成死結，用手在銀幕上比劃動物影像或者下流姿勢，無緣無故地戳坐在他們前面的「書呆子」的後背。

午餐時間，他們在學校旁邊的公園裡閒晃，把公園看門人電動車上的發電機打開，因為「這樣可以讓那笨蛋慢下來」。他們只要看到任何鬆動或者可以移動的東西，就會推弄一下，把垃圾桶倒空，污損各類標誌。要是沒人看管，私人財產也是他們的對象。

〔一次關於蓄意破壞的小組討論〕

皮特：門！

喬伊：門是最新的破壞對象。從門上跳過去。從這裡弄個門下來，然後裝到別人家去。

比爾：我們盡幹這些。我們準備去布朗普頓路那邊打十局保齡球，突然我們看到路上有幢房子正在出售。我們就把「出售」的標誌牌拿出來，放到隔壁家，然後把這家的牛奶箱搬到隔壁家（……）我們把花箱從門廊上弄下來，然後塞進隔壁家。我們這樣交換了好多東西。

斯潘克斯：還有垃圾桶！〔笑〕……每天晚上，我們就溜進花園，搬一個矮人雕塑出來，到最後，有一家的花園裡放滿了東西：小矮人雕塑、日晷、小橋，還有一個矮人釣魚的小雕像。然後，道路盡頭有一座很大的日晷。他就拿著日晷的一頭，我拿著另一頭，兩個人一路把它抬到（……）

對教師而言，組織校外參觀堪比噩夢。例如去參觀博物館。大巴士後排的座位毫無意外地空著，留給遲到的「小子們」。很快地，大巴士後座會籠上一層藍色煙霧，儘管從來看不到燃著的紅色菸頭。當大巴士返回車隊時，車隊經理發現後座那些椅子上塗滿了用永久性墨水寫的名字和塗鴉。第二天，校長只好把肇事者送到車庫，讓他們「為了學校的名聲」把大巴士清理乾淨。

在博物館裡，這些「小子們」就如同成群的蝗蟲把壯觀和莊嚴一掃而盡。在一間仿維多利亞風格的藥局裡，清楚、顯眼地寫著「請勿觸摸」，但只要是看得見的東西，「小子們」就會東摸西碰，這裡拉一下，那裡試一下。他們從櫃檯上拿走了好些裝在大廣口瓶裡的老式止咳糖；還坐在高背椅上，把椅子前面兩條腿翹起來，說是「要看看這些椅子到底有多牢靠」。

十五個人在一個村莊模型四周擠成一團，貌似看得很認真。斯潘克斯用手使勁地搖晃車子模型，口裡模仿著警報：「哦，注意，一輛有軌電車撞上了。」同時，喬伊拿起了一件精心擺設的小人模型：「看，我綁架了一個村民。」

他們只要能躲開教師，就跑到街上抽菸。喬伊正在解剖那個小人，要「看看裡面是什麼東西」，而斯潘克斯擔心那些止咳糖會把他吃死。他們聚在一起，指著天說：「看啊，就在這幢樓上面」，或者目不轉睛地盯著地板，當別人也聚過來的時候，大家就笑成一團。他們在一家電視機商店前停下，盯著正在裝飾櫥窗的女士，說：「我們一起盯著那個女的，看到她不好意思。」他們達到目的後才會離開。最後，那些有點閒錢的「小子們」就脫離其他人，到酒吧裡去喝一杯，大聲談論他們的學校，要是有人看他們，就懷疑地竊笑。回到大巴時，他們又是遲到的一群，後座還是空著，他們就假惺惺地向年輕教師「相互告狀」：「老師，斯潘克斯有點問題，他的嘴裡有股味道。」「艾迪的嘴著火了，老師，你能把它滅了嗎？」

第二天回到學校，他們被叫到校長辦公室，因為巴士公司剛打來電話，但是在校長辦公室門口他們不確定「這次犯了什麼事」：「可能是那些止咳糖」，「可能是在大巴士上唱歌」，「可能是喝酒」，「可能是在公園的草地上放火」，「可能是叫那些巴基斯坦佬滾」，「可能是我們破壞了村莊模型」。當發現原來是車座上墨水塗鴉的問題時，他們頗為驚訝，也舒了一口氣。「小子們」中無論哪個人被叫去見校長，第一件事都是在腦子裡列一張可能被問及的事件清單，第二件事就是如何給每件事編個聽得過去的故事。當正式權威與非正式力量對峙時，他腦中的愧疚和混亂要比校長腦中認定的罪惡感強烈得多。他們常常驚訝地發現「所有引起小題大作」的罪責其實都很瑣碎、微小——尤其是與他們那個可能被發現的隱祕國度相比。

當然，這些「小子們」不總是從外界刺激或受害者身上找「樂子」。群體內的互動和談話經常以「嘲弄」的形式出現。他們之間常常相互動粗，對某個人踢一腳，掄一拳，空手道對打，扭胳膊，長時間地推來推去，直到那人快要流出眼淚來才罷手。這種玩笑或「嘲弄」頗為粗暴，常常為同樣的緣由針對幾個人。通常這是因為有些人被認為比較蠢。鑑於「小子們」大多摒棄了學校功課，這種行為頗具嘲諷意味，顯示了傳統價值觀陰魂不散，即使這些「小子們」急於否認這一點。儘管「小子們」通常拒絕用傳統方式來展示他們的能力，但毫無疑問，那些最能幹的會被視為「聰明機靈」。某些文化價值，如談吐聰明、幽默風趣，還是會在課堂上表現出來。比如說喬伊，他在英語這門課中就小心地平衡著：和「小子們」一起「逗樂」，同時偶爾寫篇「才氣出眾」的散文。在某些方面，「小子們」對愚鈍同伴的懲罰要比那些「不抱希望」的教師來得更為嚴苛。儘管什麼都可以嘲弄，但充滿性暗示的嘲弄最常見：愈個人化、愈尖銳貼切愈好。風趣的精髓在於貶損得恰到好處：不斷找出對方的弱點。提升這種攻擊力需要一定的技巧和文化訣竅；若要抵擋這樣的攻擊，那要求就更高了。

〔一群「小子們」在課間休息時的對話〕

艾迪：X撒尿的時候讓他的「馬子」給他拿著雞巴。〔哄笑〕

威爾：問問他，誰給他擦屁股。〔哄笑〕

斯派克：這噁心的混蛋……我打賭他給她換他媽的破布。

斯潘克斯：對，用他的牙！〔更多哄笑〕

〔X來了〕

斯潘克斯：你是不是剛剛撒尿爽呆了？

比爾：還是拉屎啊？

斯潘克斯：你這噁心的小屁孩……我可幹不了那個。

比爾：等一下，我待會兒撒尿的時候想讓你幫我拿雞巴。

X：誰？〔哄笑，打岔〕

—：你啊。

X：誰？

——：你。

X：什麼時候？

斯派克：你幹的，你告訴喬伊，喬伊告訴我的。

他們不斷計畫著如何拿那些不在場的人尋開心：「他來的時候我們別理他」，「他說什麼我們都取笑他」，「我們假裝什麼都不懂，然後一直說『你是什麼意思』」。有些人會因為「髒」、「笨極了」，甚至總是穿「同一件破夾克」而出名，遭到嘲弄。這個群體所使用的語言，尤其是嘲諷和「欺負」，比「書呆子」所用的要粗暴得多，充斥著隨口而出的咒罵，用起本地方言和謎語時亦力道十足。對於「小子們」而言，至少在他們自己的圈子裡，這般說話是自然而然的事情：

〔一次關於恍神的小組討論〕

喬伊：（……）〔恍神的時候〕你總是會注意某個人，然後你總是能就某事說些……什麼。

PW：是什麼事讓你不再感到無聊？

喬伊：聊天，我們可以一直聊下去，當我們聚到一起的時候，我們就聊啊，聊啊，聊個沒完。

無聊與刺激

PW：與無聊相反的是什麼啊？
喬伊：刺激。
PW：但什麼是刺激呢？
喬伊：違紀違規，就好比犯法、喝酒什麼的。
斯派克：偷東西。
斯潘克斯：在街上晃蕩。
喬伊：破壞公物（……）這些就是無聊的反義詞——刺激，違反法規，去普勞（Plough）酒吧時和領班講話，站在領班旁邊買酒喝，儘管他知道你才十四或者十五歲，而你應該十八歲才能進去。

「樂子」、聊天，還有劫掠，這些不良行為通常都能有效，雖然並非完全地打發無聊——有時雖然「捉弄這個系統」成功了，但無聊感反而會增強。

成為「小子們」一員的刺激和榮譽更多是來自於反社會的實踐，而非上述活動。那些更為極端的行為才是把他們與「書呆子」以及學校完全區分開來的標誌。打架、透過威脅挑起爭端、談論打架和打架中的策略，這些都帶給他們絕對的樂趣。很多重要的文化價值都是透過打架來表達的。他們反覆強調男子氣的傲慢，戲劇化的表演，群體的團結，以及頭腦反應的快捷、清晰、不過於道德化。透過身體上的侵犯，他們也明確、精準地表達了他們對「書呆子」的態度。就好比知識之於教師，暴力以及對暴力的判斷是「小子們」凌駕於校園循規生之上的核心。

「小子們」透過暴力最完全地表現出他們對盲目或扭曲的反抗之熱衷，即使這種熱衷並不明確。暴力打破了傳統專制的「規則」。他們以男性氣概來對抗專制。這是破壞一系列令人不滿、自上而下或環境強加的意義的最終方式。這是一種讓平凡事物突然變得重要起來的方式。從過去到未來有關自我的一般假設被中斷：時間的辯證性被破壞。打架，以及其他事故或危機將你痛苦地截留在「當下」。無聊和瑣事因此而消失。如何度過接下來那幾秒鐘變得分外重要。而且一旦經歷，對打架的恐懼以及之後安然無恙繼續前行所帶來的興奮，會讓人上癮。這些都成為消解無聊的永久可能方式，亦成為陽剛風格和存在的基礎要素。

喬伊：沒有什麼騎士精神或者別的，不是你所想的那樣。打架不過是……你去打架，怎麼說都是野蠻的爭鬥，所以你就得用盡辦法去打，不管你想到什麼辦法，叫別人幫你也好，用你能想到的最卑鄙的手段也好，摳他眼珠啊，或者咬他耳朵啊，反正獲勝就行。

（……）

PW：你是怎麼看學校裡不打架的學生的？

斯派克：那樣會把我搞瘋的，就像你打了人家一下，可是他們卻不還手。

PW：為什麼？

艾迪：我討厭這種人。

斯潘克斯：是啊，「我不會揍你的，你是我的朋友」。

PW：好吧，你怎麼看這種態度呢？

喬伊：那就全看你和他有什麼過節，如果只是很小的事，比如他踢了你一下，那你要是打他頭的話，他就不會跟你打；但是如果他……真是有什麼和你過不去，不管他還不還手，你都要扁他。

PW：你在打架的時候感覺怎麼樣？

喬伊：（……）很爽，很害怕……不過那是後來才有的感覺……我知道自己打架的時候是什麼感覺……就是覺得我要殺了他，要用盡力氣把他幹掉。

PW：但是你在打架的時候真的覺得害怕嗎？

喬伊：是啊，剛開始打架的時候我會發抖，我真的是害怕，但是一旦你站在那兒，你就開始集中精神，就會打得越來越好，如果你狀態夠好，你能把那傢伙給打扁。你把他壓在地上，然後在他的頭上亂踩。

我們應當注意，儘管暴力具有破壞性和反社會性，並充斥著非理性，但暴力並不是完全隨機的，也不是對社會秩序的徹底摒棄。甚至在針對外群體（當然這有助於定義「內群體」）時，暴力最重要的一個方面恰恰是它在「小子們」的文化中所具有的社會意義。它標誌著正式進入這個非正式系統並得到最終承認。它決定了某種「榮譽」，哪怕這種榮譽是錯位或者扭曲的。打架的時候也是你在另類文化中接受考驗的時候。如果你拒絕打架或者做得非常外行，那你的非正式成員地位和男性聲望就會嚴重受損。雖然成為「小子們」的一員並不一定要能主動挑起爭鬥——這往往是「重量人物」做的事，他受人尊敬，雖然未必討人喜歡，不太可能成為別人的「樂子」——但是同伴們至少可以期望他在受羞辱或威脅的時候能夠主動出擊，能夠「照顧好自己」，不會一副「無精打采的鳥樣」，能阻止別人對他「作威作福」。

在帶頭人物和最具影響力的幾個頭頭中——未必是那些「重量人物」——打架的能力決定了他們最終的權力等級。正是這種不常受考驗的打架能力決定了他們的地位；有趣的是，這種地位常常建立在諸如男性化外貌、「有名」的家庭背景、風趣幽默、擅長哄騙、廣泛的非正式社交網絡等基礎上。

但是，暴力被認為是危險的、不可預測的最終裁決，同齡人之間不允許出現暴力失控。他們傾向於使用言語或者象徵性的暴力，而且即使一場真正的惡鬥在所難免，他們也希望儘快恢復正常的社會控制和既定的地位聲望體系。

PW：（……）喬伊，你最後一次打架是什麼時候？

喬伊：兩個星期前……大概一個星期前，星期一晚上，這個愚蠢的傳言不脛而走。這其實真的很傻，不知怎樣傳到了這個傢伙耳裡，說我要猛揍他一頓，其實不是我說的，他聽了不想讓步，放話說他要搞定我，於是我們打了一架，然後就被阻止了。我把他的臉打花了，他把我的嘴唇打腫了，他拿頭撞我的鼻子，傷了我的鼻子，就傷在這兒。但我用拇指挖他的眼睛，把他的頭給敲破了。後來，他們把我們倆拉開，我抓住他，把他拉到角落裡，告訴他：他知道我不害怕他，我知道我不害怕他，他也不害怕我。然後就這麼完了。不是什麼……他家和我家一樣都是大家庭，他們都是瘋子，他們是很能打的瓊斯一家，而且……哦……我不想和他們挑起什麼事端，所以我就是抓著他告訴他啥叫力量。

廣泛地說，整個反學校文化都瀰漫著暴力的氣氛及其男性氣概的內涵。交往的肉體性——不管是假的推擠鬥毆、在女孩子面前的炫耀、貶低奚落校園循規生，還是展示自己的優越感，所有這些都是從真正的打架場景中借用過來的語法。要是沒有經歷過真正的暴力，很難模仿這種風格。打架這一主題經常出現在正式的學校作業中，尤其在現在這個崇尚革新和關聯的時代。比爾在一篇英語作文的開頭寫道「如果只有四個人，我們就不會去揍巴基斯坦佬」，接著寫道「我看見他的腳抬到腹股溝那兒」，然後「踢到了那個傢伙的頭上」，最後寫道「天都黑了」（作者自己則「玩得差不多了」）。在「提高離校年齡」計畫設置的電影選修課中，學生可以自己拍小電影，這些「小子們」總是拍些關於搶銀行、打劫和暴力追打的故事。當喬伊導演一個打架場景的時候，他在課堂上的表現要比這一年其他任何時候都積極，而斯潘克斯不會真的挑戰他的攻擊者：「適當地挑釁他，適當地挑釁他，你得說『我受夠你了，你這個混蛋』，而不是說『來啊，我們來打呀』。」後來，當艾迪跳到一個人的身上結束毆鬥時，喬伊厭惡地說：「你不應該這麼做，你只要踢他就行了，免得把你自己的衣服弄髒。」

象徵的和實際的暴力、粗野的舉止、顯示著某種男性氣概的壓力，這些永恆的主題一旦到了夜晚的街頭就瀰散開去，這些「小子們」也表達得更為明確，尤其是在商業舞廳裡。儘管這些商業舞廳相對來說比較貴，和青年俱樂部（Youth Club）裡提供的內容沒有很大區別，且價格是俱樂部的十倍，「小子們」還是偏愛商業舞廳裡的娛樂。這主要是因為青年俱樂部沒有商業舞廳裡那種充斥著危險和競爭的氛圍和社會關係。我們可以在諸多層面，尤其在價格和對客戶所採取的工具主義（instrumentalism）方面來批判商業供給。但是，它至少滿足了客戶的欲望——正如他們所感覺的那樣，而不是對他們的訴求進行道德上的限制。在某種意義上，「小子們」在商業舞廳確實享有某種自由。舞廳裡那種疏離、利用的形式，至少讓他們擺脫了正規娛樂機構裡那種不相關的或壓迫性的道德戒條，脫離了那種禁閉場所的恐懼和壓抑。在舞廳裡，本地文化形式才有可能浮出水面，相互作用，而不受上層的指揮。

斯派克：如果舞廳裡有吧臺就好了。

威爾：是啊，我覺得如果那兒有吧臺，你就會變得更……注意自己的行為，不能太囂張，因為有些人喝了點啤酒（……）他們瞧見那兒有些妞，他們就想「我要賣弄一下自己」，就會到處走，就像那些「重量人物」一樣（……）他們在哪裡都能打起架來。

斯派克：像比利．艾維瑞特這樣的傢伙，他到處晃蕩，別人要是多看他兩眼，他就會用皮帶打那個人（……）

PW：你怎麼打起架呢？就看某人一眼？

斯派克：不，是別人看你。

威爾：就是這樣，你四處走走，就會有人看你。

斯派克：或者如果你從某個人身邊走過時，故意撞他，然後你咬定說是他碰你的。

PW：所以如果你在舞廳，你想避免打架，你就得隨時留意你的腳，是嗎？

——：不是。

——：不真是這樣。

斯派克：（……）看著他們，然後退開。

法茲：如果你在那兒認識很多人，你可以跟他們聊天，你就會覺得安全點，如果你認識很多人的話。

威爾：如果你在那兒認識很多人就沒問題。

斯派克：如果你去什麼人都不認識的舞廳，那就比較困難。

（……）

斯派克：〔學校的青年活動中心〕那裡沒有氣氛，那裡沒有吧臺。你只能喝他媽的汽水，整晚吃瑪氏巧克力棒。

威爾：我覺得……這個俱樂部好像來了些新人，我們以前從來沒見過。

斯派克：那時候才叫棒呢。

威爾：那時候才叫棒，因為那裡有種氣氛，你知道嗎，你會看著對方，然後你退回來，說：「我不喜歡那個混球，看他看我們那樣兒。」之後可能到外面去幹點什麼……但是在這兒，你總是看到朱爾斯〔青年指導員〕走來走去，你知道吧。

在傍晚和週末的活動中，服飾、音樂及動作風格突顯出學校內各個群體之間的差異——有時候這些分別相當模糊，尤其是牽涉階級差異的時候。在學校裡，作為「傢伙」，他們就得晚上「出去」，並發展出一套對學校、社區、城鎮以及街道的社會認知。

威爾：分類很多，像那些穿著時髦的孩子，你知道吧。還有「重量人物」，然後是那些安靜的分子（……）但是他們能照顧自己，學著穿時髦衣服，跟「重量人物」混。還有那些撒錢的人，你從他們那兒能騙點錢出來，因為他們想花錢買友誼。然後你能碰到那幫娘娘腔，同性戀（……）

PW：你說的娘娘腔不是同性戀吧。

威爾：不是，娘娘腔是指那些「書呆子」、社會改良空想家，他們從來沒聽說過邪惡，也沒見識過邪惡（……）我覺得「重量人物」和雷鬼，你知道我說的是什麼意思嗎？雷鬼和靈魂樂，他們不聽這種畸形的東西。那些娘娘腔、同性戀喜歡……像美國奧斯蒙家族（The Osmonds）、搞迷惑搖滾的蓋瑞．格里特（Gary Glitter）這種。

PW：（……）古怪、畸形、嬉皮這些類型（……）威爾，他們是怎麼對號入座的呢？

威爾：啊，好吧，我也不知道（……）你會發現這些怪胎很多都滿聰明的。

斯派克：他們和我們的興趣不一樣。

法茲：舉個例子吧，你到普勞酒吧，那兒迪斯可開著（……）在放那些重金屬音樂的時候，你會看到那些留長髮、穿著邋遢衣服和牛仔褲的孩子都在那兒；如果你在放靈魂樂的那個晚上去，你就會看到穿喇叭褲和翻領襯衫的孩子，對吧，你就能看出區別來了。

（……）

威爾：我想你也能感覺出來這種區別，因為我去過會合點（Junction）酒吧，在城北邊，那是個重金屬的地方，毒品之類的東西那兒都有，每個人都穿得很奇怪（……）我覺得自己在那兒格格不入，就好像，你知道嗎，我覺得就是處在那個圈子外頭，你知道我說什麼吧，我覺得自己比其他人都要聰明，就好像我去參加婚禮，或者我在一個婚禮上，但他們都在農場工作。

黑夜比（在學校的）白天具有更廣闊的活動空間，更多的自由和尋求刺激的機會，「小子們」自然更喜歡黑夜。從某些方面來看，學校是夾在各種機會——在街頭尋求刺激、和哥兒們一起去舞廳，或者試圖泡妞——之間的空隙。在「小子們」保存的日記裡，提及學校的也就「我去上學」這一句話（威爾只用碩大的括弧表示），儘管這些日記的本意是讓學生記下「一天中發生的主要事件」，但他們記下的大部分細節都是放學後的事，包括非常重要的「回家，換行頭，出去玩」。不過，雖然學校被很多「傢伙」排除在生活之外，但我們不應該誤以為這種「隱形」意味著學校在他們的經驗中就毫不重要（詳見下一章）。

這些「小子們」晚上出去，到商業舞廳而非青年俱樂部玩，去酒吧耗著而不是待一會，還要買時髦的衣服，買菸抽，帶女孩出去玩，所有這些都被視為「生活真正的意義」，同時也給「小子們」帶來了巨大的經濟壓力。他們放學後的生活中最大的壓力恐怕就是缺錢花。

喬伊：（……）畢竟，沒有麵包，你就沒法生活，這是必須面對的事實，他媽的錢是生活的調料，錢就是生活。沒有錢，你就得死。我是說你就沒吃的，你總不能吃樹、啃樹皮去吧。

〔一次個人訪談〕

他們利用所有可能的資源——親朋好友、泛泛之交；他們亦遍尋社區裡所有能做的工作——做小買賣、在商店打工、送牛奶、打掃清潔、配鑰匙、賣冰淇淋、在超市裡堆貨。有時他們同時兼幾份工。一個星期工作十個小時以上並不為奇。從四年級起，斯派克覺得他在床單批發店裡的工作比功課重要得多。他樂得向學校請幾天甚至幾週的假，好去打工。他為自己賺來和花掉的錢感到自豪：他甚至幫他父母「在情況不妙的一星期裡」付了煤氣帳單。夏天的時候，喬伊和他的哥哥當油漆工。他認為這才是「真正的」工作，而上學是一種強迫性的假期。毫無疑問，在「真實世界」裡「自食其力」、處理大筆現金（斯派克一星期經常能賺二十多英鎊，雖然其他人平均只能賺不到五英鎊）、和成人平等交流的能力大大增強了「小子們」的自信心，他們覺得至少在這點上他們要比學校「懂得多」。

他們甚至覺得自己比教師優越。教師們不知道「現實中的規矩」，因為他們一輩子就待在中學或者大學裡——「告訴我們，他們知道什麼?」正如下一章所要談的，反學校文化和工人廠房文化之間有很多根本上的相似之處。「小子們」將工人階級世界的工作視為唯一真正的世俗來源，這直接哺育和強化了不斷彰顯的反學校文化。

但是，這種與工作世界的接觸並不是為了文化薰陶。這種接觸發生在因現金需求而生成的特殊網絡中，在這個網絡中這種接觸既有回報，也被利用。在這個階段，接觸工作世界的方式再生產了這種接觸的特色之一：現金統治。例如，「小子們」幾乎都會「詐欺」和「騙外國佬」，這是出於緊迫的需要而不是什麼繼承傳統：因為他們需要現金。正如斯潘克斯說的，「你出門，要是口袋裡有錢，哪怕是只夠買一品脫啤酒的錢，你就會感覺不同」，要賺錢，只有兼職打工，還有耍耍「詐欺」，這在他們的世界裡也算一種額外的能力。從小接觸工作有助於他們形成一些參照系，從而決定他們今後對勞動和報酬、權威及其平衡的認知，也培養了他們對那些管理、指揮他們的人的怨恨。

〔關於兼職的小組討論〕

斯派克：（……）大概早上八點的樣子，他〔屠夫〕有一部電話，他有一個裝著十先令的大包，他從電話上抽出了兩根電線，要是我碰到包，電線就會掉下來，你知道。我打開那個包，把那十先令拿了出來，把包拉上，然後就把包放在那兒。他說：「他媽的你動了那個包，電線本來在電話上面的。」好吧，我也不能多說什麼（……）所以他就叫我滾（……）

威爾：（……）對了，〔他曾工作過的一家蔬菜水果店〕外面有個廁所，但是廁所裡堵滿了發臭的蔬菜和亂七八糟的東西，我過去常把它們〔花椰菜〕放在水箱上，對吧（……）他說，我看見他在數那些菜，他說：「哦……少了一顆。」我說：「我不知道。」（……）他說：「少了一顆。」我說：「沒有啊。」他說：「就是少了。」我說：「我一定在那兒放了一顆，那兒有一顆。」然後他又數了一下，我是對的。我覺得他是想找碴，我想那是週五晚上的事。第二天（……）我在後面點火把那些垃圾什麼的給燒了，結果我把什麼都給燒了，所有的堤壩。那有點像鐵路邊上的堤，就在後院，幹得一塌糊塗，所以我拿了塊厚紙板，像那麼大的紙板箱上的一片，我把它點著扔過去，把後院全給燒了，算是報復他。後來我走進去，說：「堤岸也要燒掉嗎？」〔笑〕他氣瘋了。他說：「是你幹的嗎？」我說：「不是我，肯定是那個屠夫，因為他們剛點過火。」然後消防車就來了。

有時候他們從晚飯開支中省點錢，也會從「書呆子」和年紀小一點的男孩身上搜刮些東西，不過「哄騙」一、二年級的新生卻不怎麼光彩。最後「把錢弄到口袋裡」的手段往往是偷竊。我們不可低估現金短缺為偷竊帶來的物質動力。但是，在解釋偷竊背後的複雜動機時，他們把「做賊」看成是和打架一樣的刺激源頭。偷竊讓你冒風險，打破對自我的管束。偷竊破壞了「規則」和正式制度的日常控制與限制。在某種形式上，偷竊挑戰並擊敗了權威。反抗成規並從中獲得好處為他們帶來了奇怪的自由，儘管這種自由只有自己知道。如果你「被盯上」了，那得動用「瞎編一通、蒙混過去」的技巧，如果你「蒙混過關」，會備感興奮和滿足。當然，有時候你沒法「蒙混過關」。在我調查研究期間，兩個漢默鎮的「傢伙」因為偷汽車上的收音機而被判緩刑。這種情形很糟糕。父母被牽涉進來，官方出具報告，還有各種對法庭程序和官僚冗長訴訟的擔心，以上種種都將刺激化為鬱結。這一刻，正式在與非正式的對峙中再次贏得了決定性、不可反駁的勝利。當然，鑑於「小子們」偷竊行為普遍，被定罪的可以說少之又少。還有不少勉強脫罪的案例，害怕「被抓」為「小子們」增加了刺激感，當你「蒙混過關」後更是自覺機敏熟練。

〔一次小組討論〕

比爾：這兒就是毫無生趣，什麼事都沒得做。當你有錢的時候，對吧，你就可以去酒吧喝杯酒；但是，當你沒錢的時候，你只好到那兒逗留一會兒，或者在街上閒晃，但這兩樣實際上都不好玩。所以你就四處閒逛，找點樂子。

喬伊：這不只有趣，你在那兒，你覺得你能混過去……你從不考慮風險。你就去做了。如果有機會，如果倉庫的門開著，你就進去，看看能偷點什麼出來，然後當你出來時，如果你沒有立即被抓，你出來的時候就會特別高興。

比爾：因為你要讓人看到你做得到，這是一個原因。

喬伊：因為你又違犯法律了。法律可是非常強硬的權力啊，而我們只不過是小人物罷了，但我們就是能蒙混過去。

〔……〕

法茲：〔……〕我們都〔因為在一家體育用品店偷東西〕去了警察局，他先叫了我們的父母來。然後他讓我們和自己的父母站在一起，這個警察說〔當時我們都站得筆挺〕，他四處望了望，說：「你！你口袋裡有多少零用錢？」他問：「你希望有人偷你的嗎？」他喊道：「不！」他接著說：「你們誰有話要說嗎？」他說：「是，混蛋，讓我走。」〔低聲〕「你應該說『對不起』。」「如果有東西沒還回來的話，哪怕一個飛鏢不見了，你們就有罪受了。」班尼．博內斯家裡有兩把空氣槍，史蒂夫有一副彈弓和一把刀，我家裡有兩把刀，他說：「要是有東西丟了！」

（……）

喬伊：整個晚上我都在幹這個〔扒竊皮包〕，然後我就去喝酒花錢，我沒好好地坐在那兒，乖乖把手放在背後。我把椅子舉起來，然後跪在下邊，把錢拿出來，這時有個小妞走過來，說：「你在那下面幹什麼？」我說：「哦，我剛掉了兩先令。」然後她還在那兒問錢的事，我就跑到舞廳的另一邊。她去告訴了警察，警察守在廁所外頭。我出去的時候，他們正好把我堵到這間小清潔室裡，他們把我按在那兒，把我所有的錢都搜出來。她說被偷了四英鎊，這明顯是謊話，因為我只偷了三英鎊，而且我已經花了近一半的錢，身上還剩一英鎊。如果我身上有四英鎊——即使錢不是她的，他們就能懲治我。但我身上沒有足夠的錢，所以他們就沒法拿我怎麼樣。

當偷竊對象是學校時，刺激感變得格外強烈，更突顯出他們挑戰權威、敢於冒險又深思熟慮的氣魄，當然能弄點錢也是成就之一。偷學校不但是對教師的直接羞辱，也能把你與「書呆子」完全分開。那些「書呆子」既不需要多餘的錢，也沒有那種要踐踏傳統道德的想像力，更沒有那種蒙混過關的機敏。闖入學校行竊包含了很多關鍵的主題：對立、刺激、排他、金錢的驅使：

X：我沒法想像我們〔前幾天闖入學校行竊時〕怎麼會被抓住。如果，你知道的，我能想像〔最近學校剛被強行闖入後〕其他人是怎麼被抓的，他竟然就把門打碎，走進去。這裡到處都是他的腳印，他砸碎了一扇窗戶，到處拉屎，還把書扔得滿地都是……

Y：我的意思是說，我們都戴手套，我們離開他家之前，甚至清空了口袋，以確保不會在那兒留下任何可以暴露身分的東西。我把所有的東西都留在他家，他也這麼幹了，我們就那樣走了進去，我穿著一件褐色的高領衫、牛仔褲、手套，對吧，他渾身都是黑的。

X：一身黑，臉也塗上偽裝。〔哄笑〕

Y：不。我們本來打算這麼做的。不是嗎？我們到你家去塗臉，我們本來是這麼打算的，但後來一想不太好。

PW：你們做那事的時候緊張嗎？

Y：嗯，緊張。

X：哦，啊。你知道的〔發抖〕。因為你知道的，我總是……哦，我扒過別人的口袋，對吧，我看見兩先令在地上就拿走了，但是我以前從來沒做過這樣的事。我喜歡。

Y：我也做了，真的很享受！

X：之後走在路上，我們就是感覺很爽，不是嗎？我們是，對吧，就這麼做了。

Y：然後我們把錢都花在那家酒吧了，是吧？在老船酒吧撒野。

X：哦，呀……我省下十先令去溜冰場，記得嗎？

——：記得。

PW：為什麼你們不想做點別的，而要闖進學校行竊？

Y：他媽的沒錢啊（……）

X：我們對學校很熟，如果你闖入別的房子，不能確定裡面有沒有人，這有點冒險，你知道我說的是什麼意思吧，但是你知道沒有人晚上睡在學校，你知道幾乎不可能被抓住。

性別歧視

「小子們」的排他性意味著另外兩個人群也被排除在外，而且「小子們」自視優越於他們：女孩，以及少數族裔。

他們對異性的態度是最微妙複雜的。他們對女性的看法充滿矛盾：女性既是性交對象，也是居家良人。本質上，這意味著女性必須具有吸引力，但又不能有性經驗。

當然，「小子們」的性欲顯而易見。談話中，性是常見話題，他們用充滿色情意味的故事和玩笑來談論女人的被動性，或者討論男人特有的性欲。故事的中心通常是他們**自己**的感受，而不是女孩的感受或他們之間的關係。他們討論女孩子時只關注女孩子們的性吸引力，她們的身分則微不足道：

X：這場派對上，我在親這個小妞，正要往她上身摸，突然感到有隻手放在我雞雞上，逗我……我想：「操，我們還在這裡呢。」然後我試著把手伸到她的短褲裡，但是她阻止了我……我想：「這倒好玩了，她逗我雞雞，卻不讓我把手伸進她的短褲。」反正後來我們走回家的時候，喬伊問我：「你和那個小妞玩得爽不爽，她是不是在挑逗你？」我問：「呀，你怎麼知道的？」他說：「那不是她的手，是我躲在你後面，是我把手伸到你兩腿中間去的！」（笑）

Y：我可不會操那心（用避孕用品），我想我一定不能生育，我也來回射過好多次了。你知道，我可不操那心……我不想把那玩意兒抽出來，儘管之前有幾次我抽出來過。你那時和她糾纏著，打架似的幹那事，你已經把她的短褲脫了，你剛把它拿出來（他做了示範：兩腿分開，在拉鍊上來回比劃），然後「噗」地射了（停止不動地示範），你射得到處都是，糟糕透了。

儘管女性是性欲對象，但是她們不允許有直接、明確的性欲。這裡的情緒很複雜。一方面，她作為性的對象和商品，實際上因為性而遭受貶損；毫不誇張地說，她們一文不值；她們在一定程度上就是浪漫或物質的消費品。享受這種貶損被視為自毀行為。另一方面，他們也意識到女性被壓抑的性欲，所以擔心女孩一旦有過性經驗，體會過性的樂趣，她的性欲閘門就會打開，從此變得淫蕩。

Y：好吧，你要是和一個玩過之後，就像你幹過那事之後，她們就跟妓女似的，跟誰都能上。我想，她們一旦有過那個之後，就總想要，不管是跟誰一起幹。

當然，「隨便」的名聲——不管是真是假——傳得很快。「小子們」在舞廳裡的目標就是那些「隨便就能上的女孩」，雖然他們不怎麼願意被看到和她們「出去約會」。和「隨便就能上的女孩」相比，「女朋友」屬於截然不同的範疇。女朋友代表著未被淫蕩辱沒的人類價值。她是忠誠的居家配偶。她不能有性經驗——至少不能和別人有過。「老婆們」的風流韻事一旦流傳開去，就會對男性氣概和自尊帶來極大的挑戰。他們必須用男性化的方式應對：

〔一次個人訪談〕

X：他總是說三道四的，之前他就跟我的「老婆」出去玩過，然後他總是說些我不想聽的話，然後你知道的，事情就傳出去了……他還不他媽的吸取教訓，他做了什麼，他說了什麼，好吧，我因為這些狠狠揍了他一頓，他都不還手，他這色鬼跑了，然後他又說了點別的（……）他從週五就沒來過學校（……）我要是抓到他，就要把他殺了，如果我把他按到地上，他必死無疑。

求愛是很嚴肅的事。「小子們」常把女朋友叫成「老婆」，這可不是隨意為之的結果。鄭重的求愛過程涉及一系列新的意義和內涵。它們所指的對象是「家」：可靠，居家——與場面上那種性感小貓截然相反。如果最初的吸引發自於性，那最終確認則是靠否定性——當然，這主要是否定女孩對別人的性欲，同時也否定性是他們之間關係的主要內容。居家規範嚴禁了淫蕩的可能性。

〔一次個人訪談〕

斯派克：（……）我找對了妞兒，到現在為止，我和她好了十八個月。她很乖。她不會看其他男生一眼。她做得不錯，也很乾淨。她愛做家務。我昨天買的褲子拿過去，她今天就幫我弄好了（……）她好極了，我想儘早把她娶回來。

女朋友的模範自然是母親，本質上就是限制的模範。儘管「媽媽」很受敬愛，但她無疑扮演著低等的角色：「她有點笨，比如她從來不知道我在想什麼」，「她不懂這些玩意兒，只有我爸懂」。在家裡，很明顯地，男人認為自己有權被母親伺候。

〔一次個人訪談〕

斯潘克斯：（……）你不該那麼做，你在家不應該幫你媽做事。當然，你應該把鞋子放整齊，把你的大衣掛起來，但是，你要知道，你不該去打掃清潔，為她鋪床，做這些家事。

既要具有性吸引力，又不能有性經驗，夾在其中的工人階級女孩只能順服，這繼而增強了「小子們」的優越感。女孩的出路是走青年雜誌宣揚的浪漫主義。在非正式的女性群體中，她們說的是「迷戀」，把性欲升華為聊天、謠言和互傳訊息。[6]這不是說她們從來沒有過性經驗——很顯然大部分人一定有過，但是她們與男孩關係的主要社會形式是小女孩式的性感，現代的求愛方式，不存在真正的求歡。這樣一來，最初吸引男孩的性刺激就能轉化為體面的居家價值觀和一

6　在主要個案研究的田野調查中，我關注的是男校裡的男孩。但是，這所學校隔壁就是一所女子學校，「小子們」常常於午飯時間在公園裡和女生們聊天。安吉拉．麥克盧比第一個提醒了我，浪漫主義在工人階級女孩經歷中的重要性。

夫一妻式的服從。可既然他自己能夠「幹上」，為什麼別人就不能呢？即使男孩子突發奇想遇到這樣的問題，他也能平靜地想：「她可不是那樣的人，她內心溫柔。」這樣，浪漫主義在父權社會裡中和了性欲。這使得女孩可以展示性感但不允諾性交，變得性感但不肉欲。

但是，「小子們」卻把女孩這種浪漫行為看成社會關係中簡單、馴服、柔弱、愚蠢和迂迴的表現，用他們的話說就是「整天像鄉下丫頭一樣傻笑」。女孩們一旦放棄了自信、肉欲的角色，這場遊戲就任由男孩們擺布了。男孩子們上演性衝動的戲劇，掌握主動權，展現男性氣概。他們對自己的意圖毫不保留，也毫不羞於展示他們的色欲。但是，他們認為，他們之所以對於自己的欲望這麼坦率直接、不忸怩作態，是因為這是他們男性天生優越感的一部分。女孩子們扭曲、奇怪的儀式被看作是女孩子氣的一部分，是女性天生軟弱、糊塗的表現。他們之所以容忍女孩的浪漫主義，是因為他們自認有男性氣概，對這個世界了解更多。這種男性自尊亦延伸到「小子們」反學校文化的其他方面，彰顯其自信。這給他們平添了樂趣，無論是在語言、形體、相互之間的暴力關係上，還是在羞辱「書呆子」，甚至是在動用暴力時。

以上各種因素的綜合，為兩性之間的交往奠定了特殊的基調。「小子們」通常開始對話，提出建議。女孩子們則報以痴笑，在自己的圈子裡聊天。如果女孩子做出評論，也都是很嚴肅、充滿關愛或者十分人性的評論。她們任由「小子們」開玩笑，做出苛刻的評論，進行粗暴的總結，或者製造一場鬧劇供女孩子們欣賞。女孩們顯然處於被支配的地位，但是她們參與了共謀：

〔晚飯時一群男女「在車棚邊上」討論〕

瓊：今天下午我們都要哭了，這是最後一星期了。

比爾：妳只有兩個星期了嗎？我們走的時候都要大笑一通（……）

瓊：我喜歡你的毛衣。

比爾：妳要喜歡可以鑽進來！

威爾：妳看到那些老太婆腳踝上綁著繃帶，不覺得糟糕嗎？

瑪麗：我又沒綁，而且我不胖。

威爾：我沒說妳綁著，我說那滿糟糕的。

比爾：我要把瑪麗的香菸都給偷來，抽光它。〔咯咯笑〕

（……）

艾迪：你們該回學校了，走吧。〔女孩們咯咯笑，悄聲談論著某個「暗戀」艾迪的人〕這些娘兒們就在你背後說你閒話，我的耳朵都紅了。〔「小子們」中有一位打了個飽嗝〕

瑪琪：哦，你這豬頭，閉嘴。

比爾：〔四處遞菸〕給妳。

瑪琪：不用，謝謝，我待會兒抽根大的。

比爾：哦，她喜歡大的！他的那個很大，妳找他，他會讓妳看看他的傢伙。

其他人：〔哼唱〕他有個大雞雞，他有個大雞雞……〔比爾把大衣脫了下來〕

艾迪：亂搞。

比爾：〔對瑪麗說〕妳有沒有亂搞過？

威爾：今天我已經亂搞過兩次了。〔笑〕妳喜歡亂搞嗎？〔對瑪麗說〕

瑪琪：你這個不要臉的傢伙。

威爾：我說的是妳的外套。[7]

有趣的是，這種打趣可以用在母親身上，但從不用在父親身上。他們跟母親打趣時，語氣更為和善，往往是談家務事而非性話題，但仍舊由他們挑起玩笑，開玩笑的那股力道和口吻依舊：

〔一次關於家庭的小組討論〕

威爾：（……）我就這樣逗逗她，比如，起床以後，我會躺在那兒。她什麼話都不說，我就說「閉嘴」，就這樣，「閉嘴，別說話」（……）她有一次對我說：「我覺得你瘋瘋癲癲。」比如還有一次我把我家的煤氣烤箱給點著了。她在廚房，我把烤箱的門拉下來，確保煤氣沒被點著，她進來看到了，問：「你究竟在幹什麼？」我說：「我在找我的香菸。」〔笑〕（……）好吧，我就會躺在那兒說，我把收音機打開了，要是放好的音樂，我就會到處跳，拼命製造噪音。

PW：你媽怎麼看？

威爾：她就坐在那兒，我不會在我爸面前這麼做。

PW：為什麼呢？

威爾：他就是，他不會看到……其實，他會覺得出了什麼問題，你知道，然後，哦，我回家看到我媽，我會說：「親我一下，親我一下！」……她會把我推開，說：「走開，你這個傻瓜。」（……）讓她真正生氣的是，對了，是你進來把外套掛上，然後我把她推到牆角，她試圖出去，她往哪兒走，我就堵到哪兒，然後我們就好比在走廊裡玩躲避遊戲，不到兩分鐘，她就真的氣瘋了。

種族歧視

在大部分學校裡，我們都能看到三個鮮明的族群：高加索人、亞洲人和西印度群島人。儘管

7　原文中艾迪用了"have it off"，俚語中有「亂搞男女關係」的意思，比爾就接了這個哏，說"Have you ever had it off?"而之後威爾的辯解用的是"have off（the coat）"的正式涵義：脫下。——譯註

學生中有個體接觸，尤其是在青年活動中心裡，但到了四年級，不同族群明顯分開了。在非正式場合，這種區分更為明顯。有一段時期，高級中學的校長讓五年級學生在放假期間用活動室進行「小組聯誼」。儘管這項舉措具有防備性和容納性，但這仍是為了阻止對抗而進行的又一種堅持不懈的微妙掙扎。其結果清楚地顯示了種族歧視文化的非正式模式，儘管這些模式有時被學校的官方結構所掩蓋。

高級中學校長：我們把馬丁斯（比爾）、克羅夫特（喬伊）、拉斯廷、羅伯茨（威爾）、彼得森（艾迪）、傑夫斯（法茲）和巴恩斯（斯派克）放在「歐洲」室；巴克諾、格蘭特、撒母耳斯和斯賓斯放在「西印度群島」室；辛格和哈吉德放在「亞洲」室。那麼多種族混在一塊兒！有三間各具特色的活動室。你到那間白色房間，可以坐下享受一杯茶；你去「印度」室，他們都在打牌，嘰嘰喳喳聊天；然後你走到「西印度群島」室，他們都跟著音樂節奏跳舞轉圈。

在「小子們」看來，隔離當然是對別人的排斥。他們經常對「中東佬」或者「狗娘養的巴基斯坦佬」實施言語暴力。膚色不同這一事實就足以為他們的攻擊或恐嚇辯護。不同群體之間界線分明，對其他種族的鄙視被簡單地視為種種言行的根據：這是知識運用的一種日常形式。

斯潘克斯：我們嘗試攻擊那些牙買加佬，因為你知道，我們人數比他們多。他們聚在一起的時候，我們不想和他們打架。我們在數量上超過他們。

斯派克：但是他們總湊在一塊兒。

斯潘克斯：他們都在那兒，但他們一半人都走了，不是嗎，只留下幾個人。我們大概四個人扁了這個人。

喬伊：我們沒一個人身上有被打的痕跡……那次真是超爽。

對「小子們」而言，種族身分取代了個人身分，以至於他們在對朋友講述故事的時候不說「這個孩子」，而是說「這個中東佬」。在漢默鎮男子學校，族群之間的緊張關係日益加劇、令人憂慮，尤其是在高加索人和亞裔之間，他們有時會陷入暴力衝突。副校長當時把每個人都叫到大禮堂訓話，但這只是一時抑制住相互厭惡的情緒表達而已。

〔就學校最近發生的騷亂進行的小組討論〕

喬伊：他〔副校長，事件發生後在大禮堂裡〕甚至一度說起以色列戰爭，說什麼「這就是為什麼戰爭爆發……要停止」。

PW：（……）他有沒有說服你一點？

喬伊：他就是說說，我們也就是聽聽，心想：「好吧，你這個黑鬼，下次你開始講，我們就把你了結掉。」——我們真的會。

無論公眾聲明怎樣說，「小子們」還是認為教師有共謀的傾向，這加劇了他們隨時表達厭惡情緒並採取行動的自以為是。這甚至可能是一種無意識的結果，當然，如果教師中存在種族歧視，那也要比反學校文化中的種族歧視溫和得多。但是，總體來說，教師（大部分都是白人）和少數族群學生之間的同情和關係，要比教師和白人學生之間弱很多。在幾乎是自發的文化反映中，少數族裔被視為陌生、不文明的人——不「喝茶」，總是「相互間嘰嘰喳喳含糊不清地說話」，「四處亂竄」。當然，許多年長的教師顯然把二十世紀六〇年代大規模移民湧入和二十世紀五〇年代那種「社會秩序和安靜」被打破聯繫在一起，認為這對當初看來平靜、成功的學校是一種顛覆。因此，「小子們」和教師對打亂秩序的入侵者確實都懷有一種怨恨之情，只是方式不同。這對「小子們」中的種族歧視帶來了雙重支持，鼓勵充滿敵意的態度。這一次，非正式群體至少得到了來自正式組織幽靈般的支援。

反學校文化中的種族歧視正是由這種具體且有差異的偏見建構的。亞裔處境最糟糕，經常是被欺負的對象，「小子們」最擅長對他們進行小規模恐嚇、糾纏不清的攻擊，以及對他們薄弱或未防衛的地方進行實際和象徵性的攻擊。亞裔學生被看成是「臭烘烘」、可能「不乾淨」的外星人，並具有一些最惹人厭的「書呆子」特徵。他們在對待作為標準的英語文化模式時，一方面顯得很親近，另一方面卻顯得很疏遠，因此更遭厭惡。他們是不知道自己的位置、卻想要獲得他們不該擁有之物的入侵者，哪怕那些東西在其他時候備受厭恨和不足稱道。

在「小子們」手下，西印度群島裔學生的處境略微好些。儘管他們顯而易見是「外國人」，有時候「臭烘烘的」，可能「很髒」，但他們至少更適合當地的文化分布。他們不像循規生那樣成績好，這被看成是符合他們的低等地位；同時，他們本身的對抗性、男性化和激進的文化在某些方面與「小子們」的文化相一致。各年級男生之間有限的互動，是以他們共用的文化興趣為基礎的，比如「出去玩」、注重名聲、舞廳、靈魂樂、節奏藍調及雷鬼音樂。但是，當種族厭恨與一些共同的文化興趣相結合時，在性關係方面，「小子們」感到直接的性競爭和嫉妒，總是懷疑西印度群島裔男學生的性欲意圖和行為，然而，諷刺的是，他們自己對性的手段和利用女性的態度異常坦率。當然，「小子們」很少意識到自己在潛移默化中，至少在「求愛」這一嚴肅階段，被一些不成文的、去性欲的、一夫一妻的規則所束縛，而這些在西印度群島文化中並不為人所顧及。

典型的西印度群島裔學生對待女性的方式令人豔羨和懷疑，但他們也被認為很愚蠢。「小子們」自有一套什麼算「機敏」、什麼是「常識」的定義，他們嘲諷和公開指責「蠢笨」的對象一般都是西印度群島裔的學生。對「書呆子」開這樣的玩笑還有一些模稜兩可之處，但拿「中東佬」尋開心，說他們「愚蠢」、「像蠢驢」和「笨蛋」就肆無忌憚了。這一系列偏見真實存在，充滿敵意，尤其在涉及性的時候往往能引爆衝突，從某種意義上來說，比起對亞裔的偏見，這些偏見使「小子們」更舒服。

第二章

文化的階級形式和制度形式

階級形式

到目前為止，本書的重點還是在於學校中自發自創的對抗形式和文化風格。本章將把反學校文化情境化。反學校文化與工人階級文化的聯繫並非偶然，它的風格不是獨立的，它的文化技巧亦非獨特。儘管反學校文化所取得的成就很明確，但我們必須在更大的工人階級文化背景下理解它真正的本質和意義。這部分以我在「小子們」離校進廠上班後進行的田野調查，以及在他們家中採訪他們父母所獲得的資料為基礎。

特別值得一提的是，反學校文化與工人階級的廠房文化有很多根本的相似之處——大部分反學校文化成員註定成為工人階級的一分子。儘管我們必須考慮地區和職業的差異，但工人階級廠房文化的核心是：無論條件多麼艱苦，上級指導多麼苛刻，人們總是在尋求意義，並為之搭建參照體系。他們運用自己的才能，即使在最受他人控制的活動中也能尋求到樂趣。矛盾的是，他們能從死板的工作經歷中活出一種生動的文化，這絕不是對失敗的簡單反映。在反學校文化中，我們亦能看到這種在令人疏離的環境中立足的根本理念，同時，他們都試圖在枯燥的制度下編織出屬於自己的興趣和娛樂。這些文化不只是人類與不歡之間層層疊疊的填充物。這些文化自有其邏輯，使用各種技巧、動作和行為，以達到特定目的。

就如同加入反學校文化一樣，僅僅擁有失敗者的資格是遠遠不夠加入廠房文化的。想加入廠房文化，需要有一技之長、反應機敏、充滿自信，最重要的是能增強、而不是減弱現存的社會力量。正式命名的機構所支援、建構和組織的不是這種**進行中**的力量，因為那些機構要求按書面規則行事。

反學校文化所推崇的男性氣概和強硬風格，反映了廠房文化的一個中心主題：男性沙文主義。貼在堅硬、油膩機械上的爆乳封面女郎是赤裸裸性別歧視的一個例子，廠房裡更是普遍充滿了象徵性的男性氣概。下文是喬伊的父親，一位鑄造工，在談論自己的工作。他不善言辭，但這可能更說明了議題所在，他證實了做好艱巨工作所帶來的自尊以及名聲——在我們的文化裡，這基本上就是男性自尊：

我在鑄造廠工作……你知道嗎，落錘鍛造……你懂不懂這個……好吧……工廠就在貝斯納街上，很吵……你走在街上就能聽到……我在大錘子上工作……是個載重六噸的落錘。到現在為止，我在那兒已經做了二十四年。那兒吵極了，但我現在已經習慣了……那兒很熱……我不覺得無聊……總是有新的生產線進來，你必須想辦法把它做好……你總得不停地做……工作很重，那些經理們都做不了這個，沒幾個強壯到能一直提著這個金屬……我一星期賺八、九十英鎊，不壞吧？……這工作不容易……你絕對可以說我賺的每分錢都是實實在在的血汗錢……你要知道，你必須跟上機器。總經理，你知道我會對他說「你好」，還有跟進度經理打招呼……他們會來看看，我會說「沒問題」（豎起大拇指）……他們都認得你，你知道……一幫人站在那兒看你……工作……我喜歡那樣……是那麼回事……看著你……工作……我喜歡……你必須不停地做才能有足夠的產量。*

廠房裡綜合了沙文主義、強硬態度和男性氣概，這種獨特的綜合並不落伍，也不會隨著產業生產模式的變化而必然消失。和這些態度最為密切相關的是那些艱巨、令人不快、吃力的工作，這些工作目前仍有很多。從建築工到煤爐工到深海捕魚工，這一系列工種依舊要求面對相當艱巨的體力任務。現在，與這些工種最相關的基本態度和價值觀仍舊活躍在工人階級文化、尤其是廠房文化中。這種態度的普遍性和力度與真正從事繁重工作的人數其實不成正比。即使在所謂的輕工業，或者高度機械化、體力勞動強度大大降低的工廠中，象徵了力量、男性氣概和名譽的人物形象，依舊潛伏在廠房文化更為多樣、可見的形式中。儘管工廠雇用了越來越多的女工，其根本風貌依舊是男性化的。

廠房文化的另一個主題——至少就我在英國中部地區加工製造業所觀察記錄到的而言——是為了獲得對生產過程的非正式控制所進行的大量嘗試。從管理的特定角度來看，自泰勒（Taylor）[1]以來，限制產量或者「系統性怠工」以及「逃避工作」時有發生，但現在有證據顯示，出現了更為統一協調（儘管仍舊是非正式的）取得控制的嘗試。出於種種意圖和目的，這些工人實際上有時已至少控制了人員配備和生產速度。我們可以再次從工人階級子弟的種種嘗試中看到反映：那些孩子借助他們的文化資源，試圖控制課堂，用自己的非正式時間表替代學校的正式時間表，並控制自己的日常起居和生活空間。當然，這種相似之處有一定局限，那就是「小子們」可以完全擺脫學校，但「工作」必須在工廠裡做完，至少要為基本生活費而工作，一定量的工作被視為是必須而且正當的。以下是一個「傢伙」的父親在家接受訪談時提及的內容，他在一家工廠操控一條生產汽車引擎的生產線。

事實上，工頭和領班他們管不了這裡，是我們工人在管理這個地方。好吧，我是說，你對某個小夥子說：「這樣吧，今天你做這個和那個。」你不能和他爭。領班並不分配工作，

> 工人自己相互交換，輪流著做。啊，但我的意思是說，工作還是都得做完的。如果領班給你工作，你就得做……他們想要一個早上做完，你知道吧，把工作交給一個小夥子，但他一直在做這個，你要知道，我想他整個星期都在做這個，他們剛磨過工具（……）這條生產線上有四個困難的工作，還有一打那種……你知道的，老實說五歲小孩都能做的工作，但是每個人都能輪到。這都是我們工人自己組織的。

廠房文化和反學校文化一樣，立基於相同的組織性團體。非正式群體奠定了所有其他可能的文化要素。正是這個團體生成並傳播著那些與官方權威爭奪符號控制和真實空間的策略。這個非正式組織無處不在，並將廠房文化與中產階級工作文化區分開來。

在工人當中，非正式群體也是以物易物、搞定「外人」，以及「哄騙」的基礎。這些都是「小子們」在校行徑的衍生和擴展。

廠房裡的非正式群體對循規者和告密者的態度與「小子們」如出一轍。廠房裡盛行「贏來」東西，這就好比「小子們」的偷摸行為，而且都得到了模稜兩可的非正式贊同。對那些沒能維護、保全這個世界的人，他們給予的懲罰是放逐，這樣他們才能免受正式制度的不斷侵擾。以下

1 F. Taylor, *Scientific Management*, Greenwood Press, 1972.

是另一個「傢伙」的父親談論工廠生活：

工頭嘛，你知道我是什麼意思，他們想要成功，想要升遷。他們要把每個人都逼急了，自己才能成功。工廠裡就有這種人。當然，他們都被工人們弄得很慘，他們會在光天化日之下耍很多把戲。你知道我是什麼意思吧，他們不喜歡看到任何人卑躬屈膝（……）就好比，本應該〔從倉庫裡〕拿一副眼鏡，但吉姆拿了兩副，你看吧，他還拿了一對面罩，大概六副手套。因為那個馬丁看見了，事實上兩天以後我們發現他跟工頭說他看見了。工頭把吉姆叫到辦公室問這事，然後（……）好吧，我的意思是，他不值得活下去了，對吧？哦，沒人再跟他講過話，他們不會給他點菸，沒人會給他點菸——好吧，他再也不會幹那事了，他再也不會做了。我是說，有一天早上他把他的水壺放在爐子上，他們就把它踢飛了，你要知道，他們把水倒出來，放沙子進去，盡搞這些玩意兒（……）如果他去領班那兒說：「有人把我的水打翻了」，或者「他們在我杯子裡放沙子」，諸如此類的，「那是誰幹的？」「我不知道是誰幹的。」他永遠都找不出是誰幹的。

廠房裡獨特的語言形式和高度發達、具有威脅性的笑話也和反學校文化極為相似。廠房裡很多言語交談都很不嚴肅，也與工作無關。他們說笑話、「嘲弄」、「開玩笑」或者「找刺激」。要流利運用這種語言需要真正的技巧：你要能辨認出什麼時候你被「耍」了，還得及時給出合適的反應，以免上當被嘲弄。

這種打趣很難靠錄音機來重現，但是它為廠房談話交流帶來了獨特的氣氛，廠房裡的成員也充分意識到這一點，有時候他們在描述廠房情形的時候也會重現這種氣氛。以下是另一個鑄造工，也是漢默鎮一個「傢伙」的父親，他在家裡聊他所在廠房的氣氛：

> 哦，我們有各式各樣、成千上萬種〔笑話〕。「想聽聽他是怎麼說你的嗎？」其實他什麼都沒說過，你要知道。在那些地方工作，你當然要知道這些話。「你剛才說我什麼來著？」「我什麼都沒說。」「哦，你這個騙人的傢伙。」諸如此類。

與這種具體、極富表達性的口頭幽默相配合的是發展成熟的肢體幽默：基本上就是惡作劇。這些玩笑有力、尖銳，有時候甚至殘酷，而且惡作劇經常圍繞廠房文化的基本信條展開，比如中斷生產、顛覆老闆的權威和地位。下面這位在一家汽車引擎工廠工作：

> 他們開你的玩笑，把箱子上的螺絲轉下來，他們在他的錘子下面塗漿糊，軟糊糊的小玩意兒，他們把他的錘子放下去，撿起來，沾了很多漿糊，你知道的，諸如此類的事。所

以他過來拿了個注射器扔進裝漿糊的大桶裡，桶就那麼深，恰好落在桶底部，你不得不伸手進去把注射器拿出來……這個把戲夠噁心，但是他們照做（……）他們說：領班叫X去泡茶。好吧，他已經在那兒工作十五年了，可他們還總是讓他「去泡茶」。他去廁所，尿在茶壺裡，然後用它泡茶。我是說，這是你得知道的事。他說，對吧，「如果我泡茶，我就把尿撒在裡邊，如果他們讓我去泡茶的話」（……）所以他起身，往茶壺裡撒尿，然後把茶葉包放進去，然後他再把熱水倒進去（……）Y，一個領班，隔天感覺不舒服，「我的胃今天早上不舒服」。之後他告訴他們，他們就把他做的所有事講了，「你再也不需要給我們泡茶了」。他說：「我知道我現在再也不需要了。」

有趣的是，在反學校文化中，很多玩笑也圍繞權威這個概念本身及其非正式的補充：「告密」。還是上面那個男人，他說道：

他（約翰）說：「托尼（一個新來的工人），給我拿幾塊麵包布丁來，今天我們喝下午茶的時候吃。」那個女的給他在包裡裝了一些，他說：「把它們放在你的口袋裡，你出去的時候不用付錢。」（……）托尼把麵包放進口袋，帶著他的晚飯走了（……）我們從餐廳回來後，約翰告訴了每個人，說他（托尼）偷了兩塊麵包布丁（……）他跟一個工頭弗雷德說了，因為弗雷德知道了，我是說……約翰說：「我必須告訴你，弗雷德，」他說：「托尼偷了兩塊麵包布丁。」真的，你能想像現在他們看你的樣子（……）他盤問約翰關於托尼所做的一切，弗雷德繃著臉，說：「二十分鐘後到我辦公室見我。」哦，約翰，他幾乎要哭出來了（……）我們說：「這回鬧大了，你有麻煩了，你會被開除的。」就這麼回事（……）他們沒有笑。他說：「你覺得接下來會怎麼樣？」「好吧，會發生的嘛，你可能得拿回你的工作卡。」（……）「哦，那我該怎麼辦？上頭有該死的史密斯，他這回把我搞慘了，我下次要回敬他。」「啊呀，托尼，」我說：「那不行，如果別人偷東西要受處置，那你為什麼就能不受處置？」「噢。」不管怎麼樣，弗雷德來敲窗戶，說：「告訴托尼我要見他。」他說：「我不知道我該怎麼辦。」（……）他們出來以後就笑了，我問：「他對你說了什麼，托尼？」他說：「他問我是否真的偷了兩塊麵包布丁。我也不好抵賴，我就說是。他說，我想要知道的是為什麼你不給我和其他人也帶兩塊回來呢。」

「小子們」拒絕完成學校功課，總感覺自己知道得更多，這種情緒也能在廠房裡找到；工人階級文化普遍認為實踐比理論更重要。一個工人從火柴盒背面抄來一句話，寫成很大的標語放在廠房裡：「一盎司的敏銳直覺可以媲美整座圖書館的學位證書。」廠房裡充斥著關於純粹理論知識愚昧不堪的虛構故事。實踐能力才是首要的，是其他知識的基礎。在中產階級文化裡，知識和文憑被視為個人在各種實踐中實現提升的途徑；然而在工人階級眼中，理論是附屬在特定生產實踐上的。理論如果不能維持其相關性，就會遭到丟棄。下面是斯潘克斯的父親在家裡所做的評論。他講的故事正突顯了工人文化看待「理論」時的不偏不倚、習以為常。

在托安德路上有一個車行，我曾經在那裡兼過職……那兒有個老頭，一輩子都是機械工，他那時一定有七十歲了。他是漢默鎮的老專業工，以前曾經做過職業拳擊手，是個老傢伙，他很實際，他是實際的人，對吧？……這個故事是他跟我講的（……）我正在和他說話呢，在說什麼事，然後他就說到了這個（……）「這個小子光知道理論，什麼都要靠書解決，」他說，「你知道嗎，」他說：「他有一次訂了一本書，書寄來的時候是裝在一個木箱裡的，書到現在還是在那個箱子裡，因為他打不開那個箱子。」好吧，這不是真的故事，對吧？但是講的道理是真的。故事不是真的，那沒發生過，但是意思是對的。他沒法拿出箱子裡的東西，因為他不知道怎麼打開那個箱子！那還有什麼用處？

這可以看作是知識的階級功能，明確但通常不被注意。如果不是處在階級社會，工人階級的觀點可能才是理性的看法，即理論只有在真正能幫助做事、完成實際任務、改變自然時才是有用的。理論必須與物質世界形成緊密的辯證關係。然而，對於更在乎自身在階級社會中所處位置的中產階級來說，文憑作為社會性的掩護，是攀登社會階梯的力量。在這個意義上，理論即使從未被應用到自然中，它還是值得擁有。理論的目的在於明確判定要把理論應用到哪裡，或者哪裡根本不需要理論。矛盾的是，工人階級對理論的反感和排斥，在一定程度上來自於一種認識，即理論在社會偽裝下空洞無物，即使是在這種認識被壓制的時刻。

甚至那些在大城市高級社區的重點文法學校（high status grammar school）上學的違規生也認同理論在社會實踐中所表現的**社會**本質。對他們來說，文憑是階級社會的一種選擇和社會流動性。它不僅僅是把工作做得更好的能力。事實上，正是這種核心認識抑制了他們的反學校情緒：

> 拉里：（……）我想做的啊，我想上高中高級課程（他才剛剛完成普通課程考試，決定繼續讀高級課程），然後環遊世界，那就好啦，過幾年苦日子，就是隨便找個地方睡，然後再繼續，但是至少那時我可以選擇到底我是想繼續，還是想回去找個體面的工作。如果你有各種文憑，那你就可以選擇你想做什麼：是想放棄，或者是想繼續待在這個系統裡。但是如果你沒有文憑，你知道的——如果我沒有這些文憑，我不知道我能做什麼，只有獲得這些文憑我才能做些什麼，但是如果我得到文憑了，至少我會知道我的選擇，到底是找個穩定的工作、享受養老計畫、買車、養兩個孩子、討老婆、繳房貸這些東西，還是我就是想環遊世界。

當然，更廣泛的階級性在風格和對抗力量上，賦予了工人階級反學校文化獨特的氣場和共鳴，並作為重要經歷使他們為從事工人階級工作做好準備。儘管所有形式的制度都可能產生自己的非正式主張，儘管無論什麼階層的學校裡都會產生對峙性文化，但是，恰恰是制度性對立與工人階級背景和模式的關鍵結合，使「小子們」的文化具有了獨特的個性和意義。制度性對立因其階級處境和表達而具有不同的意義。儘管重點文法學校裡的違規生對學校的態度和「小子們」相似，但他們知道自己和漢默鎮的「小子們」不一樣。他們不能光靠制度手段來超越自己的階級地位。最終，他們不僅對文憑的看法不同，而且勢必也具有不同的社會地位認知。

> 拉里：和你〔在漢默鎮〕聊天的那些孩子，他們很多人都把我們看成是娘娘腔，因為我們上文法學校。不僅因為我們上文法學校，也因為一開始我們就來自這個被看作很勢利的社區。

事實上，文法學校裡的違規生群體中有一些成員來自於工人階級家庭。儘管他們出身工人階級，抱有反學校態度，但是他們的學校文化中缺乏工人階級氛圍，因此他們的經歷也與「小子們」極為不同。這也可能導致他們刻意試圖在街上和其他人展現團結。對抗學校的工人階級文化形式具有創造性和獨特性，並由特定的個人和團體在特定的環境裡再生產——雖然這些形式具有階級性，但卻突顯了這群孩子文化上的笨拙和孤立。即使有工人階級背景和反學校傾向，由於缺乏集體的、以學校為據點生成的階級文化形式，他們的工人階級認同還是受到嚴重削弱。

約翰：那些小孩（……）隨意地把我定義成那種〔勢利鬼〕（……）我住在一所叫「靈克斯」的學校旁邊，那裡有很多小孩，「哦，他上文法學校呢。哦。」好吧，我的態度是，我永遠不想被那樣叫，我覺得實在是太糟糕了，所以，我從一開始就沒有努力提升過我的英語。我有一些做事的基本原則。這只是為了確保每個人都知道我不是個典型的珀西瓦爾．瓊斯（Percival Jones）（……）他的口音可漂亮了，「老白領」那種，是拜倫．雷恩夫人（Lady Byron）〔指中產階級口音〕那種人，你知道的，不是我們這種，是特為學校自豪的那種（……）我曾對那些實在讓我心煩的小孩說，「我知道我比你們好」，你知道吧，但是當我故意糟蹋自己的時候，我是要確保大家知道我不是那種人。

或許可以說，中產階級學校裡的違規生——不管他們各自出身如何——所為之努力的就是把制度性對抗轉換成一種更能引起共鳴的工人階級形式。一旦他們成功，受到本書後續部分提及的種種過程的影響，他們的未來就要「受罪」。如果他們失敗，或者假設工人階級出身、循規的男孩不受工人階級文化影響，不經歷成為工人階級的過程，那麼他們就更可能「成功」。文化定位，尤其是在不同模式間轉換的文化定位，是解釋社會流動性更為有效的模型，要比用機械的、缺乏辯證的「智力」來解釋更為有效。

制度形式

無論反學校文化的形成、自我奮鬥、贏得勝利是多麼艱難，這種文化必須放在工人階級文化的大模式中去理解。但是，這不應該使我們誤以為這種文化是一個整體，沒有內部差異，並由可以無性繁殖般進行自我複製的標準文化模組所構成。

各種階級文化是在一定環境裡從特定的對峙中被創造出來的。它們在與其他群體、制度和趨勢進行長期鬥爭的過程中產生。一種文化的獨特表現受特定環境的影響，並在某些熟知的主題上有其特有的配置和發展形式。這些主題**共存**於某些特定表現中，因為在階級社會中處於同一層級位置的人共用著相同的結構特質，工人階級面臨相同的問題，都處在相似的意識形態中。除此之外，階級文化得到了諸多非正式群體網絡以及無數相似經驗的支援，因此其中心主題和思想都能在實踐中發展並產生影響，哪怕它們的直接邏輯可能並不是最合適的。一整套風格、意義和可能性被不斷地再生產，當有人拒絕被格式化、被官方限定地位，而試圖尋求對統治更為實際的解釋或關聯的時候，他們總能從中獲得自己要找的東西。當這些主題被採納並在具體環境中被再創造時，他們就被再生產、被強化，進而作為一種資源被其他處於相同結構位置的人所使用。

但是，這些在特定社會區域內借用、再生和歸還的過程，通常並不被相關的人承認是階級過程。無論是結構性不平等產生支配關係的各種制度化、約定俗成和習慣性的形式，還是它們被突破、遭到反抗和被改造的地域性形式，本質均未被真正認識。這部分是因為各個社會區域及其制度性支援以及社會關係，確實在一定程度上是彼此分離和自主，並獨立於社會系統的其餘部門。它們有自己的程序、規則和與眾不同的意識形態平衡。它們有自己特有的正當信念以及自己特定的反叛、非正式的圈子。

因此，儘管它們有相似之處，但是如果我們草率地把特定社會形式和社會區域簡化為明顯的、控制與反抗之間的階級力量對比，那我們就錯了。它們既有地方性或制度性的邏輯，同時也有更廣泛的階級邏輯。如果沒有這些區域性抗爭，廣義的階級邏輯就不可能得以發展和表達；但是，如果這些區域性的抗爭脫離了廣義的階級邏輯，就不可能出現內部分化和系統的結構化，整個系統也不可能被再生產。

發達資本主義國家的公立學校，以及學校中對抗性工人階級文化最鮮明的表達，向我們提供了一個資本主義秩序下，階級衝突和階級再生產的重要案例。尤其重要的是，這個案例向我們展示了一個意外後果的循環，最後不但再生產出一種區域性文化，而且還再生產了階級文化及社會結構本身。

對峙的出現

即使初級中學裡存在社會分化，但每個人在初中頭幾年看上去都像「書呆子」。即使是少數幾個入校時就已有不良行為、熟悉社會環境的學生，因為沒有群體給予幫襯支持，他們的表現也相當守規矩。

〔一次小組討論〕

斯派克：第一年的時候……我能看出哪些是書呆子。第一天到學校我就知道誰是高年級男生，因為看他們在操場走路的樣子就知道（……）我頭兩個星期滿安靜的，我就一個人待著，因為我誰也不認識，我花了兩年時間才交了幾個哥兒們。但是，呃……後來，第三年才是正剛好的一年，我們打架，總被老師叫去訓話……

但是，有些人在四年級第二學期脫離了這種循規模式。從學生的角度來看，這種脫離是學校生活的一道顯著分界線，所以他們對此記憶猶新、興致勃勃。「公開」成為「傢伙」是一種個人成就。

〔一次個人訪談〕

喬伊：第二年的時候，我想，「真是該死的損失」，因為我一個哥兒們都沒有，我看其他孩子互相打鬧，我就想，「真是該死的損失，你得有個互相打鬧的伴兒」。所以我就去找諾亞和班森開玩笑，他們兩個現在都不是我們一夥的了。他媽的班森，發生了一些事，一些糟糕的事，他現在確確實實成了個「書呆子」，不過我還是喜歡他，他還能讓我開心。他發不準「r」這個音（……）但是我記得……我以前跟他倆見面是因為我媽當時還在工作，我爸晚上經常出去，所以我就找上他們倆：「今天晚上你們想來我家玩嗎？」當時光頭黨剛剛開始流行，我覺得班森他們是最早有Levis牛仔褲和猴靴（Monkey Boots）那種大頭軍靴的人。然後我就開始跟他們一起玩鬧了，他們第一天晚上來我家，我們喝了很多威士忌，然後我假裝喝醉了，其實我沒有，我們就是這樣開始的。後來我們不怎麼玩在一起了（……）我們以前總是坐在一起，我們曾經一起瘋玩，那時候玩就是用尺互相打對方，老是聊天，就是這麼開始的。後來比爾開始跟著我們玩，然後是弗雷德，接著是斯派克……從那時候開始我們的隊伍就壯大了，也變得越來越散。我們以前總是在晚上出去，老是用尺打對方，我們還用瓶子扔對方，我們主要做的就是在大街上晃蕩，四處找瓶子來扔對方。從那以後，我們開始搞破壞，這裡弄弄，那裡弄弄。

〔一次小組討論〕

弗雷德：我是在第二年開始變野的。我和斯派克最先開始，第一年還是第二年的時候，我的成績還是第十二名呢，然後我遇到了比爾他們（……）有一天晚上我們和他們出去，我們撿了一大箱空瓶子，比爾他們撿的。我覺得如果我不照著做，他們會覺得我是個傻子……我就收集了一箱瓶子，朝他們扔，你要知道，我和斯派克當時滿怕的，他們還沒開始跑的時候我們就跑到了馬路盡頭，然後比爾開始扔磚頭，然後就什麼都做，刮汽車上的油漆，可帶勁了。

「小子們」說起這些變化時有聲有色，但自己很少思考其後的深層原因。顯然，對他們來說，這就是一個尋求友誼的問題，甚至有點**隨機性**——恰巧在一個班上，坐在誰的旁邊，晚上碰巧遇上一幫「傢伙」，或是意外「受到邀請」。當然，這些講述證實了群體對個人轉變的重要性。

教師們也注意到了這些巨大變化，對此有不少解釋。學生們開始「變得倨傲」，形成「壞的態度」，是因為他們受了「壞的影響」。首先，「壞的影響」來自於個人性格導致的行為：「他是橡膠做的，腦子裡什麼都沒有」，「如果你想知道真相，那就把他說的話反過來聽吧」，「他是個頭腦不清的傢伙，我都不知道他會發展成什麼樣」，「他盡讓我操心，他的性格有缺陷」。反學校文化源自這些性格缺陷的排列組合，相比之下其他「易受影響」的人則沒有這種缺陷。我們在這裡看到的是一個經典模式：少數「麻煩製造者」身後跟著被誤導的多數。

副校長：就我們校長所擔心的來說，喬伊是最突出的一個（……）斯派克像是軍師，什麼都會幫他，就他們兩個能鬧事（……）威爾容易跟風。

有趣的是，教師們在觀察這些孩子時，一般都將其表現歸結於個人性格的具體特徵上，評價很個人化，忽略了社會化過程和階級過程。做口頭評論時，他們一般以「我喜歡」或者「我沒時間談」開始，說的時候常常插入「……其實是個好孩子」或者「……一家都不行，你見過他爸嗎」這樣的話，這些話其實頗具意味。書面的離校報告或是其他報告均清楚地表明，校方如何運用病理學概念建構一個領導者與跟隨者的基本社會模式：

〔喬伊〕證明自己是個聰明、能幹的年輕人，他本可以在大部分科目中都考出好成績，但是他不想發揮自己的天賦，除英語以外，其他科目成績均下降了，而且出勤率和行為表現也每況愈下（……）他的領導才能總是用錯地方，沒有在學校裡好好表現。

〔斯潘克斯〕前三年裡他本是學校裡最合作、最積極的學生。他參加了學校理事會，參加學校話劇演出及合唱團，並代表學校參加曲棍球、足球和越野長跑比賽。但不幸的是，這個好的開始並沒有持續下去，他整個舉止和態度都變了。他放棄了發展自己學術和實踐能力的努力（……）他以前愉悅、快樂的態度不見了，他成了學校裡最不合作的學生之一（……）他的發展受阻於他的消極態度。

〔艾迪〕的品性和行為前後很不一致，有時候表現是學校完全不能接受的。他顯然缺乏自律，跟從群體行為的傾向明顯。

用隨機的因果性或者病理學來解釋，可能有一定的事實依據，也可能沒有。當然，教師需要這些解釋來維持學校的日常運作，及時做出相應決斷；但是，這些解釋並不能很好地從社會角度說明反學校文化的發展。

分化和教學典範

工人階級文化創造性地把自己表現為特定制度的具體形式，並把自己與影響自己的這個特定制度區分開來，我稱這種特定過程為**分化**。工人階級根據自己的利益、感受和意義，對正式制度典範中所預期的交換進行重新闡釋、區分和差別對待，這就是分化。分化的動力來自與制度的對抗，這種對抗被階級文化的主旨和問題所接納並做出回應。**同化**是**分化**的反面，是階級對抗和階級意圖在一系列正當的制度關係和交換中被重新定義、刪節與重塑的過程。如果說分化是非正式向正式制度的入侵，那麼同化就是逐步把非正式納入正式或者官方典範中的過程。可以說，所有制度都保持了分化與同化的平衡，而且分化絕不是功能衰竭或者失敗的同義詞。事實上，我在後文中將會說明，正是在制度建構中分化的某些作用，以及分化對某些特定社會領域的影響，使分化在社會再生產中發揮富有成效而令人驚奇的作用。一方面，經歷分化的人將分化視為學習的集體過程，由此將自我及其未來從制度性界定中分離出來；另一方面，在制度代理人看來，分化意味著莫名其妙的崩潰、反抗和對立。一方面，分化產生的是工人階級主題和活動被不斷再作用和再生產到特定的制度形式中；另一方面，分化產生的是正式制度典範的萎縮、硬化或軟化——這些都是對喪失合法性的種種反應。在學校這個制度裡，基本官方典範關注的是教學，而這種教學的分化產生了反學校文化的各種形式。

教師和學生之間的關係有很多種可能性。最近幾年，英國在卡拉漢首相的教育「大辯論」推動下，學校進行了一系列實驗和開拓，對教學也進行了縮減和自我反省。[2]在此，我想概述一下基本教學典範的涵義，我認為這個典範為其他所有問題提供了基礎，即使它們企圖超越這個典

2　一九七六年十月，在牛津大學拉斯金（Ruskin）學院的演講中，勞動黨首相對當前教育實踐中的問題和憂慮發表了意見。他號召針對教育問題展開「大辯論」。這一號召得到了教育職業部（DES）的回應，該部組織了一些地區性會議，撰寫了一份背景調查報告（background paper），列舉了四大主要問題：學校課程設置；標準考核；對教師的教育和培訓；學校和工作生活。見DES, *Educating Our Children*, January 1977.

範，我認為這個典範在我們的學校中仍然占主導地位。無論修飾與否，無論從表面還是透過表面來看，其結構在各種課堂教學形式中均相當常見。

教師們清楚地知道，教學在本質上是潛在競爭者之間爭奪霸權地位的關係。所以他們談及「輸與贏」時，不但講得通，而且也是真實的感受：

副校長：有趣的是（……）你會遇到這樣的情形，你面對一個班或者一個個男孩，你想的是「上帝啊，他把我打敗了！」但這只是一線之差，你要是稍微強硬一點就越界了，你就站在那兒（……）那些被視為愚鈍的學生令人吃驚。他們和其他任何學生一樣，能迅速發現教師的弱點。

然而在現代社會中，教師真正能夠直接使用強制手段的權力十分有限。學生們在人數上遠遠超過教師，處罰是稍縱即逝的事。年輕教師經常想靠強硬手段來幫助自己；但經驗豐富的教師知道重力火炮只能射擊一次：

副校長：你看我們能用的約束和懲罰少之又少。事實上幾乎沒有。所以，問題是怎麼把他們分隔開來，儘量給他們壓力。現在我們和教師有個通報系統，消息最後能傳到我這裡，校長是最後一關，我們範圍內的最後一關（……）你不能每時每刻都給予停學處分。就像現在的足球裁判一樣，我說他們日漸式微，是因為他們出示終極裁判太快了（……）黃牌先出，一旦出了黃牌，他們就只能罰球員下場或者忽略他在比賽中幹的所有事（……）

校長：如果很多學生向我們挑釁……如果明天我們學校裡所有的男孩都決定犯點事，我還能有什麼機會？

因此，教師必須用道德而非威脅的手段贏得並維持其權威。他們必須得到學生的認可。但是，這場曠日持久、爭奪個人道德高地的戰爭令人疲憊，從長遠來看並不是真正的解決策略。有時需要技巧。技巧標誌著教師經驗豐富。這也是一種對相對自主的教學典範的學習：他們逐漸認識到理想的教學方式並非一成不變，且與特定個體相關。具有合法性、要求學生順從的是教師這個概念，而非教師個體。

教師這一概念認為教學是一種公平交換——即用知識獲得尊敬，用指導換取控制。因為知識是稀有商品，所以教師具有道德優越性。這種主導的教學典範獨立於個體教師之外，但使得教師能夠合法地對學生施加控制。這之所以具有普遍合法性，是因為它為後續的交換提供了等價物，而這些交換又有利於個體。當然，其中最重要的交換鏈是用知識換取文憑，用需要文憑的工作換取高報酬，用報酬換取商品和服務。因此，教育交換是許多其他交換的關鍵所在。

所有這些交換都受到結構的支援，這些結構有助於定義這一特定轉變，且在一定程度上也是由這個轉變創造並維持。教育交換保持在一個定義性的框架中，這個框架以特定方式建構了教師優勢的軸心。交換及其「公正性」公開可見，亦是雙方達成共識的基礎，但是支持和界定這些交換條款的框架相對模糊、卻更強而有力。我們必須把它視為構成我們對教學典範的基本看法所必需的部分。這種交換如同銀行的轉帳制度，在這個框架下流轉，並幫助穩固這個框架。但這個框架也必須借助其他方式才得以穩固。它必須既能強化這種交換的定義——在某種程度上，交換本身無法生成定義（當然，對「小子們」而言就是如此），又能通過保證其他交換、具體指示物、外界符號和可見支援有效地強化這種交換。

學校借助各種物質基礎，包括教學大樓、組織、課程表和等級關係，掌握著這個框架或者軸心。（正常情況下）該框架受到主導文化和社會價值觀的約束，有廣義上的國家機器作為後盾。廷代爾（Tyndale）[3]的最終崩潰、公眾調查和七位教師的停職，這些都向我們顯示了其他學校繼續開放所依賴的根本基礎。在學校裡，「優秀教學」只有靠恰當建立並再生產這個軸心才能得以維持。含蓄的結構軸心對明確的教學典範來說必不可少，通常在缺乏任何直接強力的情況下，軸心建立在「滴水穿石」的潛移默化之上，抑制其他或者私人意義，因為這些私人意義可能會扭曲這個軸心，使教師的知識貶值，使學生對教師不敬。

> 副校長：在斥責他們的時候，你得讓他們感覺自己非常渺小，要他們覺得「哦，我很抱歉，我沒意識到」。如果你能讓他們感覺如此，不是讓他們畏手畏腳或者讓他們哭，而是你要有方法讓他們意識到你對發生的事情感到心煩，或是我感到心煩，然後好好告訴他們你心煩的原因，你知道的，如果你願意，到了這個時候，你要讓他們確信他們很可惡，我是說啊，這才是斥責他們的辦法。如果你罵一個孩子「狗屁、蠢蛋」就達不到你要的效果，因為他會罵回來。

學校是最**卓越**的實施面對面控制的機構。教師詢問時嚴厲的表情；把對「真相」的不懈探究置於良好行為之上；作為常用武器的諷刺手段；漸漸掌握的能讓個別鬧事者「窘到哭出來」的技巧；副校長泰然自若、腦袋低垂、手指戳著犯事者的模樣；校長意外地出現在走廊裡，向一群學生逼近的景象——這些都是暴露、破壞或者阻止私人意圖的策略。所謂成功的傳統教學，不能容忍學生有個人意見，事實上，大部分學生一開始都自願服從。那些第一個舉手發言、搶著回答問

3 倫敦威廉・廷代爾初級中學在一九七五年的夏秋季遭到一些教師和家長抱怨，他們埋怨學校缺乏紀律、新教學方法效率低落，隨後進行了教師罷工，調查報告出來之後學校停止運作。參見R. Auld, *William Tyndale Report*, 1976; J. Gretton and M. Jackson, *William Tyndale: Collapse of a School – or a System*, Allen & Unwin, London 1976; T. Ellis, J. McWhirter, D. McColgan, B. Haddow, *William Tyndale: the Teachers' Story*, Writer and Readers Publishing Co-operative, London, 1976.

題的孩子，都是為了在這個特定的制度形式中尋求上級權威的認可。在為獲得承認而進行的**個體**競爭中，如果學生之中有任何個人意見，並在共用中形成對這個制度的對抗性定義，那麼學校必然採取控制措施。

這一典範相對獨立於個別教師，這種分離的重要性在教師刻意轉變教師／學生關係時已明顯展露出來。這些教師是在測試教育典範被學生內化的程度——至少是教育典範合法性的程度。

> 校長：真要懲罰一個五年級學生……你要試著避免採取任何舉措，因為你得把他們放在那個位置上，然後你……我認為你能讓他們從你的角度看問題。我經常對這些孩子說：「我對這件事該怎麼辦呢？你說你已經夠懂事了，那我們該怎麼處理這件事呢？你來坐在我的位置上，我站到那邊去，現在你來告訴我你會怎麼做。」

紀律不再是《舊約聖經》意義上對犯下的錯誤進行懲罰，而是維持制度軸心，是再生產學校內的社會關係，是使人尊重基礎框架，以達成其他交換。

> 副校長：如果你當場抓住他們了，你懲罰他們，你要抓住這個時機。當然，這只是想讓他們記住一輩子不能隨心所欲，不能破壞規則（……）每次你讓他們認清有些事做錯

了，那麼這就會在別的地方產生好的效果。

我們同時應當注意到，這個基本框架和教學典範也在向上延伸。教師如果背離這個框架，也會被視為病理問題。所有教師，尤其是年輕教師，既要學習成為抽象教學典範的化身，又要維持、再生產使這種框架成為可能之物，還要處理好與其他教師的關係，實在是相當吃力的工作。

副校長：你必須看起來是個很正直的人，一個誠實的人，一個公正的人……現在，如果你在同事面前做到這些，你就可以撕人衣服但依然受尊重（……）他們非常清楚如果他們做錯了什麼事，他們是真的做錯了什麼事。他們知道如果他們做錯了，如果他們受到斥責，他們不會有立足的可能，所以……他們當中有些人當然會爭辯，純粹是出於辯護，這都是性格缺陷使然，但事實是他們內心深處知道，你不能在打高爾夫的時候作弊，你在這場遊戲中也不能作弊。

為了維護這個軸心，試圖排除或遏制與日常生活矛盾、逆行的暗流，教師們必須具有強烈的道德意識，而正是這種意識在學校裡製造了一種青春期被抑制的厭膩、幽閉和恐懼的感覺。每件事最終都以公平交換為主題，並維護了使之成為可能的軸心。在這個意義上，學校是一種極權主義制度。學校裡幾乎沒有直接的強制或壓迫，但對道德可能性的範圍進行了極大的限制。每件事都緊湊有序，每個故事都有相同的結尾，每個類比都用相同的類比物。「合作」這個詞——在常見用法中指的是「對等物」——無處不在。在一個人被懲罰時，合作是**不會發生**的。合作**發生**在獲得獎勵之時，諷刺的是，這種獎勵往往意味著早日從他擅長的系統中被釋放出來。

或許學校制度中仍被廣泛視為儀式基礎的朝會，最能說明這種公平交換的本質、支持這一交換的軸心特質以及試圖維護這種交換的本質。以下是有人闖入校長辦公室並在校長椅子下面拉屎之後，校長對學校全體學生的講話：

> 我尊重你們，我尊重你們的能力。在某些領域，你們的能力比我強。我接受這個事實（……）上週五，當我發現這事的時候，情緒頗為低落，我想，這沒什麼可尊重的……但是我週六去看足球，好幾個學生和老師在那邊，他們都奮力踢球，為學校榮譽放棄了自己的時間，然後我想：「也許畢竟不是那麼糟糕。」……我確實尊重你們的天賦和能力……但是，我期望你們也尊重我作為一個老師的才能，接受我說的話……如今很難分辨出哪些是真實的，哪些是假的……最容易吞嚥的東西不見得是最好吃的。包裝最漂亮的並不總是最好吃的。我們真的是想幫助你們，做到最好，而不是給你們一條輕鬆的出路……*

非常重要的是，我們必須理解，從其自身邏輯來講，教育典範中的交換關係並不是社會階級之間的關係，或是教師們有意識地試圖支配、壓迫工人階級個體或工人階級文化。教師，尤其是漢默鎮男校的資深教師，都很專注、誠實和坦率，他們滿懷耐心與仁慈地做一份很吃力的工作。把任何惡毒動機，諸如教壞、壓迫工人階級孩子歸咎於他們都是非常錯誤的。國家賦予教師對自己的學生進行正式控制的權力，但他是透過教學典範、而不是階級典範來施加其社會控制的。

因此，我們必須認識到，我們社會中的物質結構、組織和學校的實踐是如何透過無數微小，當然也有龐大的建築方式，為教學典範、尤其是使教學典範成為可能的控制和定義的軸心提供聯繫、支援和保障的。

從簡單的物理意義來看，學校學生對教學環境的看法受限於他們所占據的狹小、低劣的空間。他們坐在排列緊密的課桌前，前面是教師的大書桌；他們被剝奪了私人空間，進入教師和校長辦公室前必須小心敲門、等待許可；他們被大門緊鎖或禁止入內的房間、健身房和器材櫥櫃包圍著；課間休息時間，他們必須離開學校，連學校公用廁所都不能用；他們與教師開的車保持至少兩英尺的距離——所有這些都為學校的物理環境以及某種社會組織定下了基調。這些也說明了學生所處的位置。[4]

4　喬伊在一次整肅中說：「我們也許得戴上狗脖套，我們也許得繫上狗皮帶，被繩牽著從操場跑到沼澤。」

學校的社會組織強化了這種關係。鈴聲準時按時間表響起；在教師辦公室門口，學生必須遵循一套繁複的儀式來表示耐心和尊敬，哪怕他們在教室說些放肆的話都要以「先生」開頭；強制的出勤和顯見的人員等級——所有這些都強調了教師和教師世界的優勢。當然，歸根究柢，即使出現了所謂的各種「資源中心」，教師才是知識這一稀有、珍貴商品的控制者。在教學典範中，用於交換的知識所具有的價值，不僅僅源於它能換取資格、實現向上流動，還源自於其保護制度的作用：知識是有權人的特權。教師發課本時，他們儼然是書的主人，書要是弄丟、破損或者污損，教師就會像財物被破壞的房東一樣惱羞成怒；教師們保管櫥櫃、圖書館和辦公桌的鑰匙及使用許可；他們備課、帶領討論，上課和下課都是他們決定的。

當然，這些事例很多都顯而易見，也常常是出於「必需」。我們可能很難想像學校會出於其他「必需」而以不同方式運作。但是，我們對於社會中學校制度的熟悉不應該模糊我們的視野，其被默許的物質基礎和組織形式決定了對特定教學方法的選擇，並嚴格限定了可能改變的範圍。此處「顯而易見」的事例不能在彼處被遺忘。

尤其重要的是，如果要討論「基本教學典範」能夠在何種程度上被實踐所修改，我們必須牢記上述物質限制。當然，很多教師否認他們的教學關係是如此簡單或結構化，而且確實有很多自下和自上要求變革的壓力。在學校中，排除個人化、堅忍克己或是英雄式的解決辦法，主要有兩套（相關聯的）基本典範的變體：那些「自下」的和那些「自上」的。我認為，本質上這兩套都是對**分化**的回應或是對分化的恐懼，不管這是對於對抗的直接反應還是學校整體政策的一個方面。這兩者都沒能對學校的物質基礎和組織形式做出任何有意義的調整。我認為，無論是出於何種內部意識形態或理由，它們都是在嘗試用不同方式重新整合相同的基本典範。

許多在工人階級學校任教的資深教師感覺到，在「不怎麼能幹」、興趣不大、躁動不滿的學生身上使用基本典範，具有潛在的缺點，所以他們試圖用某種方式修正該典範。也許此處經典的、在老式中學裡絕對典型、在工人階級綜合學校裡相當常見的做法就是，從用客觀基礎改為用教師天賦的道德基礎來換取學生的服從、禮貌和尊敬。這是在後資本主義社會的不平等領域之間，許多文化和社會交換中的關鍵轉變和神祕化過程：「對等」的客觀本質被轉化成道德約束、人道主義和社會責任的迷霧。真正的交換成為了理想的交換。當然，所有這些之所以重要，不是因為其中的價值和態度令人讚賞或厭惡、正確或錯誤，或者別的什麼。關鍵的原因是正式的問題：不同於客觀標準，道德標準能夠無限延伸、闡釋，因為除了自身，它並非真實存在。真實的世界無法對它進行仲裁訴訟。道德闡釋自有其動力。就基本教學典範而言，值得學生努力爭取的不再是知識和資格的承諾，而是順從和禮貌本身——這些和學業以及其他方面的成功有所關聯，但事實上只是成功的代價和前提。這個轉變意味著禮貌、順從這樣的品質自身就令人讚賞，已經脫離了特定項目，在工作和社會尊重的市場中成為了可談判的品質。

「態度」，尤其是「正確態度」這個關鍵概念應運而生。這個概念的存在應當一直提醒我們，基本交換關係被神祕化成虛幻的、理想化的交換關係。如果某人用「正確態度」對待學校和學校權威，那麼他也會用「正確態度」對待雇主和工作，這樣他就能獲得社會和經濟上的改善——所有這些都不需要依靠出色的學業。當然，這一關鍵轉變導致基本典範具有循環性和反覆性（tautological），因為在交換關係中雙方都用同樣的東西交換，關係的循環沒有任何斷裂或改變。學生轉來轉去就是對權威的順從和服從。他可以學會這些。圍繞著這個未經審視的同義反覆，「正確態度」不必然會破壞基本典範，只要其本質仍被掩蓋或神祕化。事實上，只要它保持看似公平交換的節奏，強化在制度上被定義的軸心，阻止其他趨勢的發展，這種修正就能強化基本典範，讓交換繼續下去。

教師通常頗為認同對這些教學典範的修正以及對生活機會和回報的本質看法，這並不是馬基維利主義（Machiavellian）。當然，這些修正之所以有效是有原因的。一般而言，人們強烈信守的關於有機、和諧社會的倫理道德將所有人整合在一起。

漢默鎮男校的一位資深教師：

樹林裡總得有伐木工，海上總得有製圖員。這是不可否認的事實，人們總是看不起「小子們」，「好吧，當然他每天送牛奶」。但是你想想替你送牛奶的人。他在社區裡工作得好嗎？他是個友善的人嗎？他給你好建議了嗎？如果所有這些問題的答案都是「是」，那他到底有什麼錯，我們為什麼要看不起他呢？我覺得這很可怕，我不是社會主義者，但是我覺得這很可怕。我們大多數送奶工都是年輕力壯、迷人的小夥子。「早安，先生」，我這麼跟他打招呼，為什麼不呢？通常他也會用同樣的話回應你，這也增強你的自尊。但事實是，你還是可以對送奶工道早安，為什麼不？我是說，你尊敬他這個人和他做的工作，你向上帝祈禱希望他也同樣對你（……）說到純粹的學術能力（……）小吉米的腦袋笨得像兩塊厚木板似的，（但是）他可以做個很不錯的送奶工或者麵包師。而且你知道的，有人這麼認為：「好吧，他以後不得不做送奶工，不是嗎？」而不是說：「這個工作適合你，你的個性合適，你在金錢上很誠實，你喜歡跟人打交道，這個工作很理想。」哎，那樣這個孩子就會這麼想：「我找到了合適的工作，我會獲得成功。」為什麼他們不該這麼想呢？他們確實不錯，現在不是賺錢比別人少的問題，因為他們賺的錢不少。

基本典範的另一個草根（grass roots）變體也是長期學校經驗的產物。這牽涉到對預期交換中另一件事物的修正：學生應該表現出來的尊敬和禮貌。簡單來說，教師沒有太多的期望，如果學生沒有做到也不會導致特別的道德憤慨。與之相關的是，教師常常對在可能的情況下提供有用資訊很感興趣，而且這種興趣不是有計畫的。儘管這表明他們對教學關係不抱幻想，而且提供了用來判斷如何對待叛逆學生的要素，但是這依舊處於基本典範之內，因為制度控制仍然是關鍵，並沒有真正改變學校的物質安排和組織形式。對學生以及他們的定義和興趣做出一些讓步，是因為想要確保更為基本的控制。為了維護教學關係的基本軸心，必須在某些對峙中甘拜下風——並確保真正重要的戰役永遠不會打響。可以說，這樣的教育觀點經常可與工人階級實用主義、不過度樂觀、勉強維持的團結關聯在一起，而這種團結是他們對壓迫的不安卻又宿命的感知。

漢默鎮男校一位資深教師：

我從來不覺得我是教那幫傢伙的人（……）即使他們在學校外部進行反抗，他們照樣經歷，照樣成長，而我們的工作是傾聽，在他們身邊，讓他們相互爭論（……）我們在一旁還能很快達到一些目的（……）在第五年，我認為過制政策是很謹慎的，你要知道我們對他們的控制很少，要讓他們覺得自己已經是強壯的男人了，可以為所欲為，但是在大方向上他們還是按你期望的做……你要知道，不要和他們對峙，要讓他們覺得他們是在按自己的想法做。*

在學校，另一種有跡可循教學典範的基本變體可以說是來自「上頭」的。它們的源頭更為公開、更有影響力，但我認為它們依靠的仍是交換關係的廣泛定義，依靠人們對略有修改、但本質相同的學校物質基礎和組織形式的接受。在這個情況下，至少這種變體關注的是如何**重新整合**遭**分化**或受威脅的教學典範。

對於那些教導無心學業的工人階級子弟的教師而言，「有意義」的教育應該是從孩子的興趣出發，而不是從他們沒興趣的學科要求出發。對男孩來說，他們學習的課程應該包括社區、工作、稅收等事務，還有怎麼和官員以及社區居民打交道；對女孩來說，她們則要學習做家務、管理家庭生活、養育孩子；另外，男孩女孩都應該學點流行音樂、藝術和大眾媒體。「進步主義者」（**Progressivism**）建議使用鼓勵，而不是強迫學生們參加這些活動；要採用「以孩子為中心」而不是「以科目為中心」的方法；透過「個性化」專案讓孩子決定自己的學習進度；「小組化教學」使得學生享受盡可能多元的資源。在英國，這些技術在小學教育階段推廣最甚，並開始逐漸向高年級延伸。至少在非學術學校，進步主義和強調學生相關性的措施通常齊頭並進，代表了那些最初從專家研究中心、大學和學院發展出來的**新式**、有針對性的自由主義技巧。

這些想法和技巧經歷了一場徹底的政治理論討論。[5]這也和第二次世界大戰以來社會民主思

5 部分討論可見於一系列官方報告。參看R. H. Tawney, *Secondary Education for All*, Allen and Unwin, 1922; Hadow Report, *Report of the Consultative Committee on the Education of Adolescent*, HMSO, 1926; Spens Report, *Report of the Consultative Committee on Secondary Education with Special Reference to Grammar School and Technical High Schools*, HMSO, 1938; Norwood Report, *Curriculum and Examinations in Secondary Schools: Report of the Committee of the Secondary School Examination Council*, HMSO, 1943; Central Advisory Council for Education（England）, *Early Leaving*, HMSO, 1954; G. Crowther (Chairman), *Fifteen to Eighteen*, Report of the Central Advisory Council for Education (England), HMSO, 1959-

想的轉變有關，以此為課題的研究亦產出了大量文獻並支出了大量經費。這些是特定的決定因素，長期以來也形成了一系列清晰明確、相對獨立的理論發展，並在**那個層次**上發展出了具體的方法和教學目標。當然，整個辯論和學術研究成果可能為教育改革提供一定的形式和限制，但我認為：他們並沒有真正在「向下」的新型教學實踐中起決定作用。在實際的學校運作中，兩種主要方式總是和我所說的「自下」方式有著「選擇性的密切關係」。儘管它們是相互關聯的，但相關性**主要**在於教師能貢獻什麼，進步主義的核心也是孩子應該如何回應。教師們從一套現成的解決問題的教學風格和發展模式中挑出自己能用的。這些仍舊以維護基本教學典範為宗旨——這個典範看似是唯一的可能性，那些只是稍作改動的物質基礎依舊時刻支持著這個典範。「新」技術或許有過激進的起始（當然，激進主義的起始可以說就是這樣），但是它們依據的是非常不同、更為古老的基礎。如果這些新技術看上去具有革命性，那麼本質上它們是對前革命（pre-revolutionary）問題的後革命（post-revolutionary）解決方案。在現實情形下，這些方案常常被用來達到控制的目的，或者為現存趨勢進行辯護，使其合理化。有人擔心採用「新」技術會導致學校出現「放任」、「崩潰」的問題，那他可能會覺得我上述的論斷很奇怪，即這些技術事實上是用來**重新整合**失敗了的或受威脅的傳統模式的。某些學校在大辯論的壓力下迅速整頓了環境，回到一種更為獨裁主義的氛圍，這進一步把教學典範整合或試圖把教學典範整合成和原來模式極為相似的模樣，這使他們確信無論在其他層面如何顯現，根本問題總是同一個。其實，「修正」、

「阻止」、「疏導」和「新的放任」要比通常設想的容易。從根本上來說，「大辯論」是一個騙局，不可能觸動牽涉教學典範和其物質支持的真正問題。

在**分化**過程中，基本典範（無論做了何種修改）的合法地位在某種程度上被削弱。教師的優勢遭到否認，因為其依附的軸心已被部分移除。這個框架的建立曾經確保了教學交換的有效性，但因為教師所能提供的東西少了，所以如今遭到懷疑，越來越明顯地被視為壓抑的模式。「小子們」對自我以及其他可能的交換形式自有一套評估方法。教師的權威越來越像是監獄看守者隨意的權威，而不是教育系統所必需的支柱。「私人空間」被滲透、被控制，現在成了共享的、強而有力的對抗。在一個將知識交換和教學典範作為社會控制形式的系統中，對知識的否定、對「尊敬」這一教育「等價物」的拒絕，可以成為抵擋控制的屏障。「小子們」變得「無知」、「笨拙」和「不遜」。應當注意的是，一般而言，智力測驗和考試成績更多是基於學生在知識的社會結構中所處的位置，而不是其「天生」的能力。此外，學生的「個人性格」也應該從社會意義而不是個體意義去理解。

1960; Newsom Report, *Half Our Future: A Report of the Central Advisory Council for Education* (England), HMSO, 1963; Robbins Report, Higher Education, HMSO, 1963; Plowden Report, *Children and Their Primary Schools: A Report of the Central Advisory Council for Education* (England), HMSO, 1967.

至少，對正式典範的挑戰、對自己和群體的重估都來自那些「私人」領域，它們以前受到約束，現在則是**共享**、可見的。當然，這些私人領域正是工人階級子弟的階級經驗，從根本上源於校外。基本典範把階級從教育領域排除出去，但其分化過程又把階級請了回來。

追溯個人最初是如何加入「小子們」這個群體的，描繪個體及其文化在學校裡是如何發展成為「傢伙」，又是如何逐漸走向街頭和社區，吸取越來越多的工人階級價值觀、態度和實踐，這些都是有趣的話題。很顯然地，正是這個日益擴張的領域為學校教學典範的**分化**提供了非正式、非官方的材料。如果學校的文化不定位於工人階級，那麼情形當然不同：教育典範相應也就沒有那麼多可以被**分化**的地方，因此這個典範更可能長期穩固。

不過，在工人階級領域，一旦對學校的信任被抽離，那麼學生的訴求可以從階級情緒中得到滿足。社區、街道和更多象徵工人階級青年文化的表達，為反學校文化提供了主題，同時又在反學校文化中得到了鞏固。當然，父母和家庭也是極為重要、有影響力的工人階級文化承載者。家裡談的都是有關廠房文化的事，以及廠房發生的事和那裡的主導態度，尤其是對待權威的態度。家中使用的語言再生產了（除去那些髒話）勞工文化的語言。在家裡，同樣存在典型的勞動分工和男性至上的形式。男人賺錢養家，負責一些房前屋後的實際工作；妻子則賺點「額外」零錢，照料整個家的需求。在家庭中，反學校文化與工人階級文化的另一個共通之處在於，父親可以偶爾向兒子「使眼色」，教他在打架爭執中該做什麼（「打敗他，然後再問問題」），或者如何看待偷竊（「兒子，小錢滿好用的」）。

父母雖然重要，但他們只能被看作是工人階級文化的眾多承載者之一。不是所有的父母表現都一樣，都擁有相同的價值觀。父母和階級主題之間自有複雜、創造性的關係，他們絕不會用一種簡單、標準化的工人階級模式要求自己的孩子。父母與孩子之間有一定的相對獨立性。一些非常循規蹈矩、「受人尊敬」的父母，如果自己的孩子「學壞了」、混跡於「小子們」中間，那麼他們會走訪學校，試圖支持學校的措施。其他一些認為學校並不重要，甚至對學校懷有敵意的父母，如果自己的孩子是「書呆子」，他們有時就會感到不安和反感。我們對任何一種基於特定變量——如「家長態度」——得出的機械分析都應保持謹慎。

然而，工人階級的價值觀和情緒——父母往往是重要的媒介，但並非總是如此——與學校對立，並為**分化**提供了具體的原料，這不容置疑。例如，斯潘克斯的父親從工人階級角度出發，指出了他對正式制度及其工作模式根深柢固的懷疑。最終他也不願意承認教師的權威。他覺得這種權威雖然嚇人，但從本質上來說是虛偽的。下面是他對自己最近參加的學校開放日的評價：

> 父親：那個校長最讓我反感，現在我說不出來那種感覺……因為我能看出來……我，我能感到，我是他，我是他，我站在那兒，然後我是他。我想：「哎呀，哎呀，他在自言自語呢。」你要知道，他沒在跟我說話（……）他讓我覺得很不爽（……）然後還有

一個人，對了，一家子，或者也是個父親，他沒站出來，卻問了老師一個他知道他會問的問題，他也知道他想要什麼樣的答案，你看吧，我不知道該怎麼解釋這回事。我就是想：「兄弟，你問這個問題只不過是要讓別人知道你在這個房間。」你知道我說的是什麼意思嗎，因為他沒有聽那個傢伙回答，不管那個傢伙說的是對還是錯，他都會接受，你知道我什麼意思吧，我該怎麼解釋這個呢？我不知道該怎麼解釋……這麼說吧，我不能跑到房間裡去和老師們爭辯吧，就像我不會和你爭辯，因為我會很驚訝，我會「嗯啊」、「啊哈」，說不清，我會擔心變得很生硬，你知道吧（……）我不知道怎麼說，該怎麼說，因為我看看四周，心裡想：「反正這些人也不想知道」（……）如果我和他〔校長〕在一個房間，就他一個人，要是沒有人能聽見我們說話，我會說……

PW：會說什麼？

父親：你說的都是無稽之談。

母親：他們說，這是「孩子之夜」，得了吧，事實上他們對你要說什麼根本沒興趣，不是嗎？他們不想知道。

PW：那這是要做什麼呢？

母親：我不知道。

父親：我想是為了秀給你看他們對你的孩子都做了哪些好事（……）他們不會說他們對孩子做的錯事，只會告訴你他們如何為孩子著想，做了什麼好事。

學校開放日的邀請函上有一欄可以撕下來，上面寫道：除非家長填好表格並交還給學校，否則校長就認為家長不來參加。信上還寫道，家長必須把問題寫在紙上提前交給學校，而學校只會選擇性地回答部分問題。連教師都在通知單的一段話上畫了線、標了驚嘆號：「來學校走走，親眼看看學校的日常工作究竟是如何開展的！」這種傲慢、含糊的句式也用在通知家長孩子行為不端的信件中（斯潘克斯的父親收到過一封這麼開頭的信：「我希望能和您討論一下您的兒子在這所學校的可能出路。」），可見這種工人階級對學校的不信任是出自對某種真實存在的反應。這不一定是對學校的批評。學校在自己的職責內做得很好。但是，為學校奠定和把握風格的道德權威軸心與工人階級文化那種世俗的混亂、妥協和隱含的反抗精神大相逕庭。一旦工人階級子弟開始把自己從學校權威中分化出來，他身後就有強而有力的文化推動力促使他完成這個過程：

［一次個人訪談］

斯潘克斯：他［父親］不想讓我頂撞老師，但是他也不想讓我成為一個討厭鬼，坐在那兒做功課，你知道吧……我那老頭子有一次叫我「書呆子」，就是第二年的時候，當時我踢足球，準時上學。這讓我很鬱悶，我很驚訝（……）我想變成他那樣的人，你知道吧，他受不了無稽之談，如果有人跟他胡說八道，他會恨死的。我也是這樣，我想我會變得像他一樣又矮又胖，我滿想這樣的。我想變成他那樣，他是個很棒的老頭子。

這並不是說父母在**分化**和再生產工人階級主題的過程中變得更具影響力。嚴格來說，他們的世界變得愈重要，他們的父母就變得愈不重要。男孩的成長和他日益增長的文化信心，通常把他置於與父親競爭、試圖在一定程度上支配母親的位置上。他變得不再喜歡自己的父親，而是要和父親處於同一個世界：那是崇尚獨立、身材健碩和象徵性威脅——而且也要勇敢面對這些挑戰——的男性工人階級世界。男孩成了需要被這個世界認可的一股力量。儘管父子情深，家庭氣氛中還是存在一定的張力，「像老爸那樣」意味著能夠「勝他一籌」。父母常說：「他有他自己的想法，他們就是這樣」，或是「你不能差使他做任何事」，或者宿命論似地承認一些深層的文化過程早已就緒，尤其因金錢需求而被強化。

斯潘克斯的父親：這可能是你想不到的一個因素……人們現在可能不覺得錢很重要。這兒有一幫小夥子，他們每天都出去（……）然後這個小傢伙〔他的兒子〕，因為他上學，他必須得靠我給他一英鎊。我沒能力給他更多的錢，但是他在那群人當中會怎麼想呢。教育現在都已落空了，他們都出去玩，不是嗎？總有去的地方，迪斯可舞廳或者別的，他們去買三明治、冰淇淋、蛋糕什麼的……但他不行，他沒法買，他和他們一樣的歲數，可能比他們小幾個月，你知道吧（……）你看吧，教育被他們拋在腦後。他們的口袋才是他們腦子裡想的東西。

從男孩的角度來看，這種宿命論可表現為漠不關心。這突出了自己找尋出路的艱巨性和重要性。

〔一次個人訪談〕

喬伊：我問我老媽……「妳難道不操心我以後會變成什麼樣嗎？妳難道不擔心這些事嗎？」她從來不問：「你想成為什麼樣的人？」我的老頭子也從來不說這些事。但她簡單地回我幾句。她說：「就算我說了，又會有什麼區別呢？」她說：「你還是會成為你想要成為的那種人。」所以我對自己說：「哦，好吧。」

中產階級的模式截然不同。儘管有時他們會對學校產生幻滅感，或和某些非正式群體結黨，但這些與某種獨特的外部文化相關。權威沒有因為階級的力量變化產生分化。新興的文化沒有得益於工人階級主題的力量。因此，占支配地位的教育軸心完全有恢復其早先統治地位的有利條件。產生制度分化的第二個必要條件基本上是缺乏的。

當中產階級的孩子被拉回其固有文化時，他找到的不是強化、證實對抗性的主題，而是與之前相同的文化。向心力將他推回制度的懷抱。

中產階級孩子與父母的關係不是競爭性的，而是依賴性的。家中的軸心與學校裡的軸心如出一轍。在上／下層的關係中，知識和指導用來交換期望中的尊敬。因為父母具有支持孩子的經濟能力，這個關係尤其穩固。因此，不管有何危機，父母總抱持應該對被監護者負責的觀念，而不是像工人階級那樣對獨立自主的孩子採取漠不關心的態度。這在一定程度上再生產了學校中的關係。有關知識的重要性和價值的觀點尤其得到強化，雖然這些看法在某些方面還是不同於學校中更為理想化的典範。事實上，中產階級父母比教師更強調學校的重要性，在他們看來，學校不是具體實踐應用的理論泉源，而是文憑的泉源，從而確保在我們社會特有的交換鏈中實現流動。

在高級文法學校中，儘管那些被教師視為反學校群體（「學校裡所有問題都是他們搞的」）成員的十個學生在四年級的時候，均表示他們會儘早離開學校，但事實上，只有兩個人在五年級末的時候真的這麼做了：其中一個去當了助理高爾夫教練，但也透過函授課程上高中高級課程。[6]他們最終意識到了文憑的重要性，因此更容易接受理性的職業指導，並能夠出於純粹實際

6

這個「傢伙」很有意思。他是工人階級子弟，拒絕上學，但是在選擇高爾夫這項運動時，也流露出他熱切獲得向上流動的心理。

〔討論工作的一次個人訪談〕

男孩：讓自己成為一個更高階層的人使我感到很矛盾（……）你看那麼多和我爸歲數差不多的人做得都比他好，比他好很多，他們都有好工作，你事實上是羨慕他們的，也羨慕他們能給家裡賺回那麼多東西，所以你就得出去試著成為那樣。

PW：〔什麼算〕更好的人？

男孩：就是能受到別人的尊敬，我是說我爸作為一個工廠工人很少受到尊敬，然後你也知道，一般來說你發現中產階級獲得的尊敬更多。

雖然他屬於那種典型的想要實現向上流動的工人階級子弟，但他對自己文化的摒棄不等於他全盤接受了中產階級文化：

PW：他們〔中產階級的人〕仍舊是「他們」，還是你早就覺得自己是……

男孩：不，我還是當他們是「他們」（……）你要知道，我跟他們說話的時候（……）我自己這麼想：「煩，我的天啊，你才是正常的那個，不是嗎？」諸如此類，你知道吧。他們有些人進來的時候，像你剛才看到的那個傢伙，就是那個帶著新高爾夫球桿的花白頭髮傢伙，你知道吧，趾高氣昂的那個，我是說，我真的很看不起他。在我看來，他意味著高人一等的傲氣。

運動是他向上流動的途徑。從真正的意義上說，所謂「殺手本能」就是階級本能：

我想要證明，人要是沒有他們那種所謂的智力或者經濟能力，會被比他年輕、愚笨、缺少背景的人打敗（……）你必須要有一種殺手本能（……）我在打球的時候，根本不在乎我是跟誰比，我就是要打敗他們，如果他們出錢和我打，並且只是想要打一場友好的比賽，我也不在乎，我就是要打敗他們（……）要贏的那股勁就好比飢餓，可能是種原始本能，就好比對食物的飢渴。你伸手去抓食物，別人也會伸手抓，他們會不停地試，不停地練習，直到他們贏了為止（……）。中產階級的人沒有這種殺手本能，他們不具備那種天生的進取心，也不會在大冷天裡出來練習。

考慮，回歸到主流的制度典範中去。

〔五年級期末的一次小組討論〕

PW：替我描繪一下「小子們」的前景吧。

奈傑爾：繁榮與憂鬱（……）頭兩年，我們都在大學的時候，離開學校的人都會過得很不錯，如果你看到他們，他們都有足夠的錢。我想差別是在你大學畢業之後才開始顯現的（……）我覺得，一般來說，我們會有更好的工作可選（……）我可以看到我們自己向上爬，而那些「小子們」，如果他們不喜歡他們的工作，就只能四處換工作（……）我和他談了四十五分鐘〔與職業指導教師的個人訪談〕，他說的對我來說都是資訊。整個談話沒有停的時候，完全沒有停的時候，就是不停地說啊說，他跟我講的都是我想知道的。他總結了我的個性，告訴我為什麼某些工作不適合我，為什麼我更適合一些別的工作。我真的覺得這很有用。你要知道我進去談的時候（……）心裡三心二意的，一半是想去工作，一半是想繼續上學，談完出來的時候我對自己繼續上學的決定很滿意。

出身工人階級的「小子們」對自己未來的決定則不會那麼容易被轉變。

分化後的關係

我們不能低估分化後學校環境中可能發展出來的敵對狀態。正因為我們已經了解這些「小子們」的文化反應是多麼「豐富」，我們不應該忘記這種反應的指向。當知識被貶低，甚至變得一文不值時，被剝奪了教育合法性的權威會顯得非常嚴苛和赤裸裸。這是權威遭到反抗的原因。教學典範看起來愈發具有強迫性。整個學校經歷成了「小子們」最想逃離的對象。

最具壓迫性的力量之一就是一些教師貶低、諷刺人的態度。這種態度源自階級和制度的結合，隨著**分化**的出現逐漸暴露出來。我們可以稱之為「階級侮辱」：雖然發生在教室，但是指向了社會階層。可以理解的是，當既定的教育典範崩潰時，很多教師相當憤怒。他們把這種崩潰看作一種冒犯：他們希望學生遵守的習慣被破壞了。正如我們在上文中看到的，教育交換中的基本等價物是尊敬。因此，「小子們」在分化之後有充分的理由不再對教師表示尊敬——至少這成為了師生關係的基本模式，這種改變根植於其文化的總體風格中。當然，某些教師看到的只是他們的無禮和粗魯，卻沒有意識到這是師生關係改變後的必然邏輯。他們的挫折感和憤怒表現為從「知識」——尊敬的交換物——中退出，或者更確切地說，他們重估了知識的本質，這使得「小子們」無論交換什麼都無法獲得「知識」。雖然這種做法自有其邏輯，也可能在**分化**還未完全實現時成功恢復之前的師生關係，但是其根本的**制度**動力被「小子們」視為**階級**原動力。這種對涵義的雙重表達是階級社會中的典型制度。我們面對的是一種神祕的、日益惡化的轉化和再轉化過程：從制度涵義到階級涵義，再從階級涵義到制度涵義。在這段改變後的師生關係中，教師備感挫折，試圖重新定位自己，並轉變了他對「知識」的看法——這種看法對維繫師生關係至為重要。雖然這些轉變都發生在學校這個制度中，卻被「小子們」看作對其整個階級身分而非制度身分的侮辱——「小子們」在摒棄學校制度後，轉向其工人階級身分並對它進行重寫。這些階級侮辱因其表達的途徑而多了份殺傷力。教師依舊掌握正式的詞彙和表達。這個領域正日益被「小子們」放棄。類似的嘲諷例子相當普遍：

不同教師對全班學生說：

「《被詛咒之村》（*The Midwich Cuckoos*）講的是一群具有可怕意志力的孩子——不過不會影響到我們這兒。」

「X剛剛問我這道考試題目：『如果這裡只有我們其中一人，老師該怎麼討論？』」

「Y剛問我：『兩個部分都必須做嗎？』第一部分是說明。」

「Y，你真幸運不需要學習怎麼呼吸，不然你現在也不會在這兒。」*

「小子們」對這種方法非常敏感。當然，要是這個方法失敗，或者使用不當（比如「你和我講話的時候閉上你的嘴」），他們就會發出「嗨」的嘲弄聲。但是，這種方法確實常常擊中要害。他們日漸把那些最刻薄的話看成是學校權威專制本質的體現。

斯潘克斯：那些老師最讓我厭煩的（是）他們總想在課堂上讓你難堪，比如，就像（他們對待）法茲。

比爾：在你所有的同學面前。

斯潘克斯：他們對他說，你知道吧，「下星期我給你弄個沙坑」，是吧？（笑）他們開始大聲讀我的作文，那篇真是狗屎不如。

德瑞克：讓文章聽起來比實際更糟。

「小子們」試圖用任何方法來還擊對其文化的打壓，這構成了一個日益嚴重的惡性循環：

喬伊：任何這兒能用上的，你知道吧，你都能用來跟他們對抗。好吧，我是說，你破壞書本。

斯派克：對，你砸碎椅子，把螺絲轉出來……

喬伊：真的，事後你想，「好吧，這些玩意兒，我老媽付了錢的，很多都是從稅裡來的」，但是在你做這事的時候你不會這麼想，你也不會真的在乎。

PW：但是你覺得這和砸碎酒瓶或者偷竊一樣嗎？

喬伊：你要是挨了板子或者別的，這是你報復老師的機會。如果你認為，如果你能報復他，你就會什麼事都幹得出來（……）報復，就是這麼回事，要報復。

隨著壓力的增大，反抗權威、破壞公物、利用部分教師的弱點或錯誤等不端行為也在增多。尤其是在學期末的時候，他們威脅要壓倒教師。但是，任何一所「好」學校及其信念的標誌就是拒絕讓步：

一位資深教師：你不得不面對這個趨勢，你無法阻止它，我們試圖阻止它……在有些地方，他們屈服於這個趨勢。*

在教職工等級的最高層，類似舊典範的東西得以維持，儘管強迫和共識之間的平衡略有改動，可能傾向於對交換關係持「正確態度」。高年級班主任、副校長、校長與日常課堂生活的距離逐層遞增，這意味著他們享有一定的敬畏。學校的物質結構和組織形式，正式、壓迫性權力所依賴的「知識」，這些通常能使「小子們」在他們面前屈服，如果不是馴服的話。對於真正關鍵的問題，資深教師必須維持現狀。只有作為對他人的訓誡、對制度合法性的保護，基本典範才能得以強化。在最後一次午餐時間，「小子們」從酒吧返校時酩酊大醉，資深教師決心不能讓他們「免受懲罰」：

高年級班主任：他們沒有意識到，最後一個中午他們還在上學，我們還是能管他們的。我們可以去找他們的家長，我們這麼做的時候他們非常吃驚，「你不能來這兒，我已經離開學校了」；但我們可以把這件事寫進他們的成績單，或者乾脆不發成績單。

在消防栓事件之後，高年級班主任用「小子們」最後的「招供」對全校其他學生表明自己的立場。他後來解釋說，他壓制喬伊的異議正是維持典範現狀的關鍵點。「小子們」也知道這一點，他們不能越過這條界線。

〔一次小組討論〕

喬伊：彼得斯一直試著暗示什麼，我覺得非常生氣，彼得斯把我們一網打盡，他說什麼「大男孩們」，他不想讓任何一個學生認為自己可以免受懲罰，每個孩子都是大男孩了，所以當他知道所有一年級學生都在場，知道懲罰能對他們產生影響時，他就想讓我們每個人都哭哭啼啼。什麼事都沒發生（指「招供」期間）（……）他（校長）說：「學校的名聲怎麼辦？」我說：「你這又不是普勞酒吧（一間當地酒吧）」我說，「你又不需要聲望排名（……）不管你丟了多少消防栓，你要管的是怎麼教育孩子。」我本打算告訴他（大禮堂裡的高年級班主任）那是一幫笨手笨腳的工人幹的，我舉手想告訴他。「哦，」他說，「有誰想少扣掉幾分？」我把手舉起來，說：「對，我想我們可以少扣一分，」我說，「我們都沒有哭，我們都沒有抽泣。」

德瑞克：「馬上閉嘴。」他說。

喬伊：他制止了這一切。

資深教師給「小子們」所在的班級上課，大致還能維持他們的權威，很少有學生搞破壞。「小子們」的文化在這種情況下受到抑制，傳統典範的具體形式得到加強。

當原來的教育典範無法維持，但年輕教師還抱著不放的時候，課堂紀律反倒受破壞最嚴重，因為教育交換的道德基礎已經消失不見。沒有什麼比強權陷落更能顯示出工人階級文化特質中的惡意。沒有什麼比學生搞破壞更讓教師惱火。

在這些課堂上，「小子們」齊聲高唱廣告歌，像電視節目那樣預告課間休息時間。常見的

「新聞閃播」都是些想要激怒教師的惡意瞎掰。有一次，教師再也不准「小子們」騎學校的那輛機動自行車，因為他們一直纏著他，想讓他准許他們騎；也不准再提畢卡索，因為他在一次不知情的情況下被騙、還形容了半天畢卡索。刺耳的廣告歌〈Davenports——在家暢飲啤酒〉中會插進一段「重要通知」：「有人目擊畢卡索正騎著學校被盜的機動自行車穿過校門。」這次教師花了二十分鐘才把這五個肇事者送到校長辦公室，因為當教師把他們拉到門邊站齊後，他們就不斷跑回自己的座位。

還有一次，「小子們」正在讀一齣劇本，這算是象徵性地順從了教育典範，但是他們慢慢開始用自己的話竄改劇本。他們先是替換個別詞彙，用「雜種」替換「炸毀」，把「毛巾」換成「衛生棉」，然後就開始竄改整句臺詞，「我媽媽從超市買了個洗碗槽」，還加進了很多笑話，比如：「熊爸爸說『誰吃了我的粥』，熊寶寶說『誰吃了我的粥』，然後熊媽媽說『你們都閉嘴，我還沒做粥呢！』」最後再乒乒乓乓地大聲敲打課桌，奮力跺腳，搞了一齣混亂的戰鬥模擬場面作為高潮結尾。

在這場持久的游擊戰中，「小子們」絕不放過弱勢對手。他們特有的文化提供了一套常識系統，藉此判斷他們的所作所為有沒有成功挫敗權威。

〔一次小組討論〕

艾迪：現在誰若總是容忍，他們就會一輩子被欺負。如果有人開始找你的麻煩，而你不立即顯示你的權威，那他們就會一直欺負你，如果他們知道有些孩子可以欺負，那只要他們認識他，他們就會一輩子欺負他，他們會一直耍弄他。你得秀給他看，從一開始就讓他知道你不是那樣的人。

斯派克：這在我們身上發生過，就在第一、二年，斯普拉特就是這樣，我過去滿蠢的。我見到每個人都怕得要死，我就是個膽小怕事的蠢蛋，尤其怕他，斯潘克斯，他過去總是到處欺負我，斯潘克斯四處欺負我（……）然後有一天，我受夠了，因為當時斯普拉特是強硬的大傢伙之一，你知道吧，他有點毛毛躁躁，我們當時在上科學課，他搞得我很煩，他踢我的背，哪兒都踢，所以我就追著他跑，真是弄了他一頓，真的弄了他，他整張臉都被打花了，從那以後他再也沒欺負過我，你要知道，如果你顯露點權威，要告訴他們你不怕他們。

基本典範發生變化時，很多教師看待學生就像看待精神分裂症患者似的。他們或多或少意識到「小子們」從制度身分到階級身分的轉化，於是，他們把「小子們」看作同時具有兩種身分的人。這導致「小子們」陷入兩難。典型的評語是這樣的：「你開始幫助自己的時候，我就開始幫助你」，「你是自己最大的敵人」，「你能否對我有點禮貌，你甚至不聽我講話，那你憑什麼要享受人的待遇？」」彷彿學生由兩個自我組成，其中一個自我可以拯救另一個自我。他們不斷被告誡，行為舉止要符合那些他們不可能遵循的方式。在「小子們」看來，這種嘮叨就是一種侮辱，其試圖重建舊式權威的努力進一步削弱了學校的權威。

最「成功」、沒被「小子們」折磨、不用拉上資深教師來解決問題的教師，多少採用了基本典範，哪怕這不是他們通常的風格，只要足以將反學校文化控制住，一方面不激發學生肇事，另一方面保證制度不崩潰就行了。用策略性的退讓換取戰略性的控制，這種方式經常被進步主義和「關聯式教學」所褒揚。理由包括「個性化學習」、「探索」、「自我引導」和「相關性」，但其真正邏輯關注的是控制。雖然這種課堂可能顯得有點吵鬧、漫無目的和缺乏紀律，但是不會退化成一片混亂或者發生針對教師的象徵性或真正的暴力。

對「小子們」而言，這種課就是「駕馭」正式制度來擴展、運用和頌揚他們自己所推崇的獨立、找「樂子」和對峙的價值觀，但又不會因過度激怒教師、導致衝突而受罰。如果事情變得太糟糕，那就可能重回舊的典範。不過，一旦避免了衝突爆發的威脅，最初的問題或突發的興致就了無蹤影了。他們遵從指令也是心不在焉、只按字面意思來，教師不得不限定，甚至反駁自己的話。「小子們」比教師更了解非正式世界的本質，尤其深諳如何用非正式的技巧來對抗正式機構及其弱點。「小子們」一直在試著戲弄並遏制權威。下面的例子來自科學課上對下學期教學大綱草案進行的討論：

法茲：老師，喬伊在和比爾說話。

教師：你為什麼要告訴我？

法茲：哦，我就是想給您洩露點祕密。

艾迪：讓我們來量量足球場，然後再量量女子籃球場……然後量女校的禮堂。

教師：是，好吧，這滿容易的……那你之後打算做什麼，你用這些量出來的結果幹什麼呢？

斯潘克斯：〔諷刺地〕好吧，就好比，老師，我們會拿一張大紙——如果你喜歡可以拿綠紙——然後在上面畫球場、半圓什麼的，〔笑〕然後我們在上面放上足球運動員的小模型，開始玩桌上模擬足球遊戲。〔更多笑聲〕

法茲：不，老師，我們可以找到那些半圓的區域，以及球場上的不同區域。

教師：那你的遠程目標是什麼……你們打算做什麼？

斯潘克斯：我們可以在學校裡晃晃，量量距離什麼的。

教師：現在〔對斯潘克斯說〕我不希望你用愚蠢或者毫不在乎的態度對待這事，這個大綱應該是有用的。

法茲：會的，老師，我們必須找出所有區域的大小，然後再到女校去測量。〔笑〕

喬伊：老師，我寧願待在教室裡。我認為，無論我們待在裡面享受暖氣還是出去受凍，可能都是在浪費時間。（……）

教師：好吧，如果你們要做測量，就需要一些儀器……也許我能給你們幾樣。如果你們真的要做這個，我可以提供你們儀器。

法茲：老師，我現在就去拿膠帶。〔大步走向門口〕

教師：這是幹什麼，你要去哪兒？

法茲：去拿膠帶，老師，去做測量。

教師：從哪兒拿？

法茲：從青年活動中心，老師，我知道那兒有一卷。

教師：但是你不能想站起來就站起來，想出去就出去（……）

法茲：〔還是站著〕但是你剛才說了我們需要一些儀器，老師。而我知道膠帶在哪兒。

斯潘克斯：老師，我們想做點事，做完決定後就採取行動，而不是整天討論這個決定。

教師：我知道你們只是想走出教室。

法茲：老師，我們不是，我們只是想去測量，把所有測量都做了。

教師：請你坐下來，我會派人去拿儀器。

法茲：這沒用，我只不過想開個頭。*

以下是「小子們」對這類課程的討論：

PW：（……）你們能擺布老師到什麼程度而不受責難？

喬伊：真的，這是天生的本事。實際上你總是知道（……）阿徹先生，你就不能捉弄他，你可以和他開玩笑，但不能找他麻煩。伯德先生有種影響力，如果你找他麻煩，他會大叫……我們上他課的時候總是說話，就是坐在那兒和比爾說話，只要你不打擾課堂上的其他人，他就不會介意（……）

PW：你能判斷出什麼時候算是玩過火了？

喬伊：你只要看他們的臉就能知道，只要根據他們對你說了什麼，你就知道可以回什麼話。

斯潘克斯：當他們開始發怒時，你可以從臉上看出來。〔繃起臉〕

喬伊：撒母耳斯先生的脖子會變得通紅，你看他的脖子。

法茲：看他的脖子，而不是他的臉，就到這兒。〔指著他脖子上的一個位置〕

（……）

PW：我是說，當你們說你們可以跟某人「說」時，你們是當真的還是只是假裝合作一下？

——：是假裝合作。

——：假裝合作，試著得點好處。

那些試圖接近「小子們」的技巧完全遭到排斥，因為這些技巧出自「教師們」之手，而且飽含「教學」在制度中所代表的涵義。

斯潘克斯：有些老師試圖跟你套交情，試著變成，你知道吧……像卓別林似的，他把我們都叫到健身房。
斯派克：他叫他艾迪。
艾迪：呀，我受不了這個，一個老師叫我艾迪。
斯潘克斯：他跟我們講話，他用很粗魯的「該死」這個字眼，你要知道，他管西蒙斯校長叫「老闆」。
PW：你對此怎麼看？
斯潘克斯：我們那時候覺得還不錯，你要知道，現在我們意識到他只不過是想讓我們跟他走近點，聽他的話，你知道我說的意思吧？把我們搞得四分五裂。
弗雷德：雷根以前會過來坐在我旁邊，他以前會跟我們講話。有一次我實在是受不了了。我就叫他滾開。他說：「你去見校長。」我因此挨了四下〔鞭打〕，是吧？

儘管傳統方式和現代方式有諸多不同之處，但在現實情況中，兩者基本上都是為了盡可能控制軸心並獲得學生的認同。正如我們所見，那種認為傳統典範就是單純壓制學生的看法是錯誤的。事實上，即使是在傳統模式中，過於遵從教師的命令也會被看成是「娘娘腔」和「沒骨氣」。教育交換的核心還是在於學生贊同參與交換——心甘情願地用自己的資源來交換。在這個意義上，通常採用的進步主義觀點可以看作是傳統主義的延續，因為它也試圖維護傳統方法中至關重要的學生認同。針對具體情況，進步主義面對現實並擴充其措辭，但沒有摒棄傳統主義。

這些「新」方法的主要影響之一，是使反學校文化及其發起人在一定程度上被合法化、常規化。儘管這些方法阻止了這種文化的完全對抗或爆發，但是事實上，不停地妥協和策略性退讓所帶來的阻礙過程，從長遠來看使其存在更加廣泛，且更具合法性。不僅如此，課堂交流中曠日持久的小衝突也不斷賦予反學校文化廣泛的物質基礎，逐漸形成一些可以隨時化解衝突的方式。

在這個意義上，我們可以看到進步主義在構成學校與工人階級文化的關聯中，發揮著獨特的作用。例如，學校和工廠的真正差別就在於前者具有受保護、甚至被縱容的本質。「提高離校年齡」計畫和教育家們真誠的自由主義理想，一併在學校製造出了比在工廠更受保護的空間。我並不是要為「去除學校教育」辯護。從某個層面上來看，學校是為了幫助這些孩子的。但是，這種「幫助」的本質並不清晰，而且看似產生了一些意外結果。學校這種利他的、安慰的性質沒有把這些孩子帶到安全的循規生陣營，並促使他們以主流方式取得進步，而是被階級文化以特定方式重新闡釋。我們很難相信現在的工人階級子弟沒有獲得進一步的發展，也難以相信「提高離校年齡」計畫（在最初的劇烈波動後）和那些更為自由派的學校體制，反而產生出更成熟、更自信、要離開學校的年輕人。但是，這種成熟的方向和意義還沒有穩定下來。這些變化很可能會朝強化對立性階級文化的方向發展，而不是注入到在傳統上被認可的素質和情感中去。例如，本研究中的「小子們」在很大程度上，在學校裡採納並發展了反抗文化中的工人階級主題：對抗、破壞權威、對正式制度的缺陷和虛妄之處的非正式洞察，以及獨立創造消遣和樂趣的能力。

當然，每一學年都是囊括了從「小子們」到「書呆子」的各種學生在內的複雜總和。違規生還是少數——儘管他們沒有如報導的那麼少——而且還有一些未被提及的師生關係模式和線索，尤其是在運動場上的師生關係。[7] 大型的工人階級綜合中學裡，情形可能更複雜多樣，很多仍舊和「小子們」保持往來的工人階級子弟也完成了學業目標。而且，學校裡有不少的工人階級子弟

7　體育是區分「書呆子」和「小子們」一個非常重要的領域；在這個領域內，教師能夠透過操控既包含傳統教學要素又包含對抗文化要素的典範，來掌控深植在「小子們」文化中的獨立性，這其中的要素有：嚴格的紀律、男性氣概、身體靈巧。下文出自一位公認的學校運動員之口：

如果真是那樣，我不會介意承認自己是個「書呆子」，但是我想我介於兩者之間……我想一年級時候的我有點像「書呆子」，你知道吧，那時候更像點，我和體育老師們處得很不錯，因為我喜歡體育，而且我進步很快，因為我不介意開玩笑。我不怎麼把這當回事，他們也看到這其中有趣的一面。他們看上去和「書呆子」沒有這樣的關係。他們教他們，教那些好孩子。他們好像把我當成是一個可以談得來的人。

實現了向上流動，進入了大學，在這種情況下，他們對「書呆子」的看法也可能有所改觀。所有這些都可以有效地削弱我們在漢默鎮男校發現的、存在於循規生和違規生之間的完全對立，使得我們的社會認知圖式變得更為複雜。另外，在那些社會階級高度混合的學校裡——當然要比公布的少很多，中產階級和工人階級「書呆子」的價值觀之間，以及工人階級和中產階級「小子們」的價值觀之間，出現了一些有趣的趨近。

此外，隨著很多學校成為多種族機構，我們可以想見，學校裡西印度群島裔、亞裔和白人群體之間會有更近一步的對峙和相互影響。尤其重要的是，最近內城區的學校中迅速湧現一種源於西印度群島裔學生、比「小子們」**更甚**的文化。他們與反學校文化中白人學生的主要區別在於，制度**分化**與從西印度群島借用過來的主題有關。在這種情況下，很清楚地，新文化不只是對舊文化的再生產，而是在特定環境下對一些舊有主題的改寫，針對的是特定制度的特定問題（當然，之後是西印度群島裔學生面臨的就業處境）。儘管這些新的對抗性文化形式具有明顯的西印度群島特色，但與其母文化相比，這些文化形式更為尖銳、發達和英國化，因此常常讓他們的父母緊張擔心。比起那些對應的白人文化形式，這些新文化對於勞動力儲備和工作態度的影響甚至更為深遠。特別是在欠發達環境中挪用過來的沒有薪水、沒有工作亦勉強維生的問題，很可能被轉化成在發達環境中拒絕工作的問題。在這個社會裡，我們第一次要面對這種摒棄現代工作形式和結構的可能，至少在第二代移民中有很多少數族裔有這樣的傾向。[8]

雖然我們無法在此一一討論每種學生文化和教學關係，但是這並不意味著基於對白人男性工人階級違規要素的關注，我們就可以假定在學校中真的存在嚴格、排他性的分隔。違規生的文化為思考其他立場的性質提供了重要的考量工具。任何課堂環境都是一個複雜的組合：接受、對立、合法性、教師們行使教育典範的特定方式。本書的目的就是要從制度生活隱晦、費解的日常模式中分離出一些核心、強勢的模式。我認為讀者的目的（尤其是教育實踐者）應當恰恰相反：用我所列舉的概念去驗證事實；把問題置於具體環境中；分辨不同過程以不同力度，在不同時間、不同情況下所發揮的作用。寫作目的和讀者目的其實並不矛盾。

8 請參看Farrukh Dhonely於一九七四年六月四日在《今日種族》（*Race Today*）發表的文章。這個話題亟待依照本書提出的一些線索展開研究。

第三章 勞動力、文化、階級和制度

考察完在學校這一國家制度中心懷不滿的工人階級子弟的背景和經歷之後，我們現在可以更仔細地來觀察勞動力的主觀準備過程，這一過程導致了他們反學校文化中最為深遠和獨特的結果，也是其文化的核心邏輯與動力。

官方準備

按法令規定，英格蘭和威爾斯所有地方政府，必須為接受全日制教育的在校生提供職業指導服務，並為畢業離校生提供就業服務。[1]

[1] 參見一九七三年的《就業和培訓法案》。在之後的章節中，我指的主要是學校職業指導教師和就業指導官員。這兩者的主要區別是教師更關心讓學生做好就業準備，而就業指導官員關心的是就業安置（DES, *Careers Education in Secondary Schools*, Education Survey 18, HMSO, 1973, p. 25）。但是這兩者用的基本職業指導技術是一樣的。

傳統上，職業指導主要是為學生排除從學業向職業轉變的過程中的困難。這需要把學生個體的能力和天賦與可供選擇的工作進行匹配。職業指導教師和官員們一般會將這個過程標準化，使用心理測驗[2]「客觀」地測試學生的能力和資質，並依此提出建議，或上或下相應調整他的期望。最近幾年，尤其是在美國作家[3]的強烈影響下，職業指導發生了變化。這個變化是對缺乏人性的傳統學業成績排名及其對職業選擇之影響的回應。新一波職業指導的基礎是在這個模式上增加一個橫坐標。該觀點認為，學校和職業環境中的人類潛能無法用學業成績排名說清楚。在傳統學業成績排名之外還應關注：多樣性、豐富性和興趣。[4]

這種做法具有兩面性。人們對工作世界的探索和研究是為了展示工作的多樣性，足以滿足人們各種性格的關注和需求。這種方式賦予每個個人從工作中獲得各式各樣滿足感的機會，即使他們在成績排名中「墊底」。畢竟「蘿蔔青菜，各有所愛」。[5]

值得讚賞的是，這種做法亦把學生看作具有多種興趣和能力的完整個體，而不僅僅是知識的容器——看起來工人階級子弟就像是破損的容器。個體「觀念」的發展不僅和工作有關，更和與工作相關的整個「生活方式」連在一起。[6]

現在的學術典範在本質上大多屬於社會心理學範疇。測驗依舊是發現、定義個體差異和特殊性格能力的首選方式。但是，至少在書面文件中，官方對心理測驗相當坦率，並建議應該讓學生自己測驗，使測驗成為他們「自我觀念」發展的一部分，而不是由「專家」用傳統、排他和

2 直到二十世紀六〇年代中期，由倫敦大學貝伯克學院（Birbeck College）職業心理學系亞歷克・羅傑發展出來的「七點計畫」仍被廣泛應用。這七點是：身體狀況，包括外貌、語言或體格上的任何缺陷；學業成績；智力；才能；興趣；性情；家庭背景。

3 特別參見E. Ginzberg et al., *Occupational Choice, An Approach to a General Theory*, Columbia University Press, 1951; D. Super, *The Psychology of Careers*, Harper and Row, 1957; E. Ginzberg, *Career Guidance: Who Needs It, Who Provides It, Who Can Improve It?*, McGraw-Hill, 1971.

4 在增加了興趣這個橫向範圍之後，通常的升降率典範被修改，具體啟發性的闡述請參見DES, *Careers Guidance in Schools*, Education Pamphlet No.48, HMSO, 1965，尤其是第四十二頁和第四十三頁：「……正如每個青年就業指導官員所知道的，所有就業的男女青年中有很大一部分都找了不需要特別教育文憑、目前也不需要任何培訓的工作。他們需要知道的是，開始工作時會意識到，要學的東西驚人地少，就連這點東西也很容易掌握（……）很多工作看起來非常相似，不需要多少、甚至根本不需要學習能力，幾乎每個人都能做，這種印象也因為很多成年人換工作時毫無困難而被強化。此外，隨便看一看，很多中下資質的年輕人看上去很相似，沒有什麼出眾的特質，對學校事務也沒有什麼興趣，而且很樂意儘早離開學校。如果工作和學生都沒有明顯特徵，那麼職業建議還有用嗎？這當然是很膚淺的看法，因為事實是每一個孩子都是一個獨立個體，且即使每種工作都可能有很多個職位，但工作不同、工種有別。那些資質不高的學生也應當享有平等的機會過令人滿意的生活，而那些資質高的學生應當受到鼓勵，充分發揮他們的才能，這兩者都很重要。」我認為，這和前一章討論的對基本教學典範自下而上的修正有明顯的關聯，修正之處就是用「正確態度」替換了教師的等值物「知識」。但是職業指導的方法確實試圖找出、羅列各種工作間的真正區別，而非強調態度的重要性，至少在文獻中是這樣。

5 引自對職業與就業資訊中心的介紹，*Publications and Services*, Manpower Services Commission, 1976. 這個中心代表了對職業嶄新的進步看法。這篇介紹還說道：「我們的關注點之一是要加強考察各工作的決定性特徵，並需要用更具想像力的方法傳達我們發現的資訊。」

6 現已成為英國經典著作的《職業指導》（*Careers Guidance*）（J. Hayes & B. Hopson, Heinemann, 1971）一書對此有清晰的概述。

神祕的方式進行。此外，改編自美國心理治療學（psychotherapy），特別是卡爾・羅傑斯（Carl Rogers）著作的「以顧客為中心」的「輔導」技術強化了這種民主方式。[7]

或許新式職業指導浪潮中最為驚人、誠懇的善意之舉是強調——至少在公認的文件中——職業教育不應該將整個經濟及其人力需求納入考慮。職業指導的明確責任是服務客戶。[8] 最值得注意的是，一些評論員建議說，職業指導不應該為行業需求服務，而是可以（透過其對未來工人及他們對工作成就感的需求的影響）對行業提出挑戰，並迫使行業進行改變。[9] 這無疑逆轉了其他領域那些堅信教育和職業指導只應服務於行業需求的觀念。

應當注意的是，職業教育就自身而言是失敗的，因為它並未有效觸及到大部分工人階級子弟。最近的一份官方調查[10]發現，近三分之一的學校沒有在職業培訓上花時間，而且只有百分之十四的學校把職業指導教師任命為部門主管。更有甚者，百分之七十五的三年級學生、百分之二十八的四年級學生和百分之五十二的五年級學生根本沒有接受過職業指導教育。調查總結說，作為「為生計所做的準備」的職業指導教育，「除了少數學校，普遍未被接受或實施」。[11] 因此，在大部分學校，若純粹從數量上看，有關職業指導教育的進步想法與現實之間還有很大的差距。[12]

但是在漢默鎮男校，職業教育是很嚴肅、認真的事。職業指導教師都是全職教師，經驗豐富，近來都取得了「顧問」資格。他可能是學校裡最努力工作的教師；儘管人手不夠（這意味著他經常不得不一次照料整個五年級的學生），他還是努力地使用現代方式的語言：以孩子為中心的教學；為學生的人生做準備；工作經驗，鼓勵發展與工作相關的「自我觀念」。

漢默鎮的職業服務對英才模式進行修正，從而有助於強化這種方式。職業指導辦公室的布告欄上貼著畫有兩個人物的圖片。一個是邋遢的學生，另一個是洗漱乾淨的傳統工人階級子弟。圖片說明上寫著：「誰能獲得工作？」兩個人物的周圍貼著一些用對句方式書寫的評語：「骯髒、

---

7 參見G. Rogers, *On Becoming a Person*, Constable, 1961; C. Rogers, *Freedom to Learn*, Chas. E. Merrill, 1969; C. Rogers, *Encounter Groups*, Penguin Books, 1970; C. Rogers, *Becoming Partners*, Constable, 1973; C. Rogers, B. Stevens et al., *Person to Person. The Problem of Being Human*, Souvenir Press, 1967.

8 例如，Hayes and Hopson，同前引文，第二三四頁寫道：「……指導者不應當用這些資訊〔人力資料〕把年輕人引導到幾個嚴重短缺的特定科目或工種上。指導者的工作不是確保社區未來的人力需求得到滿足。他的責任是面向學生。」

9 參見M. P. Carter, "Teenage workers: a second chance at 18?" in P. Brannen(ed.), *Entering the World of Work: Some Sociological Perspectives*, HMSO, 1975.

10 DES, *Careers Education in Secondary Schools*.

11 同上，第六十一頁。

12 也可參見Training Services Agency, *Vocational Preparation for Young People*, *Manpower Services Commission*, September 1975; Social Evaluation Unit, "All Their Future", Department of Social and Administrative Studies, Oxford University, September 1975, p. 25; K. Roberts, *From School to Work: A Study of the Youth Employment Service*, David and Charles, 1972，其中有一句這樣評論職業指導的話：「提供的太少，僅有的那點也提供得太晚。」

頹廢的草窩／精短、梳理整齊的頭髮；二十四小時鬍子邋遢／剛刮過臉的健康表情；『少跟我囉嗦的表情』／面帶微笑、坦誠（好小子）；挖鼻孔／目光清澈的直視；無精打采地坐著／雙手緊握（表明堅毅決心）；短小不整的T恤／穩重的套裝，乾淨的襯衫（尊重英國傳統標準），帶褶縫、筆直的西褲；破舊邋遢的球鞋／擦得光亮的黑皮鞋。」這裡意思很明確。如果無法掌控智力，那你至少可以掌控外貌；能力不是一切。

老式按能力分配工作的英才模式當然依舊持續，尤其是校外來的演講者在講座時還是持這個論調。下面這位談論建築行業的演講人就很典型：

> 我們招募各式各樣的孩子，那些有中等教育證書（CSE）的和沒有的我們都招，當然，如果你有中等教育證書更好。如果你參與工作時是工藝級別的，可以進學院念書，去拿城市行會證書（……）這是第一個等級。如果你現在已經拿到了工藝證書，你就能繼續往上升（……）如果你到最後一級，就能成為工藝技師（……）如果你真的願意，你可以繼續，你有機會上阿斯東大學（Aston University），拿一個學位（……）所以只要你願意，你就能升上去，你應該能升上去（……）〔回應喬伊的一個問題〕「上漆」，你問「上漆」是什麼意思？你可以在二十四小時內學會漆牆，那是你想要做的嗎？為什麼不想做點別的，走得遠一點，比如當個室內裝修工，那你就不得不考慮你的顏色設計，計畫若好，就有個留給你做的

工作，而不是光站在那兒把油漆潑上去（……）如果你真的很想做這個，我們當然不會阻止你。＊

學校中主要的教學典範早已在工人階級價值觀方面產生分化，「小子們」的反抗——或者常被記錄為「粗魯無禮」——也顯而易見，因此這種職業指導／建議的方式，會讓位於一種更為生硬粗暴的方式。若是學生不斷喝倒采、拆臺哄鬧、明顯缺乏興趣，學校就會以自下而上的方式，重新複習未經修正的英才模式，迅速重新評估教師所代表的涵義。以下評語雖然使用了「相關的」一個人類比，但仍帶有很老式的嘲諷。

給五年級提供職業指導的教師：

你們有些人認為你們只要走進來，憑你們的水準就能當上學徒。你們的水準！你們有些人都不怎麼會寫字、讀書、算術吧。而是你們認為你們有權利當學徒……讓我告訴你們吧，你根本沒有權利，簡直差遠了，你們根本沒有權利做任何事，你愈早意識到這一點，你就會做得愈好。我自己也沒有權利期望得到好工作，儘管我受過所有的培訓，我沒有要求升職的權利……我必須辛苦工作才能得到。＊

教師經常會訴諸相關性／進步主義中片面、強而有力，甚至低劣的形式來維護控制和教學保障的軸心。因為相關性主張的是回歸工人階級主題，而工人階級的主題是以工作為中心，所以教師顯然傾向於透過回顧自己在學校文化中的工作生活，而對工作態度和工作條件發表意見。雖然違規生可以逃脫學校之網，但是他們無法逃脫行業內嚴苛的要求。工作的價值觀被帶回學校，用來斥責違規生的行為。這經常以脅迫的形式出現，教師一方面說「如果現在你不樹立正確的態度，你就不會在工作中成功」，另一方面又更為實際地說「如果你現在不合作，你就拿不到好的離校評定報告」。因此，這種讓學生為就業做好準備的主題經常與備受爭議的「合作」主題聯繫在一起，使得第五年的氣氛充滿了道德憤慨的火藥味。「小子們」做的每件事看上去都像是自私、粗魯與不合作的表現，最終很不利於他們未來的工作生活。

為五年級提供職業指導的教師：

我剛聽說一件事，某個「傢伙」在三個星期後被炒了，就在復活節那天。他厭惡權威，不守規則。他的態度是錯誤的，經理剛炒了他魷魚，他說「滾出去」，他不準備繼續忍受下去，他為什麼要忍受呢？我之前就告訴過你，在學校養成的壞習慣很難改掉。如果你在這兒不滿權威，對紀律抱持壞的態度，那這些都會被帶到工作中去，工作時會顯現出來，而他們沒有時間來處理這些。現在是開始做出努力的時候了，讓別人看看你現在怎麼樣了（……）

〔當你開始工作時〕你會用一堆問題換回一堆更糟糕的問題，這些都是由你自己的態度決定的，你現在在學校的態度會讓你的工作變得更難。*

然而，不管是用新的、進步的、修正過的，還是用傳統的模式，「小子們」總是排斥、忽略、顛倒、取笑或改變他們在職業指導課上學的東西。那些表徵[13]層面直截了當的訓誡，包括認真對待找工作這回事、仔細準備面試、在工作中爭取成就，甚至包括了解不同工種的簡要資訊（除了那些他們早就決定想做的事），都受到嚴格過濾。

〔關於職業指導課程的小組討論〕

斯潘克斯：過一會兒你就不會注意他了，他不斷重複同樣的東西，你知道我說的是什麼意思嗎？

喬伊：我們總是太忙了，摳鼻子，或者彈紙片，我們就是不聽他的。

（……）

---

13 若要詳細解釋這個概念及其與「含蓄」訓誡之間的關聯，請參見R. Barthes, *Mythologies*, Paladin, 1977; R. Barthes, *Elements of Semiology*, Cape, 1967. 我會在本書的第二部分討論職業指導資訊的「含蓄」層面。

斯潘克斯：他總是說同樣的東西。

法茲：他總是說如果你去找工作，你就必須做這個，你就必須做那個。我找過工作。你根本不需要做那些玩意兒。就是去一個地方，問問主管的人，根本不像他說的那樣。

喬伊：真是荒誕可笑。

PW：你指的是什麼，你需要什麼樣的文憑呢？

法茲：文憑這些玩意兒，你不需要，你就是去找工作，然後他們就給你事情做了。

（……）

PW：（……）他們強調努力工作、積極進取有多好（……）

威爾：那是你老的時候，對吧，如果你沒有辦法幹這個活兒了，但是……就像，對你來說太難了，你想坐下來歇口氣，那就讓其他夥計替代你……當你還年輕的時候……有些工作一旦你老了，你的工資就減少了。

PW：那個從教育學院來的演講者怎麼樣？

弗雷德：他們就是想讓你去工作……喬伊，他對喬伊說：「你想做個油漆工和室內裝修工？」在牆上粉刷，你隨便找個傻子也能給你粉刷！或是說：「你想做裝修，或者寫標語。」

斯潘克斯：好像還得當個什麼社會人物才能去粉刷……我想站起來對他說：「隨便哪個傻子就能給牆粉刷。」

新的資訊當然不會被注入自我評估的理性系統，或是正在形成的、與「生活方式」和「工作概況」有關的「自我觀念」中。即使「小子們」記住了一些資訊，那也是根據他們文化中高度選擇性的準則篩選過的，並根據自己的目的重新闡釋過——其目的往往具有顛覆性、嘲諷意味和對抗性：

〔一次談論求職指導影片的小組討論〕

珀斯：我納悶為什麼電影裡從來不拍我們這樣的孩子，看他們對這個都是什麼態度。他們什麼樣，我們什麼樣。

PW：好吧，電影裡都是些什麼樣的孩子呢？

法茲：都是些好學生。

威爾：是啊，你可以看得出來他們都是按照教的說。你要知道，他們可能來自什麼藝校，為其他孩子拍職業指導電影是個工作機會，你得等他說完他的臺詞，你才能說這句話。

PW：我是說，你怎麼知道的？

威爾：他們就是站在那兒，而且就是在等著他說那句話，然後再接著說……

——

法茲：你在那兒看過所有電影了，對吧！他們都會拍些傻學生，「哦，是的，我想做這個工作」，「哦，輪到我了，是我出去賺錢的時候了」。

斯派克：你看不到一個搗亂的學生（……）沒一個是那樣的。

當然，他們的態度必須和他們對學校其他方面的排斥連在一起來看待。如果職業指導教師能力挽狂瀾、做到其他教師做不到的，那才會令人吃驚。顯然，整個反學校文化的大規模爆發可能引發更為咄咄逼人的職業指導方式，但這也使「小子們」對學校整齊劃一的道德觀更加疏遠，單在職業指導領域是無法控制的。對職業指導的排斥是對抗學校此一中心主題的一部分。[14]

「小子們」也從根本上排斥文憑這個概念。對他們而言，正如制度界定的那樣，「文憑」就是知識權力的爪牙。因為他們反抗知識，所以他們也必然抵制和懷疑文憑並使其失去信用。正如其他情況那樣，使正式標準失去信用的主要方式是用非正式的模式「看透這些標準，了解它是如何發揮作用的」。他們靠經驗——至少是聽來的經驗——與正式的定義周旋。在一定程度上，他們真的認為自己懂得更多。不做功課、沒有文憑照樣能過活，因為真正有用的是「了解一點世界」、「腦子清楚」、必要的時候「撒手」。當然，成人工人階級世界中，英國廠房裡盛行的實用氛圍及對理論的不信任，都大大強化了他們的這種觀點。這個基本文化資源，在學校的分化過程中被磨練得更為堅固。

「小子們」打從心底認為一定有更簡單的方法。文憑對他們來說似乎是對直接行動的偏離或替換。他們覺得他們總能「在崗位上」展示必要的能力，而且做一件事總是比描述它或在考試中陳述它更容易，或者比正式說明它來得容易。

14　儘管就業指導官員不是很有影響力（當然決策達成之後發布資訊是他們的工作），但他們似乎不用面對「小子們」的敵意，因為他們沒有陷入同樣的惡性循環——至少他們不用致力於維持基本教學典範，而且甚至可能對分化後「小子們」的文化有幾分同情。有趣的是，這有時會導致對個體出現完全相反的評價。

漢默鎮男校的就業指導官員：

我同情這些孩子的時候，可能就是笑笑，但是我會想：「哦，還是不要牽扯進去比較好。」是吧，所以他們可以從我的臉上看出來我同情他們。有時候，他們對老師的總結評論很準確（……）我覺得他（「小子們」中的一員）滿友善的，有點個性，有點魅力（……），我實際上寫了「有魅力」。他在我面前這麼展示自己（……），但是他的報告糟得一塌糊塗，他們是怎麼受不了他，他是多麼討厭（……）。比起一般的（……）孩子，我覺得我更喜歡你這個研究小組裡的所有孩子。如果我找人來面試，跟我面談，那我立即會偏向他，你知道吧，我喜歡那些能反駁我的人。我滿喜歡那樣的，但是如果我必須從孩子身上弄點訊息出來，我就不會喜歡這種面試。

〔一次個人訪談〕

喬伊：我光靠這個〔學徒〕工資根本沒法活，第一年或頭兩年每週大概十英鎊，每過一個生日就漲點工資，我可是沒辦法繼續做下去。我屬於精力旺盛的那種，我總是想：如果某個地方能夠跳過，為什麼要繞遠路呢。我總是跳圍牆（……）我現在對自己不拿任何離校資格證明很滿意，如果我足夠聰明，早晚會表現出來（……）或者我可以讓他們明白我是塊料。我會讓他們看到我值得投資，然後可能送我去上什麼課（……）我是說，面對現實吧，這很容易，真的太容易了，因為你要做的就是學會怎麼開車床，一旦你會做了，所有的測量和別的就都是例行公事了（……）任何人都能當學徒。

他們通常覺得這種洞察力是不為「書呆子」所知的。那些循規生不得不「苦幹」。因為他們沒有使用想像力或機智，才需要文憑：

〔一次個人訪談〕

ＰＷ：你覺得什麼是你有而「書呆子」沒有的？

斯派克：膽量、決心，不光是膽量，還有狂妄（……）我們比他們更了解生活。他們可能更懂點數學和科學，但那些都不重要。這些對誰都不重要。他們得去試，然後才意識到……他們二十歲的時候，可能才和我們現在懂得一樣多。因為他們還得經歷那些事。好吧，我是說我現在就已經經歷過生活的不少階段了，我已經有過得意失意，嘗過失望的滋味。我已經接受這些事，我已坦然處之。就是這樣，對吧，但是「書呆子」們，當他們找到工作，他們，我該怎麼形容呢……他們只不過是遵守規則，把工作做到最好（……）有些方面他們很聰明，他們在數學、科學和英語上很聰明，但是在生活方面不怎麼聰明。在我看來他們是輸家。

連續性

儘管「小子們」排斥教師對於學校與工作之間存在連續性的看法，另一種連續性對他們卻很重要。在實際選擇工作方面，是「小子們」的文化、而不是官方職業指導資料，為未來提供了最具影響力的指引。因為個體加入違規生群體之後會經歷一整套態度和觀點上的變化，這些變化亦會或多或少提供一些穩定的看法：想和什麼樣的人一起工作，什麼樣的情形能使正在發展中的文化技巧得以充分發揮。我們已經了解，廠房文化與反學校文化具有一些相同的決定因素和明顯的相似之處，而且廠房文化以多種方式影響著「小子們」——尤其是透過父母在工人階級家庭中傳承。事實上，在「小子們」和家長的想法中，學校和工作之間經常有直接聯繫。這確立了不同環境間的經驗延續。我們可以把這看作是經歷和反應的連續底線，工人階級文化整體受其哺育，才得以長期應對敵對環境，並在工作中發展出特定的社會關係：

〔一次個人訪談〕

喬伊：他〔他父親〕把它說得就像個大學校，他把它說得就像這個地方。有一天他跟我說，因為我們實際上在討論消防栓事件，我想對話是從這裡開始的。我們正在討論怎麼胡鬧，然後老媽就說：「得了，你不應該胡鬧。」老爸就說：「我們就是這麼幹的。」（……）他告訴我們，有個傢伙找了一個巴基斯坦佬，把他的褲子扒了下來，揪著他的雞巴拉著他在廠房走，就那麼揪著他的雞巴，拽著他繞著廠房走，諸如此類的蠢事。你可以拉他一下，他可能掉進爐子了，或者摔到一個錘子底下了。他說你到下面去，然後你就拿著一個鏟子的把手那頭，然後你把鏟子放在他們腿下面，把他們舉起來，就在那個地方（指陰莖處）舉著他們……他們下不來。他認為他們總是搞這些事，我覺得這一定就像是學校的延伸，在工廠裡工作，和一樣的人，每天和一樣的人，你就每天胡鬧，你來這兒，每天都是同樣的人。

作為階級文化的一部分，「小子們」的文化提供了一套「非官方」標準，以此判斷通常哪種工作環境和個體最匹配。在匹配的工作中，他必須能坦承有關欲望、性意識、喜歡豪飲和盡可能偷懶的想法。在這種工作中，人們必須可以相互信任，不會有人「爬到」老闆那兒告「外人」或「偷東西」的狀——這實際上也是「書呆子」最少的地方。事實上，這種工作場所肯定有老闆以及「他們和我們」對立的局面，這樣就總會出現告密者背信棄義的危險。未來的工作環境必須張揚男性氣概。人們在這裡不能「娘娘腔」，要「自己搞定」，瞧不起「文字工作」而崇尚真正「做事」的人。在這種環境中，你可以發表個人意見，不需要表現順從。最重要的直觀標準是這份工作必須很快發高工資，可以弄點「詐取」和「額外津貼」好維持他們早已養成的抽菸喝酒習慣，滋長那種「占優勢」、「了解現實是怎麼回事」的優越感。基本上，工作必須是同事都「不賴」、相互之間能共用一種文化身分的地方。

不僅非正式文化建立了這些標準，而且以非正式文化為基礎的非正式群體也強化了這些標準。之前所有討論過的過程——「開玩笑」、「找樂子」、「嘲弄」——為當前的學校環境、也為未來的工作環境設定了規範：

〔一次關於未來工作的小組討論〕

艾迪：我想當寶石匠。

PW：當什麼？〔笑〕

艾迪：寶石匠。

PW：我不明白有什麼可笑的。當寶石匠有什麼可笑的。〔笑〕

──：他是個傻子。

──：他是個搗蛋鬼。

──：他，他會把一半的珠寶偷走，他會。

斯派克：他想在六個月內成為一名鑽石鑲嵌工。

德瑞克：他會把一顆寶石鑲在戒指上，把六顆揣進自己口袋裡。

PW：你對寶石匠這行了解嗎？

艾迪：不了解。〔笑〕

自我評估的技巧和心理測驗只是深刻地揭露了文化層面的差異，而沒有如預期的那樣揭露個體內在品質的差異。當一位校外演講者沒有如期到場時，職業指導教師分發了「自我評估」問卷：可以用「大部分時間／一半時間／幾乎從不」來評價諸如「誠實／善良／慷慨／勤奮／乾淨／順從／聰敏」等項目。調查問卷完成後，他讓學生自告奮勇地讀出答案。「小子們」的肢體動作一如往常，推來擠去：他們碰對方的胳膊、手肘，轉頭互看，在各自的問卷上改答案，對照筆記，拿彼此的答案開玩笑，然後大致上對這個測驗達成共識。當志工讀他們的答案時，「小子們」就表示了自己的分化標準。他們嘲弄譏笑「大部分時間」「順從」這樣的答案。比爾對一個被「小子們」認為邋遢不整的「書呆子」喊道：「先生，他『乾淨』和『機敏』這兩項的答案是什麼？」聽到答案是「大部分時間」時他們哄堂大笑。比爾也自告奮勇讀自己的答案。當他回答自己「大部分時間」「體貼」時，教師讓他解釋這一點，「因為我沒在你的功課和對待教師的態度中看出這點」。但在課後解釋時，比爾當然還是認為他對「真正重要的事，比如我的哥兒們」還是很「體貼」。

「小子們」在文化上為某些工作所做的系統性自我準備，使他們不僅在學校功課方面，也在預期上與「書呆子」區別開來。循規生和違規生之間的區分就是不同前程、不同滿足感以及相關的不同工種之間的區分。這些差異不是隨機或者毫無關聯的。一方面，他們系統性地源自校內群體間的對立，另一方面，這也和離校後明顯不同的工種分類相關。「書呆子」/「小子們」之間的區別被看作未來的熟練工/非熟練工或者白領/藍領間的區別。「小子們」欣然地將學校內部文化景象中的區別移用到未來的工作區別中，儘管他們不一定接受對各工種的傳統評價：

〔一次小組討論〕

喬伊：（……）我們想活在當下，在我們年輕的時候活得痛快，希望有錢出去玩，想現在出去泡妞，想現在就有車，然後想想，這些都要成真得花上五年、十年、十五年；但是其他人，像「書呆子」那些人，他們考試，他們工作，他們沒有社交生活，沒有樂趣，他們要等十五年才結婚，諸如此類。我覺得這就是不同。我們想的是眼前，現在就要找樂子，而他們考慮的是未來，將來對他們來說才是最好的時光（……）他們是遵守規則的人。他們是公務員那種類型，他們會比我們先買房子和其他東西（……）他們會是有錢人，我說他們會成為公務員，有錢人，而我們會是磚瓦匠那種。

斯潘克斯：我覺得我們……多多少少我們是幹苦活兒的那種，但他們不是，他們會是辦公室人員（……）我沒什麼野心，我不需要有……我只想拿不錯的工資，那就夠我活了。

（……）

喬伊：我不認為這是明智之舉，我認為對我們來說，對我們這種人來說，這更好，因為我們嘗到了，我們嘗到的不是好的生活，我們嘗到的，你要知道，是你老了以後就不能過的特殊生活。我覺得我們就是太喜歡這種生活了，無論如何我知道是這樣的。我不覺得你現在可以把自己和這種生活割斷，去當個學徒之類的……僅只是維生。

對於循規生而言，他們更認同教師的權威；他們對職業指導影片和預期目標有強烈的興趣；他們甚至有時候對於教師採用的嚴厲的、脅迫性的方法表示贊同，因為這些方法在一定程度上維護了他們的利益。

〔一次關於職業指導影片的小組討論〕

托尼：它們使你大開眼界。比如當送奶工是怎麼回事，早上五點起床，起來、出去，天未亮時就得起床。

奈傑爾：郵局的那份工作，我覺得不錯。他們幫助人，幹那行的人（……）

PW：（……）當他〔職業指導教師〕對五年級學生不停地說的時候，你有沒有覺得被羞辱？

奈傑爾：不，真的沒有，因為我知道大部分時間，你知道的呀，大部分時候他說的確實是對的，因為那兒很多人根本就不在乎，你要知道，他說話的時候他們根本就沒在聽，對吧，他就滿生氣的。

出於自身考量，循規生基本上接受從學校到工作是連續統一體的說法。盡力完成學校的官方目標是值得的。這是為工作做的最好準備。但是順帶一提，應該注意到的是，雖然這是傳統反應，但是如果工作不努力、缺乏理性和執著，那也無法實現或「贏得」成功。

〔和漢默鎮男校循規生的小組討論〕

托尼：首先是你的態度。比如，如果你在學校表現得好，你離校時就能拿到好的報告（……）這對我們有利，因為我們必須面對現實：我們必須上學。我們也必須工作，不然你沒法活下去。所以你多多少少要把自己培養成那樣的人。但是我覺得那些沒做到的人，你要知道，那些不在乎這些的人，他們工作時會想：「哦，我不喜歡做這個，我不幹了。」而不是堅持下去。他們在工作上不會有好的進展。

奈傑爾：你要知道，我覺得事情就是這樣發展下去的，如果你一輩子享受做某件事，你就一直做下去；但是如果你不喜歡上學，那你就做不好工作。我覺得這種態度會延續到工作中去，你不會做得很好（……）〔工作〕就像上學，你離開學校之後，比如，我會去當個學徒，你當你的學徒，你夠資格了，那接下來的一輩子就繼續不斷學習，我是這麼想的（……）正如你知道的，他們有些人實際上不需要上學，因為他們只是去當送奶工或者做類似的工作。

職業

總體來說，對於學校內發生的基本文化轉移，「小子們」發展出一套完整、非主流的生活期望態度，因此，他們並不怎麼在乎對特定工作的選擇。事實上，我們也許可以看出，就其文化所摒棄的標準以及這種文化意味的連續性形式而言，體力工作和半技術性工作確實沒有差別，用既定標準尋找兩者的物質差異只是浪費時間而已。因此，從他們在校的最後幾個月這段時間來看，個人的工作選擇確實看似很隨機，不受任何理性技術或者手段／目的的影響。但是，把叛逆的工人階級子弟就業工作硬說成是特定的工作選擇，其實是很迷惑人、神祕化的說法，特定的工作選擇本質上是非常具有中產階級色彩的構想。我們已經說過他們反對其他更為循規地對待工作的看法，也探討過他們群體的團結性，所有這些都把工作選擇變成了另一個層面的問題：「小子們」並不是選擇職業或特定工作，他們熱衷的是一般勞動。大部分人工作——或者是面對他們接受的「辛苦工作」——是因為他們急需用錢，他們認為所有工作都令人討厭，真正重要的是這些工作的環境能夠讓他們表達自我，尤其是他們的男性氣概，允許他們工作時能做點從反學校文化裡學來的消遣和「樂子」。這些需求與任何工作的性質都沒有什麼關係。

「小子們」明確拒絕了職業指導專案所假定的工作多樣性（以及這些工作所需的品質才能）——至少就他們自己的未來而言：

〔一次個人訪談〕

喬伊：工作就是個……賺錢的途徑。賺錢有很多方法（……）各種工作最後的結果都一樣，就是讓你賺到錢，沒人找工作是因為熱愛那個工作（……）你不會白白工作。我不覺得有誰會白做，你需要麵包活下去（……）你工作的時候有些區別，但是不大，最後這些達到的目的都一樣，它們都能賺錢，它們其實都一樣。

〔另一次訪談〕

斯派克：每種工作都是一樣的。不，我這個可能說得有點過了，不是每種工作都一樣，因為你的工作不同，醫生的工作不同，律師的工作不同。一樣的是那些你必須苦幹的工作，當你就是個苦工的時候，所有的工作都一樣（……）沒有什麼多樣性，都是一樣的工作。就是分室內和室外兩種。

這種觀點並不和他們目前期待工作的強烈情緒相互矛盾。我們不應當低估「小子們」想要擺脫學校的程度——更應該把「過渡」到工作稱為「翻身」出學校，同時，他們自己文化中流露出的對賺錢的嚮往，以及成為「真男人」文化一分子的誘惑也很大。

文化慶典過後，廣義上的階級文化會藉父母之口向工人階級子弟不斷證明，期望工作能帶來真正滿足的念頭是愚蠢的，也不斷會有揭露工作真相的灰暗而未經驗證的提醒。但就目前而言，階級文化校園形式所產生的對未來的承諾，抵銷了廣義階級文化所傳遞的資訊，儘管校園形式是階級文化的一部分，而且最終還會再生產廣義的階級文化：

〔同一次訪談〕

PW：你期待開始工作嗎？

喬伊：是啊，如果人們還沒有讓我失去興趣的話。我們的老媽今天早上叫醒我時，說的第一件事就是這個，她說：「哦，我不想去上班。」我就回她：「我想去，我不介意，我想開始工作。」然後她就說：「你會討厭工作的，你會討厭上班的。」

這種認為所有工作環境基本上都一樣的觀點，在「小子們」真正找工作時表現得最富戲劇性。對具體工作的特定選擇真的頗為隨機。下面對如何選擇工作的描述相當典型。對「小子們」而言，所有的工作都意味著勞動，選擇付出勞動的地點並不重要：

〔一次關於工作的小組討論〕

珀斯：我和我的哥兒們，約翰的哥哥，一塊兒去的，我和他去的，呃……他想找個工作。啊，約翰姊姊的男朋友在這地方找了工作，他就對艾倫說：「到那兒去，他們能在那兒給你找份工作。」他就去了，然後他們說：「你年紀太大了，接受培訓太晚了。」

因為他現在二十歲了，他對艾倫說：「站在那兒的是誰？」他回答說：「我的哥兒們。」他問：「他想要找工作嗎？」他說：「我不知道。」他就說：「問問他。」他出來，我進去，他把這件事跟我講了，他說：「如果你想要這個工作，你離開之前回這裡一趟。」

PW：你在那兒幹什麼？

珀斯：木工、細木工。一個月前我回那兒去，哦，好吧，其實不是一個月前，是幾個星期前，我去找他了。

PW：啊，那純屬巧合。我是說，你曾考慮過做細木工這一行嗎？

珀斯：好吧，你得去那兒看看我的木匠工作，我做夠了，我不會做木匠很多年的。

〔一次個人訪談〕

斯潘克斯：你知道的，我不過就是把栓放進去，我做這個不是因為我一直想做管路工。起初我想做油漆裝修工，然後想過磚瓦匠、電工、管路工（……）那是個星期五，我去學校，我老媽對我說：「為什麼不自己去委員會找個工作？」好吧，當我去學校的時候，我想：「那我就去當個管路工吧，就這樣吧。」所以我就去了職業指導辦公室，我說：「我可以去委員會找個工作嗎？」（……）我就打了通電話，騎自行車去那兒，他們說：「你得到這份工作了。」然後告訴我什麼時候去上班（……）我就在去學校的兩個小時內搞定了工作。

自我

主觀地意識到現代勞動的普遍性，對勞動的具體表現無動於衷，這是「小子們」以學校未察覺的方式從其反學校文化核心學到的基本東西之一。反學校文化允許這種意識以各種形式浮出表面，因為除了在工作中尋求（或需要尋求）滿足感和特定意義之外，這種意識也為他們提供了另一條出路。它能引發外在的、以群體為基礎的滿足感，從而給予自我支援和價值。這種能力反之又取決於某種根本的、相關的、完全被反學校文化主觀挪用和確認的東西。這要求對勞動有一定的主觀認識，了解如何恰當地、以男性化方式付出勞動。

從根本上來說，這需要在經驗上把內在自我與工作區分開來。勞動力是對現世要求的一種障礙，而不是一種內在關聯。不要期望在工作中獲得滿足感。他們拒絕為了在工作中求得內在滿足感，而動用一部分的自我。這就好像將一部分的自我剝離，以更好地把握自我的其他部分。工作和對工作的期望被抑制、限制與最小化，而在文化和象徵層面上附屬於它的東西，均得到了維持、發展並盡可能變得有意義。縮減工作的內在要求，意味著可以用獨立和世俗的方法發展、頌揚自己的能力，而不用受制於責任和新教倫理。隨著反學校文化在學校內逐漸成形，他們以非正式的方式使用工人階級文化的資源，尤其是那種強調男性氣概和強硬的文化，在群體中樹立起自己的地位與身分——這個社會領域使他們的部分自我變得非常活躍且具成就感——這些都不是從具體從事的工作中獲得的。正如我們所看到的，反學校文化就是要發展並維護不同於官方的文化態度和實踐。

影響個體未來的關鍵問題不是工作的內在本質或技術屬性，而是工作中的感覺，這在學校中已有非正式的準備（儘管是以一種特殊方式）。他們最終認識到，文化消遣使所有工作變得可以忍受：

〔對工作近期展望的討論〕

威爾：第一天我就是非常害怕。你知道的，擔心和誰結伴啊，誰是「書呆子」啊，誰會向領班告狀。

喬伊：（……）你總得把工作變得有趣些。是你自己把工作變成不高興的事……我是說，如果你在通下水道，那陣子你可能會覺得不高興。不是每份工作都是愉快的，我應該這麼想。沒人能找到自己喜歡的工作，除非他們是喜劇演員或者別的，但是，呃……沒有工作是愉快的，因為早上你必須起來，原本你可以躺在床上，但你必須出門。我覺得每份工作都有一定程度的不愉快，但關鍵還是看你……能不能把其中的不愉快變得盡可能愉快。

對「小子們」而言，在現代社會中勞動是抑制而非發展自己的主觀意識。這是透過把勞動定義為強調體力而非腦力的過程來實現的。當工人階級的主題被提出、分享和形塑的時候，勞動的恰當使用形式和意義也直接從反學校文化中生成了。

是學校增進了對腦力勞動的某種反抗和對體力勞動的傾向。至少體力勞動處於學校範疇之外，並帶有一種——雖然不是內在的——真實成人世界的光環。腦力勞動的要求太高，並且就像學校一樣，會侵占太多私人的、獨立的領域。「小子們」深知，腦力勞動的特定社會形式是在交換中換取他們想要的自由的不平等「等價物」。因此，雖未說明，但腦力勞動總帶有強求服從和循規的威脅。他們在學校裡習得的對腦力勞動的反抗成了對權威的反抗。在當代資本主義社會，階級對抗和教育典範的結合把教育變成了控制，把（社會）階級反抗變成了對教育的摒棄，把個人差異變成了階級區分。正如比爾形容自己和「書呆子」之間在前途上的差別：「其實就是文字工作和幹苦活兒之間的差別。」這是有關階級分化的知識，雖然這是在學校裡學到的。雖然這是學校教育的產物，但其影響是社會性的。

矛盾的是（本書第二部分將會具體闡釋此一矛盾），雖然在「小子們」對勞動的理解中，自我是與在工作中獲得內在滿足的期望分離的，勞動是體力活動，但是他們的優越感並未因此減少，他們並不覺得自己的洞察力和個人學識受到任何損傷。這也沒有減弱「小子們」的樂觀期望。正如我們已經看到的，這些期望在一定程度上是他們一心急於脫離學校的結果。但是，這些也是「小子們」主觀認為自己已透過經驗看穿、學會並懂得很多「書呆子」不懂的事情的結果。當然，正是這種經驗的誘惑——對傳統邏輯明確、非計畫和出人意料的逆轉——將這些工人階級子弟綁在體力工作的前程上。只有揭露這種主觀上的認同，我們才能理解他們那些顯示自己權力的行為，並領會在自由民主國家中對他們（以及其他人）而言至關重要的、那種充滿矛盾而半真實的自由觀念。「小子們」對勞動力的定義是獨立的、體力的，我們在此只能對他們最小化的勞動力給予明確的限定。

儘管勞動與工作的滿足感沒有內在關聯，但是勞動確實具有某種意義。勞動力是其他事物（除勞動力的直接作用對象外）的重要性得以表達的物質途徑。儘管勞動力切斷了工作的經驗反射，但它擴大了其他經驗。畢竟儘管體力勞動代表了與學校和腦力活動的隔絕，它也意味著對「書呆子」更為積極主動的排斥。「小子們」覺得他們能在真實的成人世界中工作，而「書呆子」沒有這個能力。因此，如果要穩定其價格，勞動——其本身毫無意義——必須反映出周邊文化的各方面（矛盾的是，一種文化之所以可能，正是因其對自身的限制）。

最為重要的是，體力勞動是代表、表達男性氣概和反抗權威的途徑——至少像在學校裡習得的那樣。體力勞動傳遞的是好勝、機智、無法用言語表達的不敬和顯而易見的團結。它為成年人的喜好買單，展現了對女性的吸引力和潛在控制力，即一種男性氣概。

「真正做事」、身體活躍、以某種方法出賣勞動力，以上這些本質在「小子們」看來不是一種防禦手段或消極反應，而是對先前創造性地學到的手段的確認和表達。它顯示了一種獨特的成熟、一種能力和觀點的實踐，而這些都是其他人所沒有的。儘管體力勞動本身沒有意義，但至少在他們生活的這個階段，體力勞動對漢默鎮的「小子們」來說是聲張自由、顯示某種力量的途徑。

〔一次個人訪談〕

斯派克：（……）看到那些孩子在辦公室裡工作，我就特別生氣。老實說，我就是無法了解他們怎麼能做這樣的工作。我有自由，我有……我能賺到錢，很難解釋……

〔一次個人訪談〕

威爾：戶外工作、體力勞動和……寫東西這些事，把筆拿出來……你要知道，還有自由。

〔一次個人訪談〕

喬伊：我不會當老師（……）除非我去教足球隊，但我不會踢足球。你看，我精力充沛，我得不停地走動，使勁……不是消耗我的意志力……媽的……我得不停走動，精力太充沛，沒辦法做辦公室的工作。但是大概十年、十五年之後，當我變得肥胖的時候，也許我會去做辦公室的工作。

當然，在主觀上有多種不同的出讓勞動力的方式。漢默鎮學校的循規生更可能相信他們能在工作中找到滿足感，透過工作建構他們的前程，藉工作活動的內在本質來表達自己的價值和成就。他們被官方連續性的趨勢帶著走，期待這些連續性能給他們帶來十分恰當的回報。對他們而言，勞動表達的是勞動力本身的性質，而不是其他間接的文化價值：

〔與漢默鎮男校循規生的小組討論〕

托尼：〔最近獲得了去工具製造廠當學徒的機會〕你必須工作，所以現在就得努力，找個好工作，做點你想做的事，不是製造汽車或者整天安裝車輪這種事。你知道你能賺到錢，但那種工作不值得做。你的生活將毫無樂趣。如果你……比如說我吧，我會成為一個工具製造工，你看得到最終成品，哪怕是些螺絲，但你知道是你替這些東西做了鑄模。我會喜歡做那種工作，看到成品。

奈傑爾：〔最近獲得了去英國鐵路公司當學徒的機會〕（……）直到你真正立足的時候，哪怕用手背工作都行的時候（……）你才不會擔心，比方說，你可能會想著明天早上會怎麼樣（……）如果你要成為一個火車司機，一開始總是先開普通的小火車頭——每次培訓都是不同階段。你可能從小火車頭換到大火車頭。你可以開熟悉的每輛車，你是個司機。我想我能看到自己慢慢升上去，你知道吧，升上去。我有期待。

在另一極端，對「小子們」中的一些人來說，工作可以成為他們的愛好。對他們而言，出賣勞動力甚至直接表達了他們最私人的生活。這就形成了一個鮮明的對照，一方面「小子們」將工作中的個人涵義刪減到最少，另一方面他們可能完全沉迷於工作，視之為私人感情生活的軸心。「小子們」非常小心地在自己的文化裡學習削弱、打倒這種軸心。他們自有其軸心。

這裡提到的還是那位在高級文法學校念書、十六歲離校去當助理高爾夫教練的工人階級子弟。這個男孩完全將高爾夫看作上進和表達的媒介。作為「小子們」的一員，他的發展軌跡有點奇怪，他排斥學校，將工作而非一種文化作為提升、自我表達和肯定的方式。

〔一次個人訪談〕

兩個月前我打得很差（……）我的比賽一塌糊塗。我沒辦法把球從開球處打出去。我不會用鐵桿打球，根本不會打低飛球，也不會推桿。我真的覺得非常沮喪，差不多有一個月的時間我晚上都沒出過門。就是那麼簡單，你坐在家裡，整天想「該死」。你感覺好像你的世界跌到了谷底。你想著：「下一次我要怎麼做？把我的握桿稍微移動一下，改換我的站姿？」你就坐在家裡，想著你的比賽（……）你要是打得好，就變得特別高興，好像除了高爾夫，世界上其他事都是次要的，你知道吧（……）大概隔了兩個月的時間，我才開始打得很好很好，你知道吧，我能向任何人挑戰，我贏了很多錢，我真的覺得自己幸福到了極點。我幾乎就像在一個繭裡，每個人看上去都有點模糊不清，你簡直就是在夢幻世界裡。

就業

他們就像那邊的孩子，在那兒做了大概十年，其中一個人竟然在那兒待了三十九年。他們大部分人走動的時候都發出輕微的聲音並無緣無故地叫喊。他們互相破口大罵，他們互相辱罵，給彼此取綽號。這就像是學校的延伸——他們都在那裡胡鬧。

——喬伊評論廠房

「小子們」從事的工作包括裝輪胎、鋪地毯、家具廠機臺操作實習工、管路工、泥水匠助手、[15]汽車座椅公司裝飾工、鉻金屬板材廠棒料裝卸工和油漆工。在一九七五年復活節和夏天，他們都相當輕易地找到了工作。大約一年以後，也就是一九七六年九月，他們當中有一半人辭掉了第一份工作。兩個人已經換了兩份工作，兩個人當時還沒找到工作。[16]就業和換工作的經驗對「小子們」而言不是大挫折。他們為工作所做的非官方、非正式的自我準備不僅引導他們，而且使得通向某些工作的道路變得暢通無阻，使他們比其他群體的處境要好得多。

這不是說他們沒有適應問題，也不是說職業和區域差異不會影響他們的文化形式，更不是說現在工作很好找，或是說他們在校後期和工作早期的文化表現，早已預告了他們與工作的長期關係。這裡沒有足夠的篇幅來討論從長遠來看，他們對廠房文化的物質和文化本質所做的自我準備

---

15 這兩份工作（斯潘克斯和威爾獲得的工作）採用的是正式學徒制，儘管找工作時沒有任何測試，對文憑也沒有任何要求。斯潘克斯和威爾很高興他們這麼快、這麼容易就能找到工作，因為循規生拼命想要這樣的工作。這進一步使他們確信，他們「一直懂得更多」。

16 儘管本項研究不涉及青年失業問題，這裡還是可以加註幾條評論。正如「提高離校年齡」計畫使原先更為隱蔽的反學校文化的對抗性暴露出來，我們同樣可以預測，大量或長期的結構性失業以及遍布街頭的散漫和結隊活動，將進一步助長和暴露這種高對抗性的文化形式——尤其是以挑釁的方式呈現。這就是說，大量失業可能進一步激起青少年的不滿情緒，加劇潛在的社會分化。這樣的發展會使職業指導和就業服務的傳統「問題」增加新的面向。

到底有多充分。知識的社會強化具有不同的形式，與不同規章交換關係的權威聯繫也不同。循規與反抗之間有著不同的平衡和涵義，男性氣概和控制也有不同的優勢。未來相關研究的核心問題是廠房外勞動力的再生產，在何種程度上匹配、改變或反駁了早已存在的文化形式，到底是充分滿足、超出還是背離了生產過程在客觀體力、腦力和情感上所需的條件。

在以某種方式儲備勞動力時，學校的非正式和正式過程有關鍵作用，但是總體來說，家人、家庭、社區、媒體和非生產性工人階級經歷，對勞動過程的持續再生產和日常再應用同樣重要。反之，廠房的客觀層面和它釋放出來的反抗性非正式文化，在多大程度上反作用於勞動力再生產的非生產方面，如何以某種方式影響它們，從而產生如我們在反學校文化中所看到的那種意義和方向不可見的、意外的循環，最終得以保留、維護一種特定的構造——也許再次背離了官方政策的意圖，這些都值得我們評估。

到一九七六年九月，雖然漢默鎮的「小子們」對工作賺錢還是感到很興奮，並深感自己是文化選擇的結果，但是，我們可以斗膽猜測他們離幻想破滅不遠了。他們所從屬的工人階級文化並不是一個值得讚賞、具有優勢的文化。從根本上來說，工人階級文化是一個充滿妥協與和解的文化：如何創造性地充分利用艱苦、殘酷的環境。我們看到「小子們」的文化不是鐵板一塊，這個文化既有強勢環節，也有長期充滿絕望、脆弱和赤裸裸控制的低谷。在他們生活中的特定階段，「小子們」相信他們住在與悲傷隔絕的高樓之上。在堅不可摧的信心背後，他們為生活所做的主要決定都不利於他們，這正是工人階級文化和社會再生產的核心矛盾之一，公立學校和校內過程在這個矛盾中牽涉很深。

不管工人階級文化的廣泛形式及其持續再生產的循環如何，不管「小子們」長大後幻想破滅的嚴重程度如何，他們的人生旅程不可逆轉。在生產廠房裡當完文化學徒之後，他們就得在糟糕的環境中為他人辛勤勞動，當這一事實愈加清晰時，他們看待廠房的態度就如同以前看待學校，彷彿陷入了雙重困境。諷刺的是，當廠房變成監獄時，回過頭來，教育又被視為唯一的出路。

首先，年輕工人很可能早早結婚成家，背負經濟壓力，這樣一來，他們就無法重返學校。從廣義上看，雖然體力勞動對他們而言可能早已失去了吸引力，但他們至少還對它保留著特定的經驗性依戀，體力勞動仍是他們與整個群體保持非正式關係的獨特方式，這使得他們除了做體力勞動工作之外，沒有什麼資格做別的事。有鑑於對待工作任務的態度，他們透過工作獲得發展的可能性微乎其微，哪怕之前他們視這種態度為自我絕緣的方式且趨之若鶩。當工人階級子弟發現自己之前的自信其實靠不住時，很可能為時已晚。反學校文化中的勝利色彩，在把工人階級子弟送進緊閉的工廠大門時就戛然而止。事實上，可以這麼說，正是對這些矛盾（好運與不幸、知識和無知）的認可，最終定格了工人階級的宿命論和故步自封：這就是反學校文化的天真之處，以及與真正的工人階級文化之間的差別。等他們知曉答案時已經太遲了。表象之下，明顯的誘惑之後，結局恰恰相反。這些是工人階級文化的常見主題，預告著廠房裡成年工人的命運：他們來工廠工作的時候無一不是想存點錢，償還一點債務，或者計畫「有一天」開始自己做生意，但他們就這麼日復一日地工作了三十年。他們錯失良機，抓住的機會又靠不住，這些都成了進廠工作前的集體迷思。但是蹊蹺之處在於，這些活在其中、有機會改變的人卻不清楚迷思的意義。下面是工程機械廠一位中年廠房工人的自述：

我那時大概是十三歲吧，正是容易受影響的年紀，我想是吧，有件我永遠都不會忘記的事。我和我老爸在動物園裡，我們看到小山上有一群人，人們拍著手，都圍在一個大猩猩籠子邊上。我們擠到了前頭，我老爸比我更好奇，他擠到前排，看到這隻大猩猩在拍手跺腳，四處張望，玩得很開心。所有的人都在拍手煽動大猩猩。然後，牠突然走到籠子的前側，朝我老爸吐了一大口水。牠又走到籠子的後方，吸了一大口水，走上前，拍著手，然後把水吐向別人。

我老爸退後一步，十分震驚……然後他回到人群中，等著其他笨蛋衝到前頭去。我那時沒意識到這到底是什麼意思，我只是個孩子……但是我現在知道了。我們都不是一下子長大的，看吧，這就是生活，我們不是在同一個時間長大的，當你學會的時候已經太晚了。每一次這些進廠的孩子也是這樣，他們都覺得工作棒極了。「哦，這是什麼，我想到那兒去」，你知道我說的意思吧。你永遠改變不了，每件事都是這樣，來工作、結婚，任何事

——凡是你說得出的。*

但是，這裡的重點是，短期到中期內，「小子們」在反學校文化中的經歷很大程度上讓他們順利就業，培養出的欲望也恰能從體力工作中得到滿足。收入突然猛增，他們得以每天晚上都出去玩，買新衣服，隨時買酒喝。能夠和年長、強硬的人在艱苦環境中一起工作，在他人潦倒的時候得以生存並被接受，這些都給他們帶來興奮感。

這不是說「小子們」就不需要「文化」見習期，或者他們在所有方面都被快速接受了。廠房裡總是有人試圖對年輕工人進行身體上的恫嚇，找他們的麻煩很快就能成為其他工人的消遣，不許幫助這些年輕工人是工廠裡一個不成文的規矩。惡意的大男人主義，比起反學校文化有過之而無不及，總是挑年輕「傢伙」當犧牲品，這讓「小子們」很不安：

〔工作中的一次個人訪談〕

斯潘克斯：你不想在他們〔同事〕面前看上去像個小孩子似的，你想顯得懂些什麼，懂點生活，知道吧（……）我在工作中就遇到了這種情況，你看這些小子們，他們討論性，然後就說：「我打賭你從來沒幹過。」我就這樣子笑笑，然後他們就說：「看他呀，還笑呢。」好像我對性一竅不通似的，你知道我的意思吧。

不過「小子們」至少從他們自己的文化經驗中知道了最重要的考驗來自文化而不是技術，他們也明白生存的規則。他們早已知道成年人真的會罵人、像孩子一樣胡鬧、講粗俗的黃色笑話。他們知道一些顛覆權威、規避正規體制、從枯燥環境中擠出一些樂趣、私底下弄點外快的方法。他們知道一切不是都像書裡寫的那樣。

他們在剛開始工作的六個月中至少有這種感覺，認為不是所有人都能做他們的工作，或是能在艱苦的工作中堅持下來，這種感覺正來自於他們對反學校文化資源和技巧的發揚光大：

〔工作中的一次個人訪談〕

威爾：這麼說吧，如果我以前沒有出去喝過酒，沒有當過「小子們」中的一分子，或者我沒有練出幽默感，或者別的，那到建築工地工作，你根本不可能適應（……）在建築工地工作需要有幽默感。必須開得起玩笑，你知道吧（……）幽默感我天生就有，但也得培養，這聽起來可能滿搞笑的，但是這玩意兒就是越用越行。

〔工作中的一次個人訪談〕

比爾：〔在一家大型家具廠當實習機械技師〕當你認識每個人之後，你知道那就和學校一樣，找個樂子，說個笑話（……）你活絡了不少，當你是「小子們」一分子的時候你

> 就變得大膽放肆了，你認識所有的人，你知道吧（……）如果你總是安安靜靜、羞羞答答，你就不會跟任何人說話，除非他們先開口。

作為「小子們」成員的工人階級子弟之所以對某些特定工廠工作感興趣、對自己的選擇深信不疑，還有另一個可能更為隱蔽的原因。這就是新雇主和老闆們對他們所了解的、早在學校就已形成的「小子們」的文化所給出的回應。「小子們」在非正式過程中形成的「他們和我們」的態度，其反面是對既有權力關係的接受：在這個框架中「他們」和「我們」同時存在。儘管「小子們」的文化試圖直接在不愉快的環境中獲得文化興趣和資本，但是，他們的文化同時也完成了對權力和等級（hierarchy）的承認與適應。在他們建立文化對峙的一瞬間，他們也放棄了提出直接或半政治化挑戰的希望。「他們和我們」這種見解既是對直接、人際與社會關係的營造和確認，同時也是在意識層面上對控制這些事物的真正權力關係的放棄。[17]

「技術工作」傾向聘用循規生，當他們在毫無文化支持、缺乏消遣和習慣性闡釋模式的情況下開始乏味的工作時，他們被那些掌握大權的人視為更不願意接受現狀、更具威脅性的群體。因為這些男孩還像以前一樣，習慣於學校或多或少地傳講給他們的那些平等、任人唯賢和個人主義

17 關於這一邏輯詳盡、有趣的討論，請參見Richard Hoggart, *Uses of Literacy*, Chatto & Windus, 1957.

的觀念。因此，儘管表面上沒有對峙，沒有大膽無禮的舉動觸怒傳統意義上的旁觀者，但在關於對立形式的反思中所締結的祕密協約，並不會接受永久的權威結構——永久的「我們與他們」。因此，這些孩子更希望從工作中獲取真正的滿足和晉升機會。他們期望權力關係最終反映出來的只是能力上的差別。所有這些期望，加上社會娛樂絲毫沒有減輕個體的苦惱，使得循規生顯得令人討厭、「難以對付」。就體力工作和半技術工作而言，當權者經常傾向招聘「小子們」，而不是「書呆子」。「小子們」的「粗魯」背後，是他們對自身位置很現實的評價，是他們與人相處、打發一天生產的能力，是他們對工作和未來的得過且過。最終「小子們」更討人喜歡，因為他們「能為自己找藉口」，「維護自己的利益」，而這是有底線的，就是不能從「我們」的戰壕倒戈到「他們」的陣營中去。對「小子們」的成員來說，不僅廠房文化要比他們想像的更熟悉，而且新上司也很歡迎、認可他們，他們可以盡情表現自己的個性，而這些是從前學校恰恰禁止的——這種最初的肯定，更使得從學校到工作的轉型成為一種對學校的逃離。

當然，廠房文化在一定程度上強化了生產活動和男性崇拜。這兩者在學校是不存在的，因此標誌著從反學校文化到廠房文化轉型中的幾個最重要因素。這兩者結構相似，但在具體情境下的差異則源於反學校文化中已有的因素，從而保證工作中相對平穩的生產：

〔工作中的一次個人訪談〕

威爾：〔磚瓦匠助手〕你會被炒魷魚，你知道我是什麼意思吧，這和學校不一樣。你在學校不會真的被炒魷魚，除非你被開除，況且你也不介意被開除。

PW：那老闆們有什麼不同？

威爾：他們對待你的方式不一樣，不是嗎？他們知道如果他們對你說了什麼，說了你不喜歡聽的話，那你會回幾句（……）但是在學校，那些老師，他們對你什麼都說，什麼洩氣話都講（……）或多或少，當你工作的時候，規矩對兩邊都有制約性。但是在學校，你要是頂撞了哪個討厭的老師，那你知道的，後果是他們會拿規矩壓你。就好像老師們有特權似的，他們可以對你粗聲粗氣，打你耳光，扯你頭髮。

剛開始工作的幾個月，從事自己選擇的工作、對晉升抱有憧憬的循規生也比較滿足。他們遵循官方定義的連續性，並從中獲得指引和報酬。工作剛開始的幾個月被看作是學校的延伸，儘管和上學相比時間更長，工作之後晚上更容易覺得疲勞。在許多情況下，他們在鍍金般的學徒期中需要在工廠接受全職教育訓練，所以和學校確實有直接的相似之處。當托尼離開漢默鎮男校時，他去了一家知名的大型國際機械製造公司當工藝學徒，還有可能轉為技師學徒。他要在實習生培訓室待上一年，培訓室牆上掛滿了大幅流程圖表，展示整個課程的不同階段和時期，底下嵌有很多空白框，留待記錄每個實習生一年中的個人評估。這裡要比在學校更具競爭性——至少在工作四個月之後：

〔工作中的一次個人訪談〕

托尼：（……）如果有什麼事被拖延了，你等你的指導員來，開始十分鐘你這麼等沒問題，你什麼事都沒做，但是當你等了一個小時之後，你要知道，你會意識到你原本可以在那一個小時裡做很多事（……）他們的確會胡鬧，但他們一直工作也不假，你要知道他們不會偷懶（……）我的意思是每個人都會努力把工作做好。如果手頭有工作，他們會一直做下去（……）比方說，有人擔心自己做的產品不行，他說：「好吧，我不能把這個拿給吉姆〔指導員〕看。」所以他們就拿他做的與別人做的進行對比，然後他們會讓他按別人做的樣子做。他們就把那些產品拿回工作檯，給產品做紀錄，或者對它進行修改。

那些介於上述兩類之間的學生，在短期或中期所經歷的問題可能最為嚴重。循規生、邊緣人或者處於反學校文化邊緣的成員，他們會發現自己承擔著某類體力工作——那裡的廠房文化特別容易發展出根本性的文化衝突，而非「轉型期」的困擾，他們很容易因從事不愉快的工作而備受折磨。他們是最不介意公開嘲諷、諷刺和威脅的一群人，但是他們缺乏合適的方式保護自己。他們很容易成為受害者。下面這個孩子處於反學校文化邊緣，在家具廠從事裝訂、剪裁的工作，毫無技術可言，但他並沒有受到反學校文化邏輯的保護：

〔工作中的一次個人訪談〕

我對他們沒什麼興趣，他們就像孩子似的。在我後面的那個孩子湯姆，他是個傻大個，他對剪裁一竅不通，但是他覺得我們有問題，因為我們不知道，是吧，叫我們白痴，他盡幹這種事（……）那個負責打掃的傢伙，他們用刀（從泡沫上）切了一塊下來，把它黏在他背後……你知道我總是很小心，當他們開始切東西的時候，我就會留意誰在我身邊（……）有一次他們想在我身上放一根尾巴，但是我感覺到他們在我身上放東西（……）他們玩得太過了，我的意思是說他們這樣做一次還算是樂子；但他們不停地弄，這就讓你心煩，然後他們還繼續……他們有次把縫合廠房的一個女工弄哭了（……）你知道嗎，他們不停地吹口哨，我不會吹，但是他們一直吹，一遍又一遍，弄得她很心煩，就開始哭起來。他們不得不把工會的人叫過來處理這事（……）他是我的哥兒們（在同一個地方工作、來自同一個地方的朋友）。如果他們那些人不和我說話，我也不介意，因為我只要有人能說上話就行了，我指的是和亞歷克，我們的想法一樣。我們不介意，我們不和別人打交道也自得其樂（……）

我會向他們其中一兩個人問好：「你怎麼樣啊？」但很多人就是玩玩的。

不僅在處理社會關係中存在這樣的困難，而且文化參與的缺乏也消除了自我與工作之間的調解機制。當工作基本上不用動腦筋、高度重複的時候，工作也更加無情地折磨、扭曲著人類毫無庇護的感性認知：乏味、無聊和灰色讓人覺得每天都永無止境，每週都單調重複，娛樂也成了虛偽的承諾。以下是上面那個孩子的說法：

〔工作中的一次個人訪談〕

一天中最糟的時候是早上八點四十五分，那實在是爛極了，你一想到還有那麼長時間才能把這天打發完，尤其是才剛剛過了四十五分鐘而已（……）我開始工作，然後我就看那個鐘，如果是九點之前，我就覺得應該是九點半左右了，這真是讓你心煩的時間，「天啊，時間過得真慢啊，我希望我不是在這兒，我希望我能待在家裡，躺在床上之類的」（……）你知道嗎，工作時，比如說裝訂東西，你到那兒就會想：「天啊，我在這兒到底是幹什麼呀？」就是類似的事情。我想像著十年以後我還做同樣的事，我就受不了，你知道吧……要是一直、一輩子做這個的話，我想我會瘋掉的。我想生活得好一點（……）一週裡最好的時刻就是週五晚餐領工資的時候……他們把工資放在托盤上。不過滿滑稽的，整個星期我一直在想：「週五快來吧，週六我們就能去市中心了。」然後你就一直期盼這一天。當你週六去城裡的時候，你想的卻是：「我的期望是什麼呀？」但是我每個星期照舊還是期盼週五。

如果認為「小子們」從來不會感到這些壓力，或是他們不會因文化保護膜日益薄弱而逐漸感受到這些壓力，那就大錯特錯了；但是，他們確實在一開始就對勞動力抱著幻滅的態度，這阻礙並減慢了上述主觀感受的形成。不僅如此，他們還採取了更為積極、樂觀的方式，透過在工作中加入非正式群體，而不是充當被嘲弄的對象，來獲得一些外在的滿足感。儘管存在破壞——這些破壞目前還相當受限，但他們依舊認為體力勞動代表了某種東西，有助於形成並維繫一種生活觀念，讓他們能夠批評、嘲諷和貶低他人，同時使自己置身遊戲之外。這些感覺恰恰來自於他們對勞動力的認識，源自反學校文化，並作為一種洞察力和自我提升，從而在制度環境中發展成特定的階級形式。很難想像這種看待力量和非正式及個人正當性的態度能以其他方式出現。正是反學校文化中的這些態度，而不是正式學校教育，把「小子們」帶到生產過程中去。因此，從某種意義上來說，接受在西方資本主義下的從屬地位的過程中，仍然存在著自我支配要素。但矛盾的是，這種前途的葬送是以學習、侵占和反抗的形式被經歷的。我們該如何理解這一點？

第二部分

分析

第四章 洞察

儘管透過個案研究，我們已對於男性、白種人、工人階級、肄業生、叛逆者有所了解，亦對其步入當代資本主義體力勞動者大軍的經歷與文化過程做了較為詳盡的考察，然而在這其中，仍存在疑惑之處有待解釋。就從某種意義而言，一組隨機性的因果關係，即個體病理學和文化剝奪似乎已然被另一組因果關係——即文化的創造力和持續性——所替代。我們已經解釋了這些來自於工人階級家庭的「小子們」是如何將自身與制度分化開來的。然而何以如此呢？我們已知他們對自身在文化選擇中所持的觀點、洞見和所懷的情感堅信不疑，但是這種主觀提升的基礎又是什麼呢？這些「小子們」對於職業結構的態度顯而易見，然而我們又該對他們逆轉傳統價值判斷的現象做何解釋呢？我們深知他們所篤信不疑的洞見和信仰，最終如何將其帶入某種客觀實在的勞動環境——這種勞動環境與其說是一種解放，不如說是一個陷阱。而這又是怎樣發生的呢？我們已考察了這些文化形式的諸方面，包括張力、逆轉、持續性以及最終結果，然而其基本決定因素又是什麼呢？

分析之要素

為了對上述問題和矛盾做出解釋，我們必須以一種更具闡釋性的方式來挖掘民族誌表面下的深層內涵。我認為，我們可以借助於「洞察」（**penetration**）和「局限」（**limitation**）這兩個概念，對已考察的文化做出更為深入的理解。

「洞察」是指一種文化形式中的各種念頭，這些念頭有助於洞察該文化形式的成員及他們在社會整體中所處的位置，而這種洞察的方式不是中立的、本質主義的或個體主義的。「局限」是指混淆和妨礙這些「念頭」全面發展和表達的那些阻礙、偏離和意識形態影響。另一個相當笨拙、但又極其精確的術語「部分洞察」，是指「洞察」與「局限」兩個概念在一個具體文化範疇內的相互作用。民族誌所要描述的活動領域，就是這些「念頭」與「局限」擁有交集、但又無法在理論上將它們分隔開來或單獨展示的部分。

洞察不僅遭受了極大的扭曲，被剝奪了自身的獨立性，甚至由於內在和外在的局限，而最終被限制於其正在以諸多複雜方法探索的結構之中。從根本上來說，洞察中存在著一種錯誤的、尚未被承認的關聯，或者準確地說是一種「部分」關聯。正是這種文化「洞見」和偏見的結合，將個人合法性和認同的力量直接注入個體行為，而該行為最終使人陷入困境。誠然，在某種層面上來說，對於那些似乎完全不合理和倒退性的結果，確實存在著某種合理的、潛在發展的基礎。因此，我可以斷言，唯有這種矛盾的雙重整合體，才得以使階級社會以自由、民主的形式存在：有制約條件地自由進入。更具體地說，我們已考察的勞動力在特定文化和主觀方面的自我準備，都涉及一種更趨理性選擇的潛在進步，而這種進步由於某些關鍵性的局限，或停滯，或失衡，或是失去保護。最終，那些勞動力既沒有下注在傳統上，也未押寶在其他選擇上——而是對體力勞動力的具體定義做出個體主觀性的理解與定位，從而加速了進步。這是一種以被阻礙和扭曲的文化洞察為基礎，（同時又）具有確定性和選擇性的沉降。本書試圖呈現的令人驚訝之處在於：當勞動力的體力支出不只代表著自由、選擇和超越，還代表著工人階級嵌入剝削與壓迫的制度內的時候，工人階級文化中就出現了一個重要時刻——在這一時刻裡，所有通向未來的大門都關閉了。前者向人們允諾未來；後者向人們揭露現在。正是這個蘊含於當下的未來，將自由嵌入了當代資本主義制度的不平等。

本章的其餘篇幅將概述反學校文化中（所蘊含的）一些洞察念頭。接下來的兩章將討論那些內在和外在的局限，這些局限阻礙並扭曲了他們對文化形式的整體情境和決定條件的洞察。此後的很大篇幅大致上與工人階級文化相關。但是，在此之前，我們有必要對涉及「洞察」這個概念的一些要素給予更為密切的關注：這世界真正的作用形式、作用範圍，以及在人類能動性中的基礎。我們特別需要界定的是，在何種意義上對社會類別和主要社會關係的文化洞察是理性的，抑或是具有創造力的。

反學校文化的產生及其演變過程，是在特定的歷史關係中由特定的環境所引發的，並非偶然。但是，承認決定論並不意味著排斥創造力。而我們還必須堅持以下兩點主張：第一，創造力並非蘊藏在個體行為之中，並非存在於某個人的頭腦之中，也並非是有意識的目的之產物，如我後文所論，創造力唯有在群體層面上才能合理存在；第二，創造力不能被描繪為一種獨特的能力，或是被界定為個人創造無限結果的能力，更不能被視為對未來或現在的主宰。事實恰恰相反，主觀確定性的念頭愈強，由創造力所導致的迷障就愈深不可探。

雖然上述兩項內容已提醒讀者注意，但是我們還要強調一點：這種文化形式的形成，並不是簡單地由外界因素所決定，它也產生於新一代人的活動與鬥爭之中。現在，我們來處理集體意志與活動的問題。如果集體意志和活動未被有意識地引導，那麼此二者將彼此重疊、相互作用，富有創造力，並最終再生產出我們所稱的「外部決定因素」。正是這些文化的主體性過程和行動本身，真正生產和再生產了我們稱之為結構的各方面。只有順利通過這一時刻，各種決定因素才能從根本上在社會世界中發揮效力。個體才能在社會世界中「自由地」做出決定，並獲得贊同。此時，任何形式的外部指導均不會出現。如果即將步入工作的工人階級子弟對其自身行動的合理性存疑，那麼外界的任何人、任何事都無法使他們——特別是從傳統評價的角度來看——堅信其所作所為和未來選擇是合理的。因為文化為個體活動和行為提供了基本準則。

然而，在文化層面上，工人階級以某種創造力（我仍希望這樣指稱它）所生產出來的洞察絕不是開放式的。洞察依循著特定的路線，其根本決定因素存在於個體、群體或階層之外。例如，並非偶然地，不同學校的不同群體會提出相似的洞見。儘管這些洞見均為群體各自單獨努力的結果，但它們卻結合成為不同階級內部的聯繫紐帶。所有的群體均在洞察著相同的決定條件，正是這些決定條件，把握著它們現在和未來的可能性。因此，創造力的客體應是那些將被發現的事物，而不是想像出來的事物。對將被發現的事物的限定以及這些事物的內在關係是既定的。但在另一個社會裡，「小子們」的未來道路可能早有安排，而不必自己去探索。

當然，討論至此可知，文化層面的全部特性就在於，這種洞見不僅是其所學過的那些必修課程，也不僅是其吸收的消極資訊。洞見經過實踐，是具體且不確定的探索之產物。唯有以向縱深發展的洞見為基礎，那些其他形式的行為、活動和享樂才具有意義，並賦予文化最燦爛的外觀和最明顯的創造性生活。

從某種意義上來說，上文涉及之最核心的觀點就是，一種文化華麗外表之下缺席的或至少無聲的中心。人們無法證明其合理性，也無法透過直接詢問，從文化參與者那裡獲得答案。文化形式的多樣性和對文化表層的各種質疑，使人們感到迷惑：這些形式和質疑或許有一個共同的起因。這就是為什麼民族誌的可見形式非常有限。對於那些外在的、更顯而易見富有創造性的、變化的、有時具有隨意性的特徵，我們必須抓住其核心本質來理解。如果要了解某一文化的社會創造力，那麼我們就必須在其概念關係的核心中去探尋生存的邏輯。在某種層面上來說，這通常會涉及要在一個確定的社會結構內部，承認其地位的獨特性，並以此行動為基礎。

為什麼這種社會的創造性不能在該文化的表層得到合理表述呢？其中最主要的原因之一就是它只是故事的一部分。如果以特定文化為核心，以純粹的表述為目的，那麼對該文化的社會創造性的研究就無法進行下去。我們必須假定洞察是一種純粹的、連貫的真知灼見，這樣我們才能解釋其為何物。但是，正如民族誌一直提醒我們的那樣，各種形式的文化並不承認唯一的純粹動因，因為在其形成的過程中，這些「真知灼見」被扭曲、轉向、沉澱為其他形式——比如對體力勞動的主觀肯定。這使得人們難以相信曾經或可能存在一個「理性核心」的概念，也從不在意其是否應該易於表述。這就意味著，當包括其他諸多事物在內的時候，我們必須在關於創造性和理性的詳細敘述中，對文化層面和實踐意識層面加以區別。

日常話語可能以一種可變的、自相矛盾的或是無意識的方式，對洞見的產生帶來啟發性，縱然如此，洞見也並不是在任何一個人的頭腦中，甚至並不是在一段時間內、在同一個人或同一群人的腦中有意識地形成的。從某種意義上來說，我們那些直接且明確的意識，可能是最缺乏理性引導的。這種直接且明確的意識，或許只能折射出文化過程的最終階段，以及各種神祕而又矛盾的文化形式——這些文化形式正是基於洞見的實踐方式。此外，在不同時期，意識可能代表著在它之下的文化衝突和過程的各種矛盾時刻。據此而論，口頭提問導致言語矛盾就不足為奇了。不僅如此，實踐意識也是最可能導致困惑和暫態影響（momentary influence）的。不斷重複指定行為模式，努力取悅他人，表面模仿，嚴格遵循各種抽象規範，如禮貌待人、老成持重或智者之道等，這些行為都可能被真正引發文化共鳴的那些評論與回答所混淆。各種調查方法，以及主要依靠口頭和書面作答的所有形式的方法，無論多麼複雜，都始終無法辨別這些類屬。[1]

1 對我而言，這是那些討論階級意識的英文文獻的根本缺陷。關於政治傾向的口頭回答的水準、關於意識的常識性種類的判斷，以及對政治體制的取向，這些通常都會在調查整理所得的論據中有所體現，並可能掩蓋文化的真實動力。因為文化可能帶來反作用，具有對立的潛能，或是就文化形式的真實意涵而言，代表著相對武斷的觀點。舉例來說，「私有化」工人是工人階級中一致性較高的一類，但我寧可將其視為最先進的和潛在激進的工人階級類別之一，而不是最能結合在一起的那一類。我的分析也與常見的有關「傳統工人階級」的評價截然相反。參見J.H. Goldthorpe and D. Lockwood, "Affluence and the British class structure", *Sociological Review*, vol.11, no.2, 1963; J.H. Goldthorpe, et al., *The Affluent Worker in the Class Structure*, Cambridge University Press, 1969; J.H. Goldthorpe, et al., *The Affluent Worker: Industrial Attitudes and Behaviour*, Cambridge University Press, 1968; and M. Bulmer (ed.) *Working Class Images of Society*, Routledge and Kegan Paul, 1975.帕金（Parkin）的階級分類更為合理，因為他所劃分的類別與國家階級文化有關，而非實踐意識層面上的經驗回答。但是，如果按照我的觀點來看，這些類別的範疇非常接近，提出的問題也是相似的。「激進型價值體系」（radical value system）其真實的文化和社會基礎是什麼呢?在「協商型價值體系」（negotiated value system）中，階級合作背後又隱藏著何種形式的洞察和進步呢?參見F. Parkin, *Class Inequality and the Political*

從任何意義上來說，這都不意味著要摒棄意識。在適當的情境下，意識是資訊與意義的首要來源，也是最終決定意義的最佳手段。意識作為文化準則的直接表達，也是文化層面的一部分，並在最根本上與文化層面相關。意識的一貫性、有效性、直接發展作用均與文化的複雜性有關，意識與文化緊密地纏繞在一起。只有在脫離了可變的文化情境，並被要求回答問題的時候，意識才能在可想像的意義上被視為「虛假的」。

因此，反學校文化的創造力和理性念頭，既不是想像力的理想主義或脫離實際的產物，也不是以行動的個體及其意識為中心的，更不可能如其所願地隨意發展變化，或是最終以任何方式去預想未來。[2]在各種工人階級文化形式中，存在著一種浪漫主義觀點，該觀點堅稱工人階級文化正在以某種方式實驗未來。這意味著，當資本主義被推翻的時候，工人階級文化將為人類生活提供具體的藍圖。然而，此類設想根本不可能向人們做出承諾或兌現承諾。如果樂觀地將工人階級文化或意識視為實現理性和社會主義的先鋒，那麼就大錯特錯了。本書的核心個案就是要說明，正是工人階級文化——特別是學校中的工人階級文化——所蘊含的這些理性因素和未來因素，最終以其當前的社會形式和複雜的、非預期的方式，阻礙了理性和社會主義的實現。正是顯而易見的工人階級的文化提升，使其現實生活陷入地獄。[3]

對於上述否定性觀點的討論就到此為止。但是，我們必須指出，工人階級的文化創造力和洞察力確實具有某種獨特且常不為人所認可的潛能。這種潛能是嵌在工人階級中的，該階級是資本主義社會形成的過程中，唯一一個不借助結構性基礎的既得利益來實現自我神聖化的階級。雖然要真正理解這一點還有很多障礙，還存在著許多意識形態方面的顛倒和扭曲，也常常缺少分析工具，但不爭的事實是：工人階級是唯一一個未被複雜的資本主義體系意識形態關係從內部結構化的階級。因此，工人階級沒有掌握、也不需掌握文化和社會的「主動權」。只有這樣，工人階級才可能不受意識形態約束而更加自由。

工人階級無需相信主導意識形態，主導意識形態也無需用民主的面具來掩飾其壓迫的真面目。中產階級的真實存在及其意義，已經與那個賦予其自身絕對優勢的結構深深地融為一體。沒有人會像那些壓迫者一樣，對此深信不疑。又有哪一類資產階級會在某種程度上懷疑自身存在的

Order, McGibbon and Kee, 1971.

2 這是盧卡奇（Lukacs）有關工人階級意識的觀點中的主要弱點，也是在歷史主義層面上對其著作進行批判的依據。我認為，在與當前著作觀點一致的其他諸方面，這也使葛蘭西（Gramsci）關於工人階級文化、群眾黨派和文化霸權的論述出現瑕疵。當然，針對歷史主義和人本主義最尖銳、最有益的告誡來自結構主義者。參見G. Lukacs, *History and Class Consciousness*, Merlin, 1971; A. Gramsci, *Prison Notebooks*, Penguin, 1974; Althusser and Balibar, *Reading Capital*, New Left Books, 1970; and Althusser, *For Marx*, Penguin, 1969.

3 遺憾的是，結構主義者們在有理由對人本主義那簡單的樂觀主義持質疑態度的同時，也應該破除人性本身。問題的關鍵不在於將主體性作為洞察和客觀分析的可信力量拋棄掉，而是要摒棄特定類型的馬克思主義所描繪那種過於中心化的、非辯證的、預期性的本質。

合理性呢?那就是自我否定。如果自身既是難題,又是難題的解決辦法,那麼按照邏輯推理,下一步將是自我毀滅。在資本主義社會中,唯有工人階級無需將資本主義合法性作為自身生存的條件來信奉。

然而,我們仍須劃出明晰的界線。由於缺少預想其他形式的能力,去神祕化的可能性也大大降低。人們必須等待一次根本的結構性轉變,才能反思性地決定自己的文化實踐、模式的穩定形式,以及預期和非預期的循環。我們唯一能說的就是:對資本主義的意識形態、合法性和自我欺騙的去神祕化,是真正的社會主義社會誕生的先決條件。然而,我們至今也沒有這方面的範例可引證。目前,特別是從我們的直接研究對象來看,在現實的社會形式下,文化洞察這種更為強大的能力,已讓資本主義秩序中產生了一個更深、更錯綜複雜的陷阱。無論這種能力以何種方式被運用,人們都無法說清楚這究竟是萬幸,還是禍根。[4]

4 有關資產階級和工人階級對各自結構位置的意識的涵義是由盧卡奇提出的。但是,這個涵義是完全嵌在歷史主義的問題領域之中的(參見盧卡奇,前引文,尤其是第五十三、五十四頁)。在馬克思主義理論中,經濟基礎與上層建築之間的聯繫,是圍繞著商品和商品交換的核心作用來闡明的(正如其提供了被具體化和分離成「自由」、「平等」、「獨立」的司法——政治神聖性的基本形式)。我認為,我們應該將馬克思主義理論的這種特性,作為有關資產階級意識及其存在關係的一種基本理論來加以理解。但是,並不存在任何內在依據,可以判定工人階級捲入了存在與意識相互轉換的獨特且複雜的過程之中。「勞動力」作為商品交換,保證了平等和獨立，這一信念充其量也只是在工人處於市場之中這樣的情況下才得以維持。當然，也只有在資本主義制度下，工人的勞動力才歸個人所有，個人才有權出賣勞動力，並能夠透過訂立契約，免受偷竊的侵害或各種形式的道德依賴，而將勞動力出賣給出價最高的人。但是，一旦工人訂立了勞動力契約，他就沒有理由再相信自己仍保有這些特性了：在那裡〔勞動力市場〕，唯有自由、平等、財產和利益發號施令。

（……）商品流通與交換為「庸俗的自由貿易論者」提供見解和信念，提供對以資本和工資為基礎的社會做出判斷的標準，一旦離開了商品流通和交換這一領域，我們認為，我們會在劇中人物的容貌中察覺出一種變化。從前的貨幣持有者，現在作為資本家闊步向前；而具有勞動能力的人，則作為勞動力尾隨其後。這一個，擺出一副重要人物的模樣，面帶得意的笑容，精於生意；那一個，膽怯、畏縮不前，就好像那些要把自己藏匿於市場之外的人一樣，除了躲藏起來，沒有任何期望。（Marx, *Capital*, Allen and Unwin, 1957, Aveling and Moore translation, p. 55）

請注意，正是資產階級，實踐著由商品形式衍生出來的意識的各種形式和意識形態。這無疑是主導形式。而且，可以肯定地說，勞動者要比在封建制度下更為自由，但是仍沒有自由到可以相信自己與資產階級平起平坐。主導意識形態確實在其從屬行為中得到了強化，而且儘管工人階級擁有自己的群眾運動和獨特的文化，其實際行為還是在可接受的範圍內涉及到這種主導意識形態。但是，我們卻沒有一種理論可以用來解釋這是怎樣發生的；相反地，我們卻有一套令人滿意的理論，在各個層面上將剩餘價值、商品形式、意識和資產階級相互聯繫起來。結構主義者將商品、司法政治形式、國家形式及其發起者、勞動力理論——有關價值和被資產階級隱藏起來的剩餘價值——視為馬克思主義作為一種「科學」的唯一基礎，卻全然沒有考慮到工人階級的文化和意識。此類問題廣泛見於有關主導意識形態的次級再生產和較早的關於社會關係的論述之中（參見Poulantzas, “Political Power and Social Classe”, NLB, 1973, pp. 223-224）。在我看來，階級鬥爭理論和無產階級推翻資本主義的既定目標，實在是一件不同尋常的事情，特別是在今天的情況下——目前，關於發達資本主義制度中工人階級所特有的意識和文化的理論，均尚未成形。因此我認為，這樣一個有關工人階級意識和文化的理論，在說明存在和意識間的相互轉化和協調，工人階級在現實關係、公民社會和國家層面上因此，這就意味著，我們必須為某種創造力提供證明。然而，除非我們可以明確說明產生這種創造力的人類基礎，以及這種創造力作用於世界的獨特形式和實踐方式，否則這種創造力就仍是不確定的。

我認為，作為文化洞察的基礎而發揮作用的最小獨立單位，乃是非正式群體。這一群體非常獨特，總體大於各部分個體之和。它尤其具有一種相對獨立於問題和定位、先入之見和偏見的社會動力。我們可能會將這種社會力量簡單地稱為「忠誠」，但是這種做法在對待該群體存在的具體條件和先前的態度方面，顯得過於武斷。這點在美國的微觀社會學中已有體現，如領袖、領袖目標、群體的維繫和個人意見的集中，都是群體的（至少在西方資本主義中）長期特徵。[5]群體得以存續下去的必要條件，就是堅持群體意見和目的。社會心理學稱之為「高昂的士氣」（high morale）。因而，產生於群體之中的力量和非特定的開放特性，構成了一種重要的社會力量。更為廣泛的象徵性文化接合，其產生的部分根源正在於此。

因此，在非正式群體中，個人利益會相對受到限制，同時，個人要為群體現狀和群體目標承擔義務，但是這些都不會在成員履歷或群體定位中被明確地說出來。群體擁有屬於自己的權利，在這個意義上來說，群體可以被視作一個主體。群體具有一種尋找與自身水準相適應的目標的內受到的束縛等問題的過程中，應該能夠像傳統理論那樣對同類的複雜性加以說明。

如我所斷言，上述形式（主導意識形態在從屬行為中得到強化）一定是相對獨立的工人階級嘗試「理解」和適應其實現再生產的真實生存條件之矛盾和非預期性的結果。需要補充強調的是，儘管這些生存條件在某種程度上發生了變化，但是，這些條件仍然和先前一樣，處於一個顛倒的辯證邏輯關係中。顯而易見的是，諸如此類的敘述偏離了中心，並與資產階級理論中有關商品形式的觀念毫無穩定聯繫。但是它卻可以在相對穩定的資本主義秩序範圍內，準確地指出體現工人階級文化不穩定、不斷變化和不可預見特性的各種要素。毫無疑問，這不能證明資產階級的意識就是一種已定型化的意識，儘管其提出了自己的物質和司法政治秩序。人們應該去探究，一個相對獨立的系統是如何發生變化，如何存續下來，又是如何最終適應——以某種變動了的形式，在最低限度內複製——那個壓迫自己的制度的。然而，這並非要構想未來的社會形態。我們也有所共識：與資本主義制度替代封建制度不同，已經做好準備替代資本主義的、明晰的核心制度尚不存在。當代工人階級的文化與意識缺少一個核心，因此我們不得不假定商品的內核即為其屬性；而且，該文化與意識並不是對稱的，故而不能像在純粹的資本主義模型中那樣，表現為一個在各個層面上相互束縛且統一的、精確的構型。另一方面，工人階級的文化和意識與資本主義共處於一個精密、複雜且極具張力的整合體之中，並且不斷變化，構成資本主義體系的一部分。它的動力就是在再生產資本主義生存條件的同時，對資本主義制度進行部分洞察。

---

5 在美國的社會學、工業社會學和工業社會心理學中，學者們對群體問題進行了大規模的研究。請特別參見R. Lickert, *New Patterns of Management*, McGraw-Hill, 1961; E. Mayo, *The Human Problems of an Industrial Civilization*, Macmillan, New York, 1933; K. Lewin, "Group decision and social change", in G.E. Swanson, et al.(eds), *Readings in Social Psychology*, Holt, 1952; D. Katz and R.L. Kahn, *The Social Psychology of Organizations*, Wiley, 1966.

在本能，而這種尋找不囿於個體成員早前的知識、經歷或意識形態。[6]我想說明的是，工人階級的反學校文化受到了來自於非正式群體和各群體間的一系列聯繫支持。而且，在階級社會中，該文化以其成員的現實狀況和未來潛力為獨有方式，表現出一種內在的、開放的力量，而這種表現至少在一定程度上是借助去神祕化實現的。但是，這並不意味著人們可以斷言，任何像這樣的意圖或理解的最終內容，實際上就存在於任何一個人的頭腦中，是個體主觀意願的產物，或者甚至表現為個體理性的形式。我們的討論以群體為單位，牽涉文化「洞見」的特定層面。正是在這個層面上，洞察的偏見阻礙了其自身完全理性的發展和表達——這是我們應該記住的。[7]

我們已經對創造力的基礎、力量和範圍做了說明。下面，我們還要討論創造力作用於世界的特有方式——實踐，正是實踐引發了我所謂的文化洞察（cultural penetrations）。我認為，這一力量作用於世界的獨特表現就是某種產品。文化洞察不能簡單、機械地標示出社會矛盾，也不能在某種簡單的意義上實踐社會矛盾。它依靠自有資源作用於社會矛盾，從而實現：部分解決、重新結合和有限轉變。所有這些都是不確定的，但是相對於文化洞察自身的水準，以及對更廣泛的社會秩序來說極為重要的行動和決策基礎，這些又是具體而確切的。

為了說明此類作用和產品，我們也不必然從外部獲取相關材料。事實上，我所指的實踐，在可用形式的約束下，部分地生產了自身鬥爭活動所需的經驗材料。[8]正如本書第一部分所研究的那樣，意義的主導模式——語言，逐漸轉變為對抗行為的、可視的、文體性的表達形式，這一重

大轉向帶來了從群體力量到具體形式的文化洞察轉變。洞察以文化為模式，產生於群體這個基礎

---

6 毫無疑問，經典的佛洛依德理論詮釋了群體的社會心理特徵。雖然佛洛依德在《圖騰與禁忌》一書中主要論述了超我的個體類別，但是也提及了原始遊牧部落的特定成員對某一社會制度基本要素的內化。在弒父和將已故父親內化的過程中，為了群體團結和權力，所有個體都要部分地讓渡個人主權。這就需要從霍布斯主義（Hobbesian）有關「人」都相互為敵的工具性自私論，過渡到群體利益與命運的觀念。準確地說，對已故父親的內化是為了控制和取代那些被群體所接納的個人意見，從而形成一種以群體為單位的邏輯體系。由於缺少直接的早期資料，所以在弒父規則的發展中包含了一種真正的創造力——無疑地，真實的父親永遠是一個神話。

7 我此處的觀點曾被指責帶有某種「激進霍桑主義」（radicalised Hawthornism）的破壞性價值。事實上，我並不是要暗示我們可以寄望於真正的非正式群體來挑戰權威，或者非正式群體的團結常常總是顯而易見的。正如我們在民族誌部分所看到的，非正式群體的成員可能會受到其他成員的過分責備，而且該群體在遭遇危機的時候，也並不總是團結一心的。此外，非正式群體的創造力可能總是指向一系列客體，而不是其自身的社會地位，或者轉而對其地位做出反動的或法西斯主義的解釋。工廠（shopfloor）並不像學校那樣受到很好的保護和監管，因此工廠會更加頻繁地認識到其他可能的存在。在此，我們並不是要將非正式群體理想化，或者將其作為一種對抗結構權力或官方強制力的具體力量（正如民族誌所指出的那樣，無論與誰對抗，通常都要失敗），而是要提出文化創造力的理論形態及其可能性，以避免那種飄忽不定、武斷的浪漫主義。

8 此處，巴黎的兩位學者——巴特（Barthes）和克利斯蒂娃（Kristeva）——關於原樣團體（Tel Quel）的馬克思主義精神分析的著作，給予我極大的啟示。我認為，他們過快地從結構研究轉向主體研究，而完全忽略了國家、制度、階級文化和人類群體的調節作用。儘管如此，克利斯蒂娃的「實踐」和「拒絕」兩個概念，還是有助於我形成自己的觀點。參見Kristeva, *La Révolution du Langage Poétique*, Seuil, 1974.；以及一篇綜述，J. Ellis, "Ideology and subjectivity", *Working Papers in Cultural Studies 9*, CCS, 1976.

結構單元，但是洞察的材料並不能完全被常用詞彙所利用和表達。因為詞彙是在資產階級統治的特定條件下被創造出來的，所以它不能表達超出其範圍的那些事物。部分對學校制度的反對，至少是對詞彙的摒棄，將語言視為對精神世界的表達。因此，這些極具創造性的洞見賴以表達的方式，就是對語言——屬於資產階級意義的支配性模式——表示反抗。誠然，對於工人階級而言，文化洞察就是與語言戰鬥。但是，這並不意味著將文化洞察簡化成反抽象行為。在某種程度上，我們可以假定文化洞察是一種表達抽象精神生活的對抗性方式，而這個抽象精神生活不是以個體主體為中心，而是以群體為中心；不強調既有語言，更關注生動的證明、直接的參與和實際的控制。

我並非意在否定個體意識和語言在它們與階級實踐間辯證關係中的作用，而是意在指出：在階級社會中，這兩者之間存在著一種不對稱的、相互保持一定距離的關係形態的可能性。反學校文化的語言一點也不比正統文化的語言遜色——甚至可以說，反學校文化的語言更加犀利、生動，只是反學校文化的語言不是按照正統文化方式來表達，因而人們也不按照那種方式來使用它；但無論如何，比起人們普遍接受的語言，精神的洞見擁有太多的涵義。批判性意涵源自於非正式群體的創造力，轉而又回歸到該群體及其文化洞察之中，從而形成了很多其他類型的物質和語體風格層面的實踐。相對而言，自主的文化實踐，諸如衣著、習慣、行為方式、個人外表和群體互動等方面的轉變，皆可在這一更廣泛的實踐活動中被察覺。

與其他事物相比，這一層面的文化活動利用自身特有的材料和實踐，「表達」、傳遞或宣布了一個世界的概念。在這個世界裡，棲居著各類社會群體，社會群體構成了該世界的領地範圍。由於這種社會地位、具備的資格和前文所論及的自我神祕化，基本洞見的各種要素——或許是扭曲的，或許是錯誤的——就可能存在；而且，這種洞見會隱藏在獨特的文化活動之中。這類活動透過作用於特定情境下的真實材料，獲得令人驚訝、意想不到或是變化了的結果，並使更廣泛的意識形態、制度，甚至整個社會結構關係的運轉能力受到質疑。[9]實現上述結果無需任何指責、意向或目的。它就像副產品一樣，幾乎只是在對每日文化的關注中，順便被生產出來。儘管如此，它仍然會起到鞏固文化的作用，可能還會改變文化的基礎，並強化其信心，擴展其作用範圍。另外，文化洞察也提高了成員間的相互理解和肯定，並為其文化活動、行為方式和態度提供了更全面、更細緻合理的基礎，而這種基礎，實際上比我們的直接解釋更中肯，更能引起共鳴。根據經驗，這只是文化對其成員發揮作用的一種方式。但是，這兩類文化成果（意識與語言）的結合及互動，有助於激發我所謂的文化洞察，特別是在與重大人生決策和轉型有關的時刻。

---

9 如果希望將文化實踐及其產物作為群體社會地位、身分和存在的一種相似項加以詳細分析，並進一步列舉有關「實踐是如何從其直接目的出發、不合常規地揭露社會關係的各方面」的範例，請參見P. Willis, *Profane Culture*, Routledge and Kegan Paul, 1978.

闡釋性分析使得對這一層面的探究成為可能。人們可以對文化洞察背後所隱藏的那些不言而喻的假設提出疑問。使這一態度合情合理的基礎是什麼？使那一行為合理的情境是什麼？透過何種移置或投射，客體、藝術品或象徵性情結又在表達什麼意涵？正是透過提出這樣的問題，我們才可能解釋反學校文化中引發理性念頭——最終形成洞察——的各種情境和條件。當然，我們現在處理的是分析範疇的問題。但是，我們所說的「洞察」絕不會出自社會行動者之口，因為洞察在文化及其獨特的集體層面上是有具體所指的。各種文化形式可能均無法將其所知表達出來，或者也不知道其所要表達的意涵，但是至少在其實踐的邏輯過程中，文化形式的所作所為就是對其意涵的最好註解，且在這個闡釋的過程中，無半點欺騙存在。

洞察

教育和文憑

鑑於本書第三章對有關教學典範洞察的討論，我們可以了解那些「小子們」對學校的拒絕和對教師所持的敵對態度。在他們的文化中，無論在何種意義上，知識對於大部分工人階級子弟而言，都絕不是一個有意義的「等價物」（equivalent）。該文化「看透了」對這一基礎教學典範的各種重複性的、操縱性的修飾，無論它們是否被美名為「社會實用性」或「進步教育」理論。[10]與新型就業指導[11]相比，這一文化對就業市場的真實狀況有更深刻的「認識」。

10　教育暨科學部（DES, Department of Education and Science）有關「提高離校年齡」計畫第一年執行情況的報告是這樣結尾的：「最成功的學校應該是這樣的：在這裡，有以適當的指導為支援的主觀選擇系統（進步教育理論，特別是「教育的社會實用性」得到了廣泛應用），能夠使學生們感到他們享有『平等』且『現實』的機會。」（雙引號是我添加的）「平等」與「現實」之間的張力，充分證明了教育中「社會實用性」和「進步教育理論」之間的矛盾，以及否定這一等式的洞察的準確性。

11　與官方和公共機構的敘述相比，自身定位的文化過程可以更清晰地審視工人階級子弟所面臨處境的真實特性。而且，這一文化過程帶來了開拓性嘗試，即識別個體、並將人重新引入為工作和職業選擇做準備的過程中，但是在職校生和對學習不感興趣的學生中所實踐的就業指導，卻是由社會上層制定的。事實上，在反學校文化中，存在著「先在」的文化過程（pre-existing cultural process），而這會促使成員完成個體勞動力的準備、工作的進入，以及對很多理想主義的就業指導的洞察。

那些被就業指導所接受的、真實的文化過程，通常是作為良好溝通的「障礙」而被記錄在冊的。文化因素則被視為來自家庭或朋友的「誤導資訊」，或是促使孩子們反抗理性建議和決策程序的固有傾向（請特別參見J. Maizels, *Adolescent Needs and the Transition from School to Work*, Althone Press,1970; M.P. Carter, *Into Work*, Penguin, 1969.）。在一些研究中，這類文化過程甚至被明確地貶斥為「偏見」並被置於「更好地理解」的對立面上（DES, *Careers Guidance in Schools*, pp. 43-44）。

在近期的研究成果中，文化因素作為職業選擇的決定因素而得到更有系統的認識。但是即便如此，具有複雜性、長期性和理性力量的活躍的文化過程，也只是在關於態度的描述性判斷中才會出現。工人階級子弟身處「當下」的「此時此地」，在這個世界裡，人們「很少為未來而思考或憂慮」。他們自認為「能力有限」，因此拒絕一般的職業生涯觀念。最終，此類「文化」解釋就成了一個巨大的同義反覆：它是在一個更廣泛的層面上，對同一問題的重述。沒有因而，反學校文化也在關注著學校中常見的制度混亂。該文化不但有其獨特的實踐方式，而且還在教育領域內尋找到一些重大的社會交易和矛盾，並批判性地加以揭露。上述這些反學校文化的實踐活動可以分為三類，這三類都旨在揭開日常生活中「等價物」的真相。

首先，反學校文化以其特有的方式，對循規和服從的回報進行一種相當微妙的、動態的，也可以說是「機會成本」的評估，而這種循規和服從正是校方試圖強加於工人階級子弟的。另外，反學校文化中還特別包含了一種對於文憑價值根深柢固的懷疑態度，即獲得這些文憑需要付出巨大的犧牲——最終犧牲掉的不僅是時間，還有行動、參與和獨立性。文憑的直接報酬不僅僅是即時的，還是一種生活方式，生活在未來十年中將一成不變。做一個聽話的「書呆子」，獲取那個價值可疑的文憑，可能會使人永遠失去那種在任何階段獲得各種直接報酬的能力。

因此，這種犧牲可能非常荒唐，而且犧牲的目的也可能是毫無意義的。文化價值和文化取向表明：文憑所帶來的結果並不總是純粹的幸事。無論如何，文憑還可能貶值，可能對職業選擇毫無影響（「當其他學生都不及格時，中學文憑又有什麼用呢？」——斯派克），而且在「小子們」可能獲得的工作中，文憑作為一種選擇標準，並不像看起來那麼重要（「我總能向他們證明，我做得了這份工作。」——喬伊）。不管怎樣，學業上的「成功」又有什麼意義呢？是不是意味著可以在職業等級中平穩地向上流動呢？這種真實的向上流動的可能，看起來又是如此遙遠，以至於毫無意義。對這些「小子們」而言，學業上的「成功」意味著當學徒或從事文書工作。這類工作似乎向人們索取很多，但回報很少。顯然，這種評價是在某種特定的文化模式中做出的。為了獲得形式上、但卻不真實的獎賞（文憑），人們可能完全喪失自由的文化參與、社會集體感、街頭和廠房裡的歷險，以及精神上的獨立。文化的選擇應追求公民社會中不確定的冒險經歷，對抗循規所帶來的有限安全，以及那種相對的、甚至是幻想般的官方進步。

我認為這些文化洞察在某種程度上是真實的。文化洞察的形式為直接的文化活動，且具有即時性，除此之外，它還揭示了比它所掌握的更多的知識。首先，這裡存在著一個常見的教育偏見，即教育可以創造機會，向上流動從根本上來說是個人努力的結果，文憑提供了成功的良機。[12]一部分對教育持社會民主觀念的人甚至認為，由教育的向上推動力所創造出來的所有這些

人對這些態度的形成做出解釋。此類文化上的解釋，可能完全出自於一些人盡皆知的、符合慣例的情況和事實：「如果那就是他們想做的工作，而且他們也不反對，那麼那一定是他們在某一文化層面上所希望的東西。」而我們可以看到，工人階級子弟大體上並不反抗自己的命運，因為那不是他們要做的事情。參見D.N. Ashton,“The transition from school to work: notes on the development of different frames of reference among young male workers”, *Sociological Review*, vol.21, no.1, February 1973; D.N. Ashton, “From school to work: some problems of adjustment experienced by young male workers”, in Brannen，見前引文；D.N. Ashton and D. Field, *Young Workers*, Hutchinson, 1976.

12 舉例來說，人們不可能以文憑為依據來界定非技術工人，這是顯而易見的。政府最近一份有關無文憑工人和未受培訓工人的報告，就在界定工作技術的時候遇到了極大的困難（DES, *Unqualified, Untrained, and Unemployed*, 1974.）。報告指出，在學徒中，有相當數量的人實際上並不具備什麼文憑。於是，該報告最終對非技術工人做了一個循環定義：非技術工人就是那些「不僅無文憑，而且通常會——但並非一定——尋找幾乎不提供任何培訓的工作」的人（第二

機會的總和，實際上改變了工人階級所面對的各種可能性，並構成了對階級結構本身的挑戰。

事實上，毫無疑問的是，唯有經濟增長才能創造向上流動的機會，而且這種機會只對工人階級中的少數人開放。西方資本主義制度的全部本質就在於，各階級已結構化並長期存在，即使是相對較高的個體流動比率，對於工人階級的存在或地位也毫無影響。工人階級獲得再多的文憑，也不能開創一個無階級的社會，也不能說服企業家和雇主創造更多的就業機會，即使他們有能力這樣做。

我們可以充分說明（正如在文化層面以特有方式、針對不同的直接目標所進行的洞察那樣），工人階級內部各種文憑的激增，與其說是創造或反映了要求更為苛刻的工作崗位的增長，不如說是掩蓋了工作的無意義本質，構築了虛假的等級制度，並用意識形態將人們束縛於其中。

第二，反學校文化對於可獲得的工作的特性做出某種評估。雖然文憑能否保證工人階級就業仍有待商榷，但是我們可以想見，文憑向其工人階級持有者所允諾的，可能也是工人階級所期望的工作特性，而這些從一開始就是虛幻的。製造業中的絕大多數工作基本上都是無意義的。此外，我們可以從如下幾方面了解文化洞察的總體準確性：所有形式的現代勞動的共性、對循規者的道路及工作熱情的質疑——正當文化洞察產生於其特有的、直接的文化領域時，這些都使其與另一層面（該層面又反映到生活層面上）保持關聯。

絕大多數工作的具體形式從未像今天這樣趨於標準化和形式化。這些工作對於在職者的技術和所受培訓幾乎沒有任何要求，也不能為他們的內在滿足感提供實現的機會。儘管工作崗位的重組和細化[13]仍在負嵎頑抗，但毋庸置疑的是，越來越多的工作正在趨於去技術化、標準化和高強度化。[14]如果將勞動力市場描繪成向年輕人開放，並受其技術和能力水準影響的話，那麼這種描

頁）。這份報告還表明，雇主最感興趣的是動機，而不是文憑（第二十二頁），在那些向工人階級子弟開放的絕大多數工作中，缺少文憑並不是前進的障礙：「為什麼一個沒有文憑，但具備良好個人素質的男孩或女孩，不可以渴望在提供學徒訓練或文書工作的地方工作呢？這全無道理！」（第二十二頁）顯而易見，工人階級就業的決定性因素，是當地職業市場的拉力，而非教育這股推力。

13 例如可參見M.Weir(ed.), *Job Satisfaction*, Fontana, 1976; P. Warr and T. Wall, *Work and Well-Being*, Penguin, 1975; N.A.B.Wilson, *On the Quality of Working Life: A Report Prepared for the Department of Employment*, Manpower Papers, no.7, HMSO, 1973; Work in America (report of a Special Task Force to the Secretary of Health, Education and Welfare), MIT Press, 1973; W.I. Paul and K.B. Robertson, *Job Enrichment and Employee Motivation*, Gowan Press, 1970; F. Herzberg, *Work and the Nature of Man*, Staple Press, 1968.

14 參見H. Braveman, *Labour and Monopoly Capital*, Monthly Review Press, 1974; C. Palloix, "The labour process: from Fordism to neo-Fordism", in *The Labour Process and Class Strategies*, CSE, 1976; Brighton Labour Process Group, "The capitalist labour process" in *Capital and Class*, no.1, Spring 1977.

述就是不切實際的。一個人只須提及當前年輕工人空前的失業規模，[15]以及無技術年輕人[16]中令人擔憂的結構性失業趨勢，就足以質疑年輕人在職業市場中所擁有的有意義的權力。

因而，人們的確有客觀依據提出這樣的疑問：當文憑的效力和目標備受質疑的時候，將自我及其能力投資於文憑之中是明智之舉嗎？反學校文化至少在文化層面上提出了這個問題，而學校文化卻沒有。

布赫迪厄（Bourdieu）和帕瑟隆（Passeron）指出，制度化的知識和文憑的重要性並不在於技術或人本主義的進步，而在於社會排斥。藉由制度化的知識和文憑，階級社會得以合法化，並實現了再生產。一種表面上更民主的貨幣取代了真實資本，成為現代社會中的社會仲裁員。布赫迪厄和帕瑟隆認為，正是社會中占支配地位的群體所獨有的「文化資本」，即對語言和數字的象徵性操縱中的知識和技能，保證了該群體後代的成功，也因此實現了階級地位和特權的再生產。這是因為，教育進步是由「文化資本」所提供的那些「公平」、「嚴格」的菁英測試技術來控制的。[17]

如果這是對文憑的作用和重要性所做的準確評估，那麼人們有理由認為，工人階級子弟寄託希望於文憑和證書實非明智之舉。正如官方報告所言，文憑和證書並非要提升人們的社會地位，而是為了維護那些早已居於社會結構頂端的人的優勢位置。知識總是帶有偏見、充滿階級意涵，[18]因而工人階級出身的學生必須克服一些不利條件，這些不利條件就嵌在他們錯誤的階級文化和教育觀念之中。但是，能夠做到這點並獲得成功的人只是少數，絕不可能是整個階級。更多的人則只能不斷為此而努力，但正是透過這個努力爭取的過程，階級結構被合法化了。中產階級得以享受特權，並不是因為世襲或出身，而是因為他們被證明具有更出色的才能和品質。因此，從這個意義上來說，這種隱含於反學校文化之中的對於競爭的拒絕，就是一種激進的行動：拒絕與施加於自身的教育壓制合謀。

最後，反學校文化對個體邏輯和群體邏輯之間的差異，及它們在現代教育中意識形態混亂的實質進行了現實的洞察。有關學校的文化洞察是在特定的文化環境中，依其特有的實踐和目標，以非自我意識的方式做出的，而且決定了自身具有一種固有的集體視角。該文化洞察的核心就是，階級或群體利益的邏輯是有別於個體利益的邏輯的。對於每個工人階級的個體而言，個人在

---

15 一九七六年二月，英格蘭和威爾斯的失業畢業生約為四萬人，大約為一九七五年同期失業畢業生人數的五倍（《新社會》（*New Society*），一九七六年二月五日）。根據《衛報》（*The Guardian*）報導，一九七六年十月，失業畢業生數量達八．二萬人（一九七六年十月二十七日）。

16 參見DES, *Unqualified, Untrained and Unemployed*, report of a working party set up by the National Employment Council, HMSO, 1974.

17 Bourdieu and Passeron, *La Reproduction*, Minuit, 1970.

18 英國的教育「新社會學」也持此立場，參見N. Keddie, *Tinker, Tailor, Soldier, Sailor...The Myth of Cultural Deprivation*, Penguin, 1973.

這個社會中的流動或許是有意義的。一些工人階級的個體的確實現了向上流動，於是任何一個特定的個體可能都希望成為成功者。然而，對於整個階級或群體而言，這種流動毫無意義。因為在這個意義上，真正的流動可能意味著整個階級社會被摧毀。

循規或許能為工人階級的個體提供某種邏輯，但是對整個階級而言毫無益處——為了無階級的虛幻理想，人們要放棄所有獨立和創造的可能。工人階級個體可能會被教育的表象說服，相信那些應該在社會中發生的事情，即任何人只要努力就會進步，但是反學校文化比國家及其機構對這種期望有更深刻的認識——正是借助於站不住腳的「才能」，菁英主義者才實現了對大眾的排斥。反學校文化和其他工人階級文化形式，包含了對當下主導意識形態——個人主義——進行深刻批判的成分。他們在某個層面上，甚至可能在其成員個體仍然以個人主義或競爭的方式行事和度過個人生活的領域中，展示了其成員屬於某一階級的各種結果、可能、現實和錯覺。特別是當它們在學校中發揮作用的時候，反學校文化就會鑑別出主導意識形態所做出的虛假的個人主義承諾。

正是在以此為基本教學典範的學校中，個體成功所需的那些態度被宣揚為普遍必不可少的。然而，並不是每個人都能成功，而且對不成功者而言，追逐成功的訣竅——努力工作、勤勉、循規、把知識作為真正有價值的東西——是毫無意義的。當然，這一悖論從未獲得承認。在學校裡，個人主義邏輯被概括成群體邏輯，但群體邏輯的不同特性和抽象性並未被承認。

當然，基本教學典範的各種職業形式、某些變體以及理論發展都相信，成功不能只用文憑或職業地位的高低來衡量，也可以進行水準比較。一份習慣上被視為社會地位很低的工作，如果它與其他同類工作相比，需要、利用並允許表現能力，那麼人們就可能在這份工作中獲得成功。舉例來說，即使是一份毫無意義的工作，人們如果滿懷自豪、誠實地完成它，也可以算是取得了一項成就。在道德層面和現實層面，工人階級子弟實際面臨的職業階級等級被轉變成一種差別化的、多面向的結構；這個結構承諾所有人都會變得富有。

關於辛苦工作和循規，存在著一種令人不安的歪曲，也就是將辛苦工作和循規作為通往成功、獲取財富的具體方式。對待學業梯度的態度則具有不確定性，一方面認為有必要提升學業水準，另一方面又絕不願為此耗盡價值和成就之源。另外，努力的目標也包含矛盾性，甚至在個體自我發展的潛力和價值滑落出學校的學業測量圖譜時，仍然試圖將其納入關於人的所有能力之中。上述所有這些，都以某種方式承認了將個體邏輯擴展為階級邏輯過程中所遭遇的困難。但是，它們又都試圖以更加神祕的形式，重構從個體邏輯向階級邏輯的擴展。這些也對核心制度造成了極大不穩定，反學校文化以其特有的方式很快地察覺出這一現象。有關教育核心矛盾的文化洞察，是啟動並強化個體分化的巨大力量。反學校文化作為階級文化的可見形式之一，表現出特有的階級邏輯，並為解釋其成員的地位提供了認同，而這種認同並不是透過對占支配地位的學業和職業梯度進行欺騙性調和來實現的，而是依賴於某種改變和轉化。對於作為一個階級特定層級的人來說，學業和職業上的梯度變化並不能測量能力，而只能衡量其固定不變的受壓制狀況。無論其成員個體的位置如何改變，工人階級就是處在這個層級梯度的底部。個體在這一梯度中向上流動的才智，已被其作為工人階級一員而行動的愚蠢所替代。透過對工人階級學校的核心矛盾進行洞察，反學校文化幫助成員從循規和傳統成就感的桎梏中解放出來，使成員的能力和潛能在其他方面發揮出來。

勞動力：一種獨特的商品

反學校文化與現實的學校制度發生了正面對抗，並揭露了學校制度企圖進行的不正當交換——特別是以文化為名的其他形式交換。除此之外，反學校文化還在自身層面上探究了人類勞動力的獨特性，指出行動的潛在無限性，尤其向人們證明了勞動力是一個不固定的可變數，而且無論有關勞動力的一般或官方的描述如何，個人都至少可以在某種程度上控制其支出。

在學校裡，勞動和循規的義務並未被明確限定，如一段測定的時間和注意力。這種義務意味著以某種不可測量、不可控的方式，使人放棄使用一系列的潛在行為或替代行為。不做筆記，混過考試，不斷規避教師的權威，在教室、走廊裡打「游擊戰」，這些都在一定程度上限制了對自我的要求，也是個體實習某種勞動力的重要方式。當「小子們」到了工廠後，人們不必囑咐他們「放鬆」，「別理會」，或「他們〔管理階層〕總是不斷要求，如果你讓他們為所欲為，你就有得受了」。的確如此，透過這些重要的方式，工人階級子弟按照自己的興趣，精力充沛地在外部系統需求條件的制度轉向中得到了鍛鍊。而且，這些孩子在認知、決定和控制自己的行動方面，要比其未來的同伴更熟練。之所以這樣，至少在某種程度上是因為最終其勞動力是否被限制在學校中並不重要，相反地，那些捲入廠房文化的人要在更為嚴密的控制下從事生產；而且，其努力的目標是至少可以滿足旨在延續自身生存的再生產需要。

教育交換與資本主義的基本交換形式相似。對教育交換的否定採取了文化洞察的形式（其表達不借助於文字或直接說明，而是借助於特定層面上的特定文化實踐），即認識到儘管勞動力可以在市場上買賣，但它卻不同於其他商品。之所以說它與其他所有商品都不同，是因為勞動力的價值不是固定的。無論是從道德的角度，還是從政治的角度來判斷，勞動力都是資本主義制度中唯一一個可變要素，這是永恆的真理。因此，勞動力一定是擴大的資本和利潤來源。從根本上來看，勞動者所創造的價值遠遠大於其工資所代表的價值。[19]對勞動者的可變能力施以「更好」的

19 當然，這是一種簡單化之後的表達，但足以闡明觀點。在古典的馬克思主義理論中，工資是在一定社會和文化條件下，由勞動力再生產所需要的社會必要勞動時間所決定的。工資與勞動力生產的價值之間的差額，就是剩餘價值。剩餘價值包含並大於利潤。勞動力基於價值規律所決定的交換價值而被買賣，在其使用價值的基礎上被剝削（馬克思，《資本論》，第六章）。

管理手段或資本化，即增加勞動強度，可使勞動者創造出更大的價值。[20]勞動力是具有這種可變能力、且可被買賣的唯一自然物。古典馬克思主義理論指出，個體勞動者對其所出售的勞動力商品的特殊性的無知，是資本主義意識形態合法化的核心所在，並使剝削過程和利潤的來源被隱藏起來。然而，反學校文化卻以其特有的方式對勞動力的特殊性做出了回應。彷彿是出於本能，反學校文化限定了勞動力的特性。依照反學校文化的獨特邏輯，這也是成員在感覺上、身體上和精神上參與到反學校文化的實踐活動之中的先決條件。

我認為，在我們所生活的社會中，這種文化本能也構成了一種對重要且普遍的意識形態關係和物質關係的洞察。但是，從另一個層面上來說，這種成功最終反作用於文化，以一種特殊方式推動其發展，並確保其長期重要性和成功。

這正是資本主義制度的理論框架：勞動者在市場上像出賣其他商品那樣，公平、自由地出讓自己的勞動力，但是不同於其他商品的是，此後勞動力並不表現為固定的量，而是作為勞動者與生俱來的可變能力的充分表現。因此，勞動力所創造的價值遠遠超過其價格，即工資。勞動力在與資本討價還價的過程中，表面上與工資建立起等價關係，這使勞動者相信，在法律面前，所有人都享有自由、獨立，即資本主義國家和司法部門宣稱的自由和平等。這種體現於個人（勞動者）、國家和法律尊嚴之間的表面上的等價關係，不僅掩蓋了資本主義制度的剝削本質，也掩蓋了勞動者與其階級的共同特點，以及可能形成階級團結的基礎——同樣的剝削。從本質上來看，有限的資金購買了一種無限的能力，而且由於人們允許、也不反對將這種行為繼續下去，勞動力的買賣被社會合法化。正是由於對可變能力的合法獲取和合法剝削結合在一起，才使得資本主義的生產失去限制。只有出於對封建制度下莊園主和農奴之間赤裸裸剝削關係的怨恨和深刻認識，資本主義生產才有所顧忌。資本的生產力，就是勞動力被解放出來的生產力，不是一種數量，而是一種能力。[21]

目前仍很常見的週薪制，就是揭露這一經典意識形態趨向的絕佳範例。在中產階級的職業中，年薪顯然是為獲得持續的彈性服務所進行的一種交換性支付。此處，報酬並不是由耗費在工作上的特定時間總量所決定。雇主當然希望職員在家中加班以省去支付加班費；而這類職員的工資是按照其本身的情況，即能力的使用狀況、成為經理或會計等的總體潛能來支付的，其工資形式充分說明了這一點。週薪制的社會涵義則完全不同。年薪這一薪金形式所承認的勞動者的總體能力，在這裡被強行分割成若干週薪的總和，並固定為一種直接的、定期的回報。正是這種週薪

20　嚴格來說，此處應解釋一下更重要的相對剩餘價值（relative surplus value）。在馬克思主義體系中，如果不延長工作時間，即使借助於機器，工人也無法生產出更多的價值。但是，效率可以透過減少單位成本來降低商品的價值，從而減少商品中勞動者再生產的成本，換言之，也就降低了生產中與剩餘勞動時間有關的必要勞動時間（馬克思，《資本論》，第四及第五部分）。

21　本書為讀者呈現了一個修正此觀點的個案，當然在此，經典的理論模型還是為我所用。

制，而非年薪制，標示著勞動力的付出。工資總額就是對工作所耗費時間的量化。工資的減少表明可測時間的減少；工資的增加則反映了加班的時間。人們的注意力為此所吸引，因而更加容易忽視勞動力所具備的持續、可變的真實特性，也更加容易忽略這一事實，即依時間標準所支付的豐厚報酬激發了人們的巨大能量，而事實上，這個能量是不可測量的。

週薪制就是那每週拿到手的緊緊密封的棕色信封，就是人們手指輕彈信封口時所顯示的貨幣支配力，就是裝著錢幣的沉甸甸的信封底部，就是週四下午招搖的人群。人們對於週薪制那近乎迷戀的情感，打破了週的連貫性，將人們的努力成果量化，並將勞動力的巨大作用和潛能作為一種簡單明確、每週給付的「合理」工資等價物呈現給意識。這種固定的週薪制包含了長期努力的可變潛能與固定工資回報之間的分離，反之，那看不見的按月匯入銀行帳戶的工資，則可能打破上述兩者間的分離。

儘管將所有批評或分析性動機歸咎於「小子們」個體的做法可能是錯誤的，但顯而易見的是，這些「小子們」的集體文化，不僅是對人類勞動力的獨特性的回應，同時也是以自己的方式否定有關勞動力的某種意識形態定義的嘗試。我們可以透過民族誌中有關文化部分的材料看出，這些「小子們」將自身的勞動力視為對抗職業領域不合理要求的屏障，而並不認為在勞動力與不合理要求之間存在著特殊的、有特權的聯繫——這種觀點直接助長了對抗性的廠房文化。而廠房文化的目標，至少在一定程度上，就是要限制資本主義生產，限制生產可能對個體所施加的貪得無厭的苛求。[22]

我必須再次強調，這種文化洞察是與文化的全部本質連結在一起的，遠比一個簡單的精神類別更加豐富。特別是在文化回應中，文化洞察構成了品質的基礎。對於那些從不受約束的承諾需求中積極釋放出來的能力，確實存在著一種相反的、有目的的利用。這種利用是工人階級的特質，相對而言，是不受迷信、宗教信條、神祕化影響的，而這些通常被資本主義生產的循規所吸納。[23]

---

22 這就是為什麼我在此處的討論中避免使用「異化」（alienation）這一術語的原因之一。「異化」通常是資本主義逐漸摧毀主體性的一種手段，因而也被作為主體性走向毀滅的標誌。我認為應該有一種更為複雜的評價，這種評價承認，真正的感覺的摧毀是與現代工作聯繫在一起的，特別是對那些毫不受文化保護的人而言。而且，該評價也可以作為邁向進步的基礎。一方面，它在很大程度上將勞動具體地社會化了；另一方面，它又與本書所牽涉的問題更為契合，即在主觀上和文化上生產出一種對「工藝白痴」和自我被工作同化的去神祕化。而這種評價也可能在異化程度較低的工作中釋放出各種能力與批判性態度。

23 透過此處有關「小子們」的論述可見，文化洞察不失為一種理解某一階段「私有化」工人的「工具主義」方法。這些「小子們」傾向於去除資本主義的神祕感，而不是成為中產階級。他們自從屬階級被局限的立場出發，片面地對資本主義確實提供的一些自由加以利用。雖然「私有化」的形式可能是個體的，但其本質是集體的。文化洞察可以看作是先進的無產階級意識的一種形態。洛克伍德（Lockwood）的傳統工人向我們展示的，只是自衛的資本主義工人的迷信和傷感，而對壓迫他們的那個制度毫無主觀上或文化上的深刻理解。

資本主義虛偽地向所有人承諾的自由，可以片面地、諷刺地被個體的集合所解救，正是這些個體共同認識到，只有靠自身的作用才能免受生產的同化。對這些「小子們」而言，在商業舞會中、在街頭、在鬥毆中、在揮霍金錢的時候、在拒絕他人的時候，都存在著一種被扭曲的自由，且這種被扭曲的自由唯有靠資本主義，而不是其他制度，才能得到保證。這不能歸咎於工人階級，相反地，諸如此類的自由是為階級的文化目的服務的。

工人階級這種獨立的能力造就了對正式的、尖刻的、非具體化語言的世俗檢驗，對抗性的團結，以及不以正式職業地位為基礎的幽默表現、風格和價值。就具有顛覆性或潛在顛覆性的形式而言，這些都是資本主義時代的產物。儘管不能誇大或浪漫化上述這些工人階級獨立能力的產物，也不能超出最低限度的自由或物質基礎來認識它們，但它們仍然產生對資本主義要求的創造性回應，而不是消極地忍受。

一般抽象勞動

我們在民族誌部分可以看到，實際上，即使只是在內在層面上，這些「小子們」基本上也無法辨別出他們認為向他們開放的那些具體工作之間的差異。只要最終選擇的工作符合社會和文化上的限定，而非技術層面上的限制，他們就會對該工作持有一種近乎漠不關心的態度。有時候，現實選擇完全是偶然做出的。在這個意義上，勞動的共性與職業諮詢指導機構所設計的職業類別和多樣性，形成了鮮明的對比。

在此我想指出，可以把這種觀點（儘管產生於自身特有的文化模式）視為在資本主義生產的現代結構中，對勞動作用的一種真實洞察來加以理解。做出此類洞察，是以為文化活動保持空間與活力為基礎，但其對現代工作無意義性和共性的假設，在更廣闊的背景下仍具有重要意義。毫無疑問，正是這種更廣泛的有效性，長期強化、維持了文化洞察，並為文化洞察注入了一種獨特的共鳴和成功。

實際上，所有週薪制工作的共性要比差異更重要。此類工作的共性就在於，勞動力在生產中為資本所創造的價值遠遠高於購買勞動力的費用。毋庸置疑，資本主義制度是為了利潤而非為了用途所組織起來的。社會中絕大多數需求並不是直接得到滿足的，而是借助於利潤的刺激此一媒介來獲得滿足。無論如何，有一點是可以肯定的：對於商人或管理者而言，行動的泉源是對於利潤的追求，而不是人類的物質需要在發揮作用。只要能夠真正獲利，生產什麼產品並不重要。當「市場條件」發生變化時，勞動者將會被敏捷地從一種商品的生產轉移到另一種商品的生產，而無論其技能和當前的活動如何。事實上，很多企業集團都包含了一些看起來不大可能的組合，如肉類包裝和空間探索，這種不斷延伸的特性，生動地證明了企業的關鍵是利潤，而不是人們所需商品的生產。

由此可見，人們只關心在商品生產和交換過程中所產生的利潤，對產品的用途毫無興趣。正如我們已看到的，唯有使用勞動力，才能產生利潤。儘管問題的本質在於對勞動力的剝削，但對於資本而言，產品所包含的特定勞動形式遠沒有其特性重要——只要產品有利於獲利。由於勞動的具體形式無關宏旨，因此我們可以將「抽象勞動」視為所有週薪制勞動的共通之處。[24]

抽象勞動是所有勞動力共有的一種獨一無二的特性，可以創造出比自身作為商品時人們所需支付的費用更多的價值。所有具體形式的勞動都包含了對抽象勞動進行剝削的可能。因此，在這個意義上，它們都可以被標準化——此即資本主義的內在邏輯。這也將所有不同的生產部門和勞動形式連結起來，並使勞動的具體形式、產品的特定用途，要依其作為抽象勞動的狀況這一核心事實而定。[25]

從資本的觀點來看，這種共性是顯而易見的；但從勞動的觀點來看，這種共性就不甚清晰了。因為就如職業諮詢和職業指導[26]所強調的那樣，在擦窗戶、園藝工作、承辦宴席和工廠勞動之間確實存在不同之處。正是服務行業、公共部門的擴張和產業部門的收縮使人常常誤以為，從未像今天這樣，有如此多的就業機會向年輕人開放。然而與之相反的是，可以說在所有、有時候甚至完全不同的職業中，資本主義的工業模式占據了支配性地位。當前，政府要復興製造業並「使之有利可圖」的策略，就充分證明了社會民主國家承認工業優於其他就業類型的首要地位。而且，與這種簡單的量化方式相比，工業資本主義以一種更為深刻的方式占據著支配性地位。在其外部的企業及活動中，在許多明顯不同的具體勞動形式中，工業資本主義都強化其有效利用抽象勞動的核心邏輯。它為勞動的使用提供了重要典範。鑑於這種重要的支配地位，我們必須對這個新的、範圍更廣的被支配者的實際涵義提出疑問，而不能將其作為多樣化的具體證據。

不論所包含的勞動其實際形式如何，「標準分鐘」正在以各種形式，逐漸變成所有雇傭部門

---

24 「抽象勞動」是馬克思主義學者對資本主義制度進行分析的核心範疇之一。參見Marx, *Capital*, Part I; L. Colletti, "Bernstein and the Marxism of the Second International" in *From Rousseau to Lenin*, New Left Books, 1972.

25 我完全引用了科萊蒂（Colletti）的觀點，即抽象勞動在分析者的頭腦中遠遠不只是一種精神範疇。抽象勞動是現實社會組織的核心要素，是商品（包括勞動力）交換的真正基礎，並在此交換過程中不斷重現。抽象勞動作為一種社會力量，也是主觀實踐過程所需要的——如前面章節所討論的自我與勞動的分離。但是，科萊蒂在有關抽象勞動和異化關係的論述中，過早地拒絕了人所固有的本質，並且否定了在資本主義所極力強調的抽象勞動和具體勞動的分割中，可能存在的進步性和矛盾性。我對科萊蒂的理論所持異議，就在於他步上盧卡奇之後塵，將工人階級的自我意識等同於將抽象勞動作為一種物化力量的作用原理，等同於將工人階級自身的勞動力當作價值來源的觀點。正是這一謬見，使其將可能正確的政治分析歸結為工人階級意識的產物（同前，第九十一頁）。而這也是他與盧卡奇被指責為經驗主義和歷史主義之處。我認為，既然這些事物只是被部分洞察，那麼諸如此類的認知最終將以一種相反的方式，將工人階級束縛在資本主義秩序之中。此外，這些認知也有助於工人階級文化中懷疑態度的形成，這種懷疑態度為資本主義生產所必需的再生產，提供了最低限度條件。

26 我認為，就業指導的優勢和部分成果，及其對工作環境的區分，是基於一種調和的、誤認的意識，該意識形成於對體力勞動的文化適應過程。勞動的共性在此處既呈現出多樣性，又表現出某種程度的重要性。然而，正如就業指導意見通常建議的那樣，這些多樣化的特徵與特定工作的本質屬性無關，或者它們本就傾向於分離。就業指導將文化個性化，並透過將其轉換成一種技術來保持其生命力。

中各種工作時間記錄卡的基本單位。其主要目的就是將各式各樣的工作分解，並使之具有可比較性。這也使得管理階層能夠更為直接地控制用於勞動力的支出，如此一來，各種「技術」或慣常浪費時間的做法均被禁止，而實際上，在特定種類的具體勞動中，它們是非常重要的區別要素，人們沒有懈怠時間，也不能妨礙管理階層對抽象勞動的利用。從這個意義上來說，甚至連社會團體、公共服務或非營利機構所從事的工作，都完全可與以營利為目的的產業工作相提並論。

教育和福利事業中的那些合理化建議、成本—收益營運計畫均向人們證明，資本主義的工業邏輯正在向數量比製造業更龐大的服務性和公共性職業領域蔓延。我們談及這些，並非意在討論服務和公共部門的縮小或擴張，也不是要否定社會需要有效利用勞動力的決定作用。而是想指出，這些新領域的擴張在根本上仍然受到資本主義準則——特別是透過有效利用抽象勞動的種類來調節需求的準則——支配。正如通常所討論的那樣，它並不受尚未成熟的社會主義支配。在削減國家支出的壓力下，我們正在見證一個更加迅速的福利化進程。其中，福利被界定為社會工作者以最小的成本、為最大數量的委託人提供最長時間的服務；而教育則被界定為教職工和學生之間最大化的「接觸時間」——無論在這些單位成本時間裡實際發生了什麼事。這種管理取向抑制了其他可能採取的方法。教育和福利的開展，可以透過直接承認集體需要，並對那些不可避免地會引起痛苦和「不適」的結構形式和文化形式進行調查來完成。這種方法取決於對人類需求和目的的規劃，而不是對「抽象時間」的有效利用。實際上，我們每天在考勤卡上填寫「標準分鐘」

的時候，這一天正在來臨。而且，雖然形式不同，但考勤卡就是教師和社會工作者職業生活的最根本體現，這就如同它現在是水管工、木匠每日工作的體現，也正如同它一直是資本主義產業工人工作的體現一樣。

抽象勞動的計量標準是時間。雖然我們已對分鐘這一計量單位做了考察，但是從一般意義上來說，人們已經普遍注意到，資本主義從封建制度中興起，是與時間觀念的轉變聯繫在一起的。[27]四季輪迴的自然規律、太陽在天際中的方位、腹中的飢餓感，或是有待完成的任務，全然被基於時間的時鐘邏輯替代。時間不是日、月、四季之往復，也不是再次進行某項活動的信號，而是一種標準的、有限的數量。時間無情地流逝，帶走了無數的機會。在資本主義中，時間沿直線運動，而非循環往復。因此，既要利用時間，也要節約時間。正是這種計量標準，使複雜的工作得以同步開展，價值和利潤可以被測量和創造。「時間就是金錢」，但真正將此二者連結起來的是抽象勞動。

這種無法阻擋的線性時間的一致化運動，既具有資本主義的時代特徵，也具有某種意識形態作用。它表明了一種同質性社會的意涵：正如記述的那樣，該社會正處於緩慢發展的進程中。這其中隱含了一個成熟和連續的普遍概念。這使人用一種漸進主義、改良主義的觀點來思考統一的

27 參見E.P. Thompson, “Time, Work Discipline and Industrial Capitalists” in *Past and Present* (38), December 1967.

社會何以構成。在這個統一的社會中，所有人共用相同的時間座標，並以小心翼翼的步伐試探前行。而且，它也顯示出壓制人們如下想法的趨向：即不同的社會群體可能擁有不同的時代，或者有些群體沒有屬於自己的時代，或者其他群體試圖粗暴地推動時代前進。

雖然我們不能誇大社會的作用，但是完全可以將反學校文化的諸要素不僅視為文化洞察，也視為對這種占優勢的時間觀念的有限征服。在對其成員時間表極為成功的非正式指導下，在官方文化的瓦解過程中，反學校文化直接構成了文化活動的自由空間，並拒絕了中產階級時間的人為秩序和按部就班的模式。從某種意義上來說，這些「小子們」的活動與經歷被中產階級時間所掩蓋。當然，這也帶來了一種影響——即使不是有意直接為之，也進一步強化了文化環境中的文化實踐活動。

到目前為止，我們已經考察了抽象勞動的共性。然而，更為顯而易見的是，抽象勞動作為現實社會關係中的一條生動準則，每天都在生產著有關自身趨勢的明顯的經驗形式。[28]如前所見，去技術化是一個極其現實的過程。具體勞動正在日趨退化成一種標準的去技術勞動。儘管雇主明顯傾向於要求雇員具有更多、更高的學歷，但在實際工作中，雇員所應用的技術內容卻顯現出相反的變化趨勢。例如，即使是工具製造業中需要高超工藝的工作，其多樣化、不可分割的特性也正在讓位於專業化、重複性的生產線技術。

現在，工廠中絕大多數的機械化工作都被標準化，一個孩子就足以完成。[29]實際的標準化勞動生產速度，是由機器或生產線的節奏來決定的，既不需要計畫，也不需要技術。個體生病與否，是否具備中等教育文憑，這些根本都無關緊要。只要不使生產線停下來，他們個體勞動力的具體形式就毫無意義。具體勞動力之所以重要，並非因為它固有或特殊的貢獻，而是因為它消除了潛在的負面因素，即不會中斷或終止生產。在現代的機器製造和大量生產中，我們可以看到抽象勞動通往具體勞動最表層的方法。

就某種重要意義而言，現代組織技術與諸如時間、運動研究之方法的全部要旨，就在於縮小了具體勞動和抽象勞動之間的鴻溝。在此，所有勞動的抽象共性均體現於具體形式之中，並迫使所有勞動轉化成一種中庸之道——做某項工作的最佳方式。資本主義想像中的黃金國（El Dorado）就是這種最佳方式。特定形式的勞動趨同於某一具體標準，是抽象勞動準則的發展趨

28 此處的基本準則是，抽象勞動強調並關聯與資本有關的所有形式。我們由此僅可推論出如下趨勢，即技術勞動讓位於非技術勞動，或是抽象勞動接近具體勞動的實際體現。然而，無論這種趨勢的範圍如何，這兩者之間總是存在著某種區別。具體勞動確實呈現出多樣化。譬如，機器維修就與機器操作不同。但是，重要的是，這種抽象準則的趨勢在經驗上是可見的。為了有效地澄清這些觀點，可參見Geoff Kay, “A note on abstract labour”, CSE Bulletin, vol.5, no.1(13), March 1976.

29 絕大多數體力勞動所需要的智力水準僅為十二歲或更低。請參見G.C. Mathews, “The Post-School Adaption of Educationally Sub-Normal Boys”, unpublished MEd thesis, University of Manchester, 1963.

勢，這一趨勢在某位學者的著作中或許得到了最佳證明，該學者也因在時間研究中增加了動作分析而享有盛名。吉爾布雷斯（Gilbreth）明確地將抽象勞動當作改進具體勞動的模型。[30]從前的方法是將現有的完成一項工作的捷徑細化、標準化。吉氏則對基本動作要素進行分類，而不考慮具體的模型，他將這些要素稱為「基本動作單位」。[31]這些「基本動作單位」（動素，therbligs）可測量到千分之十分鐘。因而，在用這些建築磚塊完成工程之前，現實的具體工作可能已預先完成。我們透過對完成一項特殊工作的最佳抽象方法所進行的深入分析可知，該方法確實趨向於適度抽象化。資本主義再一次從自身發展中提煉出精華。這種方法即使最終未能成功實施，但也明顯對資本主義體制內部固有的特定工作的標準化過程，產生了最為深遠的促進作用。而吉氏的「基本動作單位」，從根本上是要將人轉化為機器，將人類獨有的各種具體能力轉變成最佳的標準勞動。面對「基本動作單位」，我們很難推斷出現代勞動的多樣化！正是在它千分之十分鐘的自動化過程中，資本主義顯示出它將所有人機器人化的強烈欲望。

這些「小子們」對自己即將步入的工作崗位的獨特形式漠不關心；他們假定工作本身具有一種無意義性，而不管他們對工作持何種「正確態度」；他們相信自己所面對的所有工作都具有普遍的相似性。這些都是「小子們」作為階級成員，對他們賴以生存的現實條件進行文化洞察的形式。反學校文化對工作所持的看法，確實要優於學校所持的官方觀點。在文化上承認勞動力是一種商品形式，承認抽象勞動是各種具體形式勞動的基礎，且與具體勞動相關聯的這一基本準則，是在主觀上被這些事物同化並產生局限性的至關重要先決條件，也是「小子們」為實現自己的目標，依靠自身能力進行文化開發、舉行文化儀式的至關重要的先決條件。這種被釋放的人類能力和興趣，為該文化層面的活動提供物質基礎。而此一文化層面的活動也為維持和發展文化洞察帶來了其特有的各種生產形式。文化洞察是對社會中的一些基本社會關係／結構關係所做的創造性的、多樣化的、具有潛在變革力的理解，而不是苦難的經歷。反學校文化與一般抽象勞動之準則相對立，它揭穿了該準則背後的祕密，並做出回應。這使人們在內心深處擔憂資本主義體制本身如何才能運轉和維持下去。此處不僅存在著一種部分洞察或文化洞察的潛能，也存在著一種實現社會整體轉型的潛能。什麼才能阻止這種潛能的發揮呢？

30　參見W. Spriegel and C. Myers(eds), *The Writings of F. Gilbreth*, Irwin, 1953. 這種方法存在一定的局限性。它是將人類的能力作為一種生產力來使用的根本嘗試。但是，人也是社會生產關係的一部分。作為反對無休止剝削的階級文化力量的基礎，非正式群體遠離並抵制這些技術。在採用了營運和維護技術之後，「限制生產定額」和「系統性怠工」仍被延續下來。梅奧（Mayo）及其同事透過經驗研究發現了人類群體的重要性，此後不久，「人際關係」法則便被用來嘗試中和這種對立。近來，「新」的人際關係試圖以某種方法利用並戰勝非正式群體的力量。儘管如此，營運和維護技術作為最有影響力的管理方法，仍然保持著支配性地位，也仍然最佳地表現出資本主義的根本內在驅動力。

31　吉氏將作業動作分解為最小的分析單位，透過定量分析找出最合理的動作，使作業達到高效、省力和標準化。——譯註

第五章 局限

如我們已知的，反學校文化對其成員的生存條件進行了某些文化洞察。此處還有一些材料，我們可以藉此對社會和政治行動做透徹的批判性分析，從而另闢蹊徑。

從某種意義上來說，這些文化洞察及與之相關的實踐之所以缺少具有變革能力的政治活動，原因是缺乏政治組織。沒有一個群眾政黨試圖在文化層面上進行解釋和動員，顯然這並非難事。政治組織本身的缺乏可以看作是部分洞察的結果，但反之不必亦然，即部分洞察不必然一定缺乏政治組織。[1]顯而易見的是，這一文化層面在一定程度上是從內部被打亂的。

1 這並不是要否定政治行動在自身層面上的可能性、重要性和相對的自主性。依我之見，任何群眾性政黨，在其能夠真正代表工人階級實現自我表達之前，必須理解並且學習工人階級的意識和文化。如若不然，政黨與意識之間的辯證關民族誌的描寫一再提醒我們，只存在一種社會結果。矛盾衝突中的巨大力量可分解成一個現實，而不是一系列讓我們研究其決定因素和本身結果的連續多個現實。文化洞察的純粹邏輯只普遍存在於那些值得記載的事件之中。實際上，扭曲、限制和神祕化的力量同時將這種純粹邏輯分解成部分的邏輯。反學校文化對當前社會組織的半抵制和文化洞察，透過一種確實有效的方式，開始時總是變成暫時的、不加掩飾的質疑，但是最終還是接受並適應現狀。但矛盾的是，甚至在接受了這種從屬關係之後，個體仍然在某種程度上對自身的行動、洞察力和主觀正確性深信不疑。在當代資本主義關於意識形態迷障的複雜難題中，對這一矛盾最引人注目的證明就是關於抽象勞動的不成熟的文化理解，和那些叛逆工人階級子弟中的階級團結，被轉化為一種特殊的主觀斷言和對體力勞動的「自由」出讓。

分工

由於存在著深奧的、基本的、使人混亂的分工，文化洞察受到了抑制和破壞，且無法實現其全部潛力或政治表達。兩個最重要的分工就是腦力勞動和體力勞動之間的分工，以及性別之間的分工（此處，種族也極為重要，我們將在後文加以討論）。

拒絕學校，以及對學校中不公正之事的文化洞察，均可視為對個人主義的摒棄。這同時也是對腦力勞動的普遍拒斥。戰勝個人主義的時刻，也是分離出現的時刻。個人主義之所以被擊敗，原因不在自身，而是由於其在學校中的作用。在學校裡，腦力工作是與不合理的權威以及做出虛假承諾的文憑聯繫在一起的。因而，對個人主義的洞察是以犧牲人類能力的實際分工，以及屈從於才能的部分發揮為代價的。贏得某種團結，就意味著失去了更深層結構的聯合。雖然這些「小子們」團結在一起，但是他們的團結是基於個人主義的，並與腦力勞動對立。人類世界被劃分為「善於動手的」和「善於動腦的」兩類人。「所有工作皆相同」這一文化洞察的要旨，大致上轉變成「所有體力勞動皆相同」。體力勞動開始以某種方式，呈現出對有關體力勞動者的社會地位、認同的重要批判性表達，但是這種社會地位和認同並非體力勞動的特有性質。

在此，我們可以看到，學校制度具有深刻的、非預期的、矛盾的重要性。在學校中，主導意識形態被非正式地擊敗，但是它卻更加無意識地、更加自然地超越了一個更大的結構，歷經考驗，獲得了（代價慘重的）勝利。資本主義能夠承擔在工人階級中生產出個人主義，而不是分工。個人主義被反學校文化所洞察，並在現實中造成分工。

係就形同虛設。如果自發論（spontaneism）必遭譴責的話，那麼「還魂論」（zombieism）亦當如此——它試圖從外部指揮工人階級的行動，而不考慮其行動中已然存在的文化的、類似文化的和政治的內容，或做出病態的或行將消亡的假設。本書可能由於缺乏直接的關聯性而受到批評，但從根本上看，本書的分析無疑是有系統的。無論如何，我將從更普遍的意義上指出，在對市場位置的關聯性做出準確分析之前，我們需要一種關於政治行動的價值規律。

使文化洞察陷入混亂的另一個重大分工是男女之間的分工。性別分工，至少在某種程度上，是由性別自身帶來的分工。男性反學校文化支持其特有的性別歧視，甚至將性別歧視作為其整體信念的一部分加以稱讚。

即使在女性缺席的情況下，這些「小子們」講話和動作的獨特方式也總是在展示男性氣概。敢於採取主動、使他人開懷大笑、做意想不到或滑稽的事情、自然主動地取悅自己所欣賞的女性，所有這些能力都是反學校文化的男性特徵，也是該文化中「小子們」永遠追求的目標。不僅如此，作為男性反學校文化一員的一個更加具體的特徵是：要麼擁有性經驗，要麼至少懷有濫交或偽善的抱負。「小子們」為了滿足自己的性快感，有時候會粗魯地追求女孩；而女孩一旦獻身，就常常會遭拋棄，並被冠以「放蕩」之名。人們要求女孩必須性感、吸引人，同時還要純潔和忠誠，把握欲拒還迎的平衡。反學校文化在強調性別分工的同時，也對個人主義分工的人為性加以洞察。

在性別歧視方面，反學校文化反映了更廣泛的工人階級文化。當然，在一定程度上，這是因為當學校教育典範出現分化的時候，反學校文化會求助於一些更廣泛的階級模式作為嚮導。例如，當其中一個「傢伙」對學校不抱幻想時，他會在工人階級家庭中找到一種最根深柢固、最持久的性別分工模式。與那些循規的人相比，反學校文化的成員出於需要，更有可能找到工作，也更有可能經歷某種性別歧視。這種性別歧視既指向他們個人，又是整體工作環境的一部分。對於這些「小子們」而言，性別歧視成為其生活經驗的一部分，成為工作場所中整個工人階級文化的優勢風格，而這種優勢風格正是「小子們」所讚賞的，他們也正忙於在學校中重建與特定對抗和決定性因素相關的這種優勢風格。

儘管在我們的學校中可能存在著一種制度化的性別歧視，但是與非正式的工人階級男性對抗文化再生產出來的性別歧視相比，學校中的性別歧視並不那麼強烈。我們必須對那些在一定程度上保持著自由主義和形式平等的學校給予讚譽。但是，一旦其權威被打破，性別歧視和自然分工就會以更為致命的形式出現。這種結果當然不是學校和我們所期望的。即便如此，性別歧視仍然在階級社會的再生產中發揮著關鍵性的、系統性的作用。

勞動力與父權制

如果上述分工只停留在抽象層面，或是彼此分隔，那麼我們所考察的文化洞察在面臨由這些分工所引發的混亂和分裂時，就完全可能倖免於難。但實際上，在這些分工之間存在著一種更為複雜的融合，這種融合在微觀形式上呈現出某種特徵，即對資本主義體系的穩定性而言極為重要的那些意義，與分工的各種表現形式結合在一起。下面我們就來剖析這個結合點。

單單腦力勞動與體力勞動之間的差別，就足以為建構人類能力的自然分工提供一個富於創造力的場域。但令人驚訝的是，在構成社會整體的那些人中，包括這些「小子們」在內的部分人，甘願承受體力勞動者這身分帶來的限定和物質結果。這之所以令人訝異，是因為在關於腦力勞動和體力勞動差別的資本主義動員中，依照主導意識形態，腦力勞動者一直享有合法權利，以保證他們占有優勢的物質和文化地位。腦力工作需要勞動者付出更大的努力，因此理應獲得更高的回報。這樣一來，為什麼人所追求的目標應該符合意識形態的判斷標準，並在物質上獲得豐厚回報，也就不難解釋了。但事實上，並非所有人都追求腦力勞動所帶來的回報和滿足感，這才是真正需要我們做出解釋的問題。單單資本主義需要這樣的分裂，此一理由不能解釋其需求何以被滿足。只有在一個完全反思性的經驗世界中，需要的形式才能決定其得到滿足的必然性。而且，真正在滿足該需要的過程中發揮作用的機制全然被掩蓋、被神祕化，並為某種觀點所遮蔽，這種觀點認為，主導意識形態和菁英主義觀點——例如學校裡的英才教育——似乎認定所有人都在為實現大抵相同的目標而努力。

我們所有人都應該追求相同的目標，這樣的預期顯示了，那些身處階級社會底層的人之所以陷入如此狀況，是因為他們自身缺少實現目標的能力，而且就連他們自己也對這種自我歸因的解釋深信不疑。可以說，所有人都接受了相同的遊戲規則、意義和目標，也接受了同一個輸贏準則。當然，事實上，伴隨著教育領域人本主義的發展，職業諮詢機構也在一定程度上體認到這一問題，但卻錯誤地解釋道，該模式絕不可能在現代社會中真正地發揮作用。它假設工人階級中地位較低的群體，實際上是一個次群體。與其說他們是資本主義的，不如說他們是封建主義的。儘管經常被誤認，但是確保資本主義制度穩定的因素之一、亦即資本主義制度的複雜奇蹟之一的，就是在從屬階級中有相當一部分人，並不接受自身能力正在持續下降這一既定現實。與此相反，他們將用來測量腦力／體力梯度的價值標準顛倒過來。本書所研究的這些「小子們」更喜歡（就目前而言）透過體力勞動來證明自身的存在價值。當然，這就為造成階級差別的社會鎖鏈提供了其所缺的一環。基於此，所有其他階級都可以在主導意識形態通用的腦力模式中讚美、證明自身的優越性，並為這種優越性找到一種比較的基礎。譬如，當「書呆子」被指責自我取消加入「小子們」的資格時，他們的表現更加理性化。無論這些「書呆子」實際從事的工作是否存在著極大的差異，他們都可以透過界定工作來界定工作與自己的關係，在相對更趨腦力勞動的模式中界定自己的身分，從而贏得一些優勢和社會認可。

這種與過於學術化的差別完全相反的分化，是對主導意識形態的巧妙補充，對社會最底層之上的所有階級而言，也為主導意識形態提供了在勞動中創造主觀認同的宣傳機制。就勞動力的特性而言，如果意識形態上的順序沒有在社會最底層發生倒置，那麼資本主義體系就不可能穩定。即使創造再多的條件，國家機構也不能為那些身處階級結構最底層的人，提供一個完整的人的身分：是強迫或長期鬥爭，而不是自願的屈從，才是這個社會秩序的基礎。

然而，這種重要的倒置不會出現在資本主義生產的真正邏輯中，也不會在勞動分工的過程中自然形成，而是產生於兩種結構的社會階級相互關聯所形成的有機整體之中。在資本主義制度下，這兩種結構只能在抽象層面上被分隔開來，它們的形式則已成為資本主義的一部分。這就是父權制和腦力勞動與體力勞動之間的差別。這種關聯的形式，是兩組結構中對男／女性別和腦力／體力勞動兩組關鍵字進行交叉評價和聯合。由此可見，這兩個結構的兩極分化是十字交叉的，即體力勞動與男性的社會優越感相互關聯，而腦力勞動則與女性的社會自卑感相互關聯。體力勞動尤其充滿了男性特徵和氣質，毫無疑問，體力勞動在這方面比在工作的內在核心上更富於表現力。

性別差異、腦力勞動與體力勞動之間的區別，使這些過時已久的分工被發展成當代具體的文化形式和關係，但是人們只了解到：分工並不總是自動為一部分工人階級帶來劣勢，阻礙他們將分工視為壓迫。對於這些「小子們」而言，他們在腦力勞動與體力勞動的分工中原本處於劣勢，但他們卻將自己所偏愛的性別分工覆蓋於腦力勞動與體力勞動的分工之上，並使之逐漸成為腦／體分工中的一部分，從而最終部分地改變了腦／體分工的效價。[2]

人們常常忽視的是，這兩組分工處於相同的空間中，且各自無法單獨存在。意識壓力和文化在它們各自的位置上對它們特有的材料發揮著作用，並尋求某種統一。此二者不可能分別存在於兩個均受到生活空間擠壓的思想體系中。而且，此類體系只能在抽象層面上被分離開來。正如民族誌提醒我們的那樣，是經驗規律，而非理論能力，將各個體系連接起來。勞動和性別這兩組分工得以接續在一起，其奧妙——至少在一定程度上——在於兩者在資本主義階級體系的世俗生活中的相互連接，而不在於純粹的抽象推理。在這個交叉的連接點上，男性氣概——在它自己的領域內，就是有關優勢地位的正式或形式主義的規則——成為了運動、行動和主張。可以證明，男性氣概的本質是超越歷史的，資本主義制度下的男性氣概則具有一種獨特風格和世俗的表達形式。體力勞動——在其自身的領域內，是以自然為對象的、中立的甚至是完全分離出來的體力工作——變成了一種優勢和選擇形式，並被賦予一種表達性目的。

---

2 與其說這裡所討論的基本交叉評價法（cross-valorisation）與男性工人階級有關，還不如說是與群體相關。例如，對於工人階級女性而言，女性特質與腦力勞動之間的關聯隱含著一種矛盾，即無論在實際生活中工人階級婦女的女性特徵如何，男性氣概都是其階級文化身分的一個面向。對於中產階級女性而言，這種關聯甚至比她們本身階級的性別定義更加能夠表明，她們的社會和文化角色帶有一種局限性、消極性和與生俱來的荒謬性。此外，我們已經具備了對女權運動及其階級根源、工人階級反對女權運動的形式等問題進行解釋的基礎。對於中產階級男性而言，在階級與男性氣概的文化（父權制）定義之間同樣存在著諸多矛盾。在工人階級文化的重要領域中，父權制的價值觀念完成並鞏固著職業梯度（occupational gradient）的倒置，中產階級男性絕不可能完全不受該倒置的影響。有關「男權運動」發展的階級基礎和起源，請參見A. Tolson, *The Limits of Masculinity*, Tavistock, 1976. 當然，這並不是說在正文中所呈現的男性工人階級個案就不包含矛盾。一方面，種族的複雜性對性別和職業價值交叉評價機制構成了威脅；另一方面，工作閱歷的減少使得男性氣概體驗本身成了一種威脅，甚至指定了意識形態發揮作用的範圍。

如果某種形式的父權制鼓勵腦力勞動與體力勞動之間的分工，那麼這種分工反過來也會鞏固各種新型的性別分工和壓迫，並有助於性別分工和壓迫的再生產。準確地說，這是由於在學校和工作中存在著各種分工，儘管這些分工客觀上導致了部分工人階級失利，但就父權制而言，這些分工又是可以被理解和轉化的，性別條件本身必須不斷地被複製和合法化。如果女性特質大行其道並被重新評價，那麼腦力勞動也將隨之大行其道並被重新評價。既然妻子、女朋友和母親被視為受束縛、地位低下且對某些事情無能為力的人，那麼反學校文化的成員就唯有相信白領和辦公室工作的女性特質了。如我們所知，有充足的證據表明，在這些「小子們」之間存在著這種信條。他們強加於女朋友身上的意識形態和行為模式，如：要守家愛家，要具備家庭生活和從屬文化需要的能力，並缺乏它們不需要的能力，這些都確保了女性受束縛的角色地位。而這些行為真正的決定因素和根本原因，來自於勞動在意識形態上的分工，並非僅僅來自於守家愛家的觀念或父權制的意識形態。[3]就我們的直接目的而言，這種交叉評價的結果就是，持續不斷的文化洞察（特別是對於一般抽象勞動的正確評價），被轉化為一種令人驚訝的對勞動力的肯定。上述結果的形成包含了兩個重要過程。首先，不同類型的工作與不同性別之間的聯合，強化了勞動領域分工的本質。這些「小子們」的腦力活動之所以被阻止，不僅是因為他們對學校制度的獨特體驗，還因為腦力活動被視為缺少男性氣概的標誌。他們自己的許多腦力活動和情感是以文化、時尚和具體的形式來表達及發揮作用的。在這個至關重要的、關鍵的、經典的轉變中，在這些「小子們」看來，所謂的腦力勞動只是「動動筆桿子」，「並不是真正做點事」，最為重要的是，腦力勞動是「女人的差事」，根本不是男人的工作，也不屬於男人的行動範疇。如此一來，我們起碼知道了為什麼那些「書呆子」可能被視為毫無男性氣概的、順從的「娘兒們」，為什麼循規的

3　朱莉・蜜雪兒（Juliet Mitchell）的重要著作試圖證明父權制在現代資本主義制度中完全是多餘的。如恩格斯在其唯物主義分析《家庭、私有制和國家的起源》中所概述的那樣，又如蜜雪兒對佛洛依德和李維史陀（Claude Lévi-Strauss）的文化分析所做的論述那樣，目前看來父權制似乎是多餘的。顯然，對蜜雪兒而言，父權制僅作為歷史的痕跡存在著，並無任何繼續再生產下去的合理性或正當性。不僅如此，蜜雪兒還將父權制和資本主義作為兩個完全不同的存在實體保留下來（第三七九頁），並由此提出了一種站不住腳、不堪一擊的二元政治學（第四〇六、四一四、四一五頁）。她斷言，各個系統處於矛盾之中，但實際上卻未對各個系統之間的鬥爭或辯證轉換加以論述。毫無疑問，我們在此就是要論述最終存在於一個複雜而又特殊的單元中的矛盾——一種現代資本主義的複雜平衡所特有的內在矛盾。確切地說，這個矛盾就是資本主義生產方式和父權制的間接結合。因此，我們很難在意識層面上將資本主義生產方式與父權制區分開來。正是由於繼承了前資本主義的形式，並與某種獨特的、決定性的資本主義生產方式建立起世俗、複雜的決定關係（並部分構成資本主義生產方式），文化層面上所孕育的各種更加徹底關注具體資本主義關係的洞察，才得以轉變成或反動、或保守、或中立的各種形式。那些真正使有關資本主義階級體系的抽象推理混亂不堪的因素，也在混淆著工人階級文化。
更廣泛地看，本書強調了女權運動的潛在危險。女權運動正在受到一種極為短暫的觀念，即父權式性別歧視觀念的破壞，而這種性別歧視也正在資本主義制度以外，以某種方式直接壓迫著女性群體。我們需要為一個確定的資本主義父權制——它改變並確定了整個社會總體——提供一個辯證、連貫的概念。毫無疑問，女性承受了最為尖刻且顯而易見的壓迫，但父權制也顯然對男性具有重要涵義。參見 Juliet Mitchell, *Psychoanalysis and Feminism*, Penguin, 1974.

人又被稱為「脂粉氣十足的男人」、「搞同性戀的男人」或「手淫的男人」。無論這些「書呆子」成績多好，未來成功的希望多大，他們及他們的行動策略還是遭人輕視，因為他們成功的模式被貶斥為被動的、腦力的，缺乏強悍的男性氣概。

其次，男性氣概所代表的全部意涵強化了一種觀念，即有關勞動力和現代工作本質的文化洞察矛盾地帶來了對於體力勞動的肯定，而且為體力勞動注入了一種本不屬於其內在特性的涵義。對這些「小子們」來說，體力勞動充滿了男性氣概，且被賦予了某種感官上的寓意。[4] 在勞動分工的過程中，無論是就體力勞動自身而言，還是就體力勞動那本質上毫無英雄氣概或顯赫地位的資本主義邏輯而言，體力勞動和努力中的吃苦耐勞、笨拙，都承載著男性的觀點和深奧意涵，並表現出一種超越其自身的意義。可以說，無論這一艱巨工作的具體問題是什麼，其本質始終都是男性範疇的問題，需要用男性的能力來解決。我們也可以這樣表達：一般抽象勞動的基本原理從內部使工作失去意義之處，正是轉換後的父權制從外部為工作注入意義之處。對工作的不滿使人們的關注點從政治不滿上轉移開來，且由於迂迴進入象徵性的性別領域，而使自身邏輯陷入混亂。

在一定程度上，惡劣的工作環境被重新解釋為：為了充滿男性氣概地對抗工作所進行的英勇鍛鍊。人們之所以如此理解艱苦、不適或危險的環境，並非因為環境本身如此，而是因為該環境與男性的隨時迎戰狀態和剛毅極為相稱。由此可見，人們更多是透過在惡劣環境中掙扎求生所需的堅忍不拔，而不是一開始就不得不面對的強迫性，來理解這種環境。

雖然很難透過工作本身達到某種道德境界，但是工作所帶來的和完成工作所需的那種犧牲精神和力量，卻為自尊提供了物質基礎。這種自尊來自於目標的達成，但並非所有人——特別是女人——都具備實現目標的能力。薪水袋就是自由和獨立的提供者，也是在工作中對男性氣概的特殊獎賞。這就是對薪水袋崇拜的補充，也是崇拜成為可能的原因所在。人們對一個職業的評判，並不看職業本身的情況，甚至也不怎麼關心職業的一般回報率，而是關注該職業為在職者提

4　男性氣概是如此深刻地嵌在體力勞動之中，以至於我們竟然會對那些旨在強化和提高勞動效率的方法之「客觀性」提出質疑。轉換後的父權制的影響已然被資本主義所強化，但其在生產過程中的作用卻幾乎未被觸及。事實上，父權制的各種形式與資本主義制度的緊密糾纏，意味著不存在任何純粹的方式供我們描述抽象勞動。福特、泰勒和吉爾布雷斯的技術，或許並非如他們所料想的那樣正確。甚至對現代組織和方法的整理與簡化，特別是當它們被那些通常在本質上屬於男性形式的廠房文化所抵制的時候，也無法去除早先那自吹自擂的痕跡、不必要的動作，以及對本質的表現，而這種本質實質上與作為生產的生產無關。我們甚至可以說，這種自吹自擂正以某種非預期的方式被制度化，並被賦予了某種合法性，而這種合法性規避生產定額核算員的注意。當然，我們也可以將其視為一個不可預測的領域，為浪費時間、有組織的怠工、對高強度勞動的抵制提供空間和微觀策略。人們甚至可以更經思辨地證明，以這種方式賦予生產獨特的物質形式，不僅僅提供了具體形式的細節和與生產的經驗聯繫，也改變了自身的工業化進程。我們知道，當工業化進程即將到來的時候，機械化工業革命所表現出來的異常頑固和有力的形式，在很大程度上仍然無法完全轉變為一種更趨控制論的工業進程。這表明了，除了更重要的結構因素外，還存在著深刻的文化傳動機制，使我們對自然具有一種物質的、可見的、機械的影響。

供有影響力、充滿男性氣概的家庭角色的能力。顯然，金錢只是其中一部分，可以作為一種測量標準，但不是其本質所在，如斯潘克斯的父親所說的「你可以靠擦皮鞋養活一家人」。男性的薪水袋之所以一直起支配作用，並不只是簡單地取決於其中容納了多少金錢，而是因為薪水袋標誌著男性在與「真實世界交鋒的過程中，以一種男性氣概的方式取勝，而對於女性而言，這個真實世界則過於殘酷」。因此，男性在家庭中所扮演的角色一直是辛苦勞動者、養家活口的人，而妻子只是承擔一些「額外」的工作。當然，女性工資在物質上所具有的重要意義，可能通常要遠遠大於「額外」的涵義；毫無疑問地，女性所從事的家務勞動也是整個家庭經濟中不可或缺的一部分。薪水袋作為一種男性氣概的象徵，對於男人和女人來說，既支配著家庭的文化和經濟，又構成欺壓。

從更普遍的意義上來說，在體力勞動所包含的男性氣概中，完成工作的決心和真正工作的意願被假定為一種男性的邏輯，而不是一種剝削的邏輯。喬伊的父親在談論其繁重的落錘鍛造工作時是這樣說的：「一個男人開始工作的時候，就是他的願望即將實現的時刻。」改造自然的過程和其中所包含的物質力量，其真正目的是借助男性氣概與體力勞動的合併，轉變成一種男性氣概的財富，而不是生產的財富。就其自身而言，男性氣概當之無愧是一種力量，但是如果男性氣概的直接表達是透過完成另一事物來實現的，那麼它又是什麼呢？男性氣概是人類的一種特性，因此它必須在某處被表現出來。這就是宿命，某種自尊和尊嚴似乎是自然而生的。工作中的重重困難或許會帶來軟弱、集體反抗或質疑，哪裡如此，哪裡就會產生一種壓倒一切的男性氣概——一種被轉移的生產目的論——來抑制疲勞，並對目的進行理性評估。5

如果工作中男性氣概的特性成為目的論的一種類型，那麼工作的完成和女性特質就與一種固定的狀態聯繫在一起了。女性的勞動力被視為一種存在的本體狀態，而不是一種目的論的形成過程。家務勞動並不是狀態的結束，而是狀態的持續。做飯、洗衣和清潔工作總是複製著從前的狀態。毫無疑問地，從某種意義上來說，家務勞動永遠不可能完成，而且也不像男性工作那樣被視

---

5 這種男性氣概的表達形式，可能會對工作中的鬥爭和衝突形式產生影響。工會的職員或工廠工人的管理者，必然也會利用獨特的工廠文化形式來動員男人們——公開展示或虛張聲勢，或運用強而有力的、好戰的語言——其中充滿了男性的情感。這確立了一種對憤怒和反抗的真實表達，且可能在短期內極為有效，無疑也是一種有待應對的力量。但是，較為長期的目標可能無法簡單地依此方式被概念化，並且在某種程度上，在與草根面對面的層次上是無效的。因此，男性的對抗需要以一種恰當而體面的方式解決：明顯而直接的讓步。然而，如果這就是其價格的話，那麼人們就可以按此收買它而擺脫困擾。但是，以此方式，特別是以一種更豐厚的男性薪水袋的方式來贏得的明顯讓步，實際上可能會掩蓋在（生產）控制和所有權等不太明顯的問題上的長期失敗。人們可能透過短期的、明顯的、巨大的妥協，滿足強烈甚至可怕的需求，而無需對那些暴力可能威脅到的基本安排做出改變。當然，還有許多其他重要的組成部分，以及各種長期的、持續的歷史因素，這些必須給予重視。這只是一個猜測：或許從特殊的社會民主和短期經濟視角來看——這兩者在英國工人運動中表現得很突出，對體力勞動的肯定與男性氣概的表達方式之間的獨特結合，具有非常重要的作用，儘管這一作用尚未受到檢驗。

為充滿困難或具有生產價值。女性的家庭工作只是被簡單地歸類為做「母親」或「家庭主婦」。「媽媽」總是做著這類工作，而且也總是被期待做此類工作。這就是母親身分定義中的一部分，就像薪水袋和有生產價值的工作就是「爸爸」的身分一樣。

父權制及與之相關的價值觀念，完全不是既往社會中未被解釋的殘留之物，而是資本主義社會中，複雜、非預期的勞動力預備和社會秩序再生產過程的關鍵所在。事實上，父權制及其價值觀念以其不斷被毀壞和重建的、脆弱的、不確定的、非預期的和矛盾的方式，提供了現實的人性和文化條件，使自由民主國家中的人們「自由地」承擔起從屬者的社會角色。我們掌握了現實經驗條件中的一些基本要素，儘管它們最終都是不切實際和顛倒的；但不可否認地，它們對於意識得以「自由」發揮作用大有必要，且最終將決定總體形勢。在「小子們」和反學校文化中，有關勞動力出讓的共同特徵和工人階級認同共有的洞察力，或可能成為洞察力的那些觀點，僅僅被拆解為對體力勞動的維護，隨後又被曲解為對體力勞動的奇怪肯定。勞動力展現的某一精髓或特質的各方面，並非其本質特徵或與資本之關係。具體來說，在某種重要意義上，由於這些「小子們」熟稔求偶、街頭、酒吧和家庭等方面的分界和優越感，所以他們理解並接受學校和工作中的分工，且在最不利的方面求得短期的歡樂，從而獲得長期的適應。

但是，我們在處理男性氣概這一問題時絕不能過於簡單化，因為男性氣概是多面向的，具有多面性。一方面，男性氣概是一種有些魯莽、倒退的大男人主義，這就帶來了一種自我毀滅式的傷害和攻擊，並造成工人階級內部關係的分裂；另一方面，透過揭露掩藏在表象之下的那些本質，男性氣概表現出了某種進步的本能。在男性氣概的表現背後，隱藏著對體力勞動的肯定，而且儘管這種肯定只是一種中介，是被扭曲的，但其背後仍包含了豐富的意義，如勞動力作為商品的獨特性，以及一般抽象勞動連結和統一各種具體勞動的方式。由於自身持有的各種偏見，男性氣概蔑視所有的資格限定條件，不過它還是對文憑的分工本質，對腦力勞動和技術主義在意識形態方面主要被用以維持階級關係，而不是選擇最有能力者或提高生產效率，具有某種「洞察力」。

正是透過對男性氣概這一矛盾複合體，以及性別與勞動分工的奇特整合的理解，我們才得以對早先概述的問題提出初步的解答：為什麼在傳統理解、人為界定和意識形態灌輸中，毫不讓人期望、最不能使人們產生滿足感的工作（體力勞動），卻被社會中一個重要群體自願地，甚至是滿懷熱情地承擔起來——至少，對該群體而言，這將是其青年時代相當長一段時間內永遠的陷阱。

該群體是從完全不同的角度來審視體力勞動的。體力勞動的恥辱變成了**積極的**表現。從事此類工作，並不是要表達工作的目標或資本主義體系中主導意識形態賦予他們的身分，而是要表達某些情況。這些情況本身在原因論上具有「合理性」；儘管這種合理性是錯位或顛倒的，但與那些直接將體力勞動界定為低人一等的論述理由相比，倒可能更為合理。

這種合理性不可能是下層社會自主選擇體力勞動的堅固基石。正是在當前反對體力勞動的意識形態潮流中，各種「新階級」才得以在支配地位的經驗關係中群情激昂地向上流動。[6]例如，

6　從這一角度來看，資本主義制度下新階級出現的問題，遠不如新環境下舊階級再現的問題來得有趣。較之於正文所論述的部分，我在此處有關腦／體分工狀況的討論，包含了更多關於「新階級」發展的理論意涵。我認為，下列範疇的劃分是非常重要的：技術上的優化與對生產力的控制；腦力／體力的意識形態的階級分工；以及現實的階級分工。技術優化在資本主義社會中是非常現實的事情。除了在意識形態領域中的涵義之外，技術優化還是資本主義制度一個客觀的、必不可少的特徵，它進一步抑制了對生產的限制。此外，它還消除了對直接需求和占有的限制，並開闢了可變勞動力，從而使生產達到社會抵抗或技術能力的極限。在資本主義制度下，不斷提高技術能力的上限意味著控制和計畫的不斷優化，以及勞動強度的加劇。
在生產型資本主義中，這一現實趨勢為腦力和體力勞動的分工提供了文化和社會的解釋框架。從中我們可以看到一個從制度的集體屬性到個體差異和特性的經典轉變。此處，這種技能優化的機會對於消滅社會對生產的制約也是非常必要的。技能優化確立了分工的可能。
對於靠賺工資為生的工人階級而言，控制和計畫優化所造成的客觀差異，並沒有在工人階級內部帶來分工。對於絕大多數藍領階層而言，他們工作的實際體驗是大致相似的。伴隨著去技術化、集中化和合理化，在工具間的一臺機器上工作和在生產線上一臺同樣的機器上工作，這兩者之間的區別確實已經微乎其微了。甚至在工作條件的差別化程度增強的同時，體驗的一致性也在持續著。與標準分鐘和標準化的程序相比，甚至那些明顯的差異（如白領與藍領之間的差異）也變得毫無意義了。對於工人階級來說，他們所面對的那些客觀差異，遠沒有他們在意識形態上做出的回應來得重要。這些回應至少在一定程度上涉及了性別歧視與腦／體分工的整合。因而，如同回歸到生產一樣，腦力勞動與體力勞動分工的形式完全不同於其物質基礎，而此物質基礎支撐了對腦／體分工，特別是父權制和性別歧視之間關聯

的解釋。資本主義需要，並且能夠從意識形態的扭曲變形和此類分工中獲利，這並不意味著資本主義就得到了它們的供給。

由此可見，腦力勞動與體力勞動之間的分工是人為造成的，是基於現實建構起來的，而這個現實則與其最初的結構、變形的結構、重新被應用的結構脫節。儘管如此，腦／體分工仍然部分地承載著階級分工的意涵。概括起來，階級分工可分為以下兩類：(a)工人階級作為一種客觀存在，在意識層面上的內部分工，導致那些從事相同類型工作的人相信，他們在社會地位上是不同的；(b)真實的階級分工，它僅僅有助於呈現能力方面的差異。最終源於生產力客觀趨勢的那股潮流，在一定程度上使中產階級合法化。技術與控制優化這一真實傾向，被用來當作意識形態層面上的階級分工基礎，大大超出了生產力的範疇。社會分工被描述和辯護為社會中的生產性分工，在這個社會中，生產和經濟構成了主要的意識形態話語，而這種合法性的轉換幾乎是無法洞察的。

這其中至關重要的變化就是意識形態上的轉變，即從真實的生產傾向到受性別因素影響的腦／體分工的轉變。這種轉變的實現，既不是資本的內在規律作用的結果，也與時間—結構因素的模糊作用無關，而是借助於矛盾的、半理性化的文化和主觀過程。

因此，以腦／體分工為基礎所形成的階級分工，是一種建諸錯誤觀念的誤認。甚至即使腦力勞動與體力勞動的分工已經合法化，它也絕對只出現在工人階級之中。在人們的錯誤觀念中，勞動的腦力方面，是作為具體的腦力勞動被個人化的。透過集中化和提高勞動強度，腦力勞動捲入到擴大資本主義生產中，這無疑有助於擴大而不是吸納剩餘價值（那就是說，其並非中產階級）。不合邏輯的是，此類勞動被承襲、簡化和重新加以解釋——特別是從公開接受那些在別處被視為體力勞動的工作角度來看，且被用於維護階級分工，使階級分工合法化。生產過程中那些客觀的技術和控制優化，在成為社會性的腦／體分工之前，都是經過漫長的迂迴才進入到文化和主體之中的，且被添加進一些新的、獨特的意涵（性別歧視和「腦力」勞動與學校的關聯）。

實際上，本研究中的循規者和違規者都屬於工人階級，而且在生產過程中，客觀上處於相似的地位，從事相似的工作。但是，循規者仍然相信，自己與那些「小子們」相比，擁有更好的工作，屬於完全不同的一類人，特別是有了文憑的武裝之後。這種分工一旦在工人階級中建立起來，無疑會使中產階級的地位廣泛地合法化：不是資本主義，而是中產階級自己的智力和能力，使他們能夠保持自己的社會地位。

種族歧視與勞動力

像勞動和性別分工一樣，種族分工同樣有助於人們形成全面的認識論範疇，並建立分工的可能。另外，種族分工也為社會提供了一個顯而易見的下層階級，這個階級遭受了比白人工人階級更沉重的剝削，因而它間接地、部分地受到來自工人階級自身的剝削（這至少減輕了其自身的被剝削感）。種族分工還在意識形態層面上，為感受他者之倒退、自我之優越提供了客體（這樣一來，便強化了那些使比較〔comparison〕成為可能的主導意識形態話語）。因此，種族歧視從物質和意識形態兩個層面上分化了工人階級。

儘管如此，種族歧視中還有某種意義，正是在這個意義上，種族歧視為部分白人工人階級（如「小子們」）的勞動力出讓「定調」，而這種「定調」的方式帶來了對特定類型的勞動更加細緻入微的肯定。此外，種族歧視標示出男性氣概適用範圍的底線，並指出男性氣概不是對體力或不體面事物的粗俗維護，而是一種經過謹慎判斷的文化類型。既然從外國移入的族群有可能承擔那些最差的、最艱苦的工作，那麼他們也就可能比其他群體更辛苦、更具男性氣概。如果另一個社會群體承襲了男性自信而武斷的衣缽，那麼諸如此類的工作就偏離了男性氣概的文化向度，被重新歸為「髒的」、「亂七八糟的」和「非社會的」等類型，這種做法是站不住腳的。

然而，如果僅僅因為意識形態的緣故，就認定腦／體分工的作用是維護社會生產關係，那就大錯特錯了。與此類似，如果將維護社會生產關係看作是資本主義邏輯的本質，那也是錯誤的。透過不斷對勞動過程進行重組、優化技術和控制、提高勞動強度，擴大生產的邏輯開始發揮作用，與此同時，腦／體分工出現（並且不可能擺脫這一條件）。事實上，在腦／體分工與擴大生產的邏輯之間存在著一種辯證關係。

這並不意味著我們要否認，那些可以被廣泛地稱作是「腦力勞動」的東西與中產階級無關。管理資本、分配剩餘（甚至其中一些會返還給工人階級）和維護社會生產關係的工作，當然都涉及到腦力活動。但是，人們很難將看上去相似，但在基本社會功能或生產功能上有所區別的活動分隔開來。階級與階級內部派系之間的客觀差別這一問題，在上述分析中尚未解決。

既然我們已經知道，腦／體分工不僅僅產生於生產過程中，也產生於某些外部過程中，即以真實的生產傾向為基礎，並對真實的生產傾向做出異於其本身的理解，那麼我們就無需像普蘭查斯（Poulantzas）那樣，在洞察意識形態過程時，試圖將真實的生產分工抽離。如果至少是在一定程度上，意識形態形成於他處，而我們沒有發現生產中的真正區分，那麼我們甘願承當責任。我認為，這應當有助於我們識別階級內部的各種真實派別（faction）。參見N. Poulantzas, *Classes in Contemporary Capitalism*, NCB, 1975.

因而，一張複雜的職業圖就形成了，這張職業圖並不是只有一個組織原則。非常輕鬆的或是腦力的工作被標注上「娘娘腔」；而最繁重、最艱苦的工作並不一定是男性化的。由於與移民勞動力聯繫在一起，繁重的工作可能貶值為髒的、不被承認的工作。對種族歧視的理解，應該更要著眼於資本主義制度下有關勞動力的複雜社會定義，而不是從什麼純粹的、一成不變的種族敵意出發。

毫無疑問地，在種族間的關係和社會界定方面也存在著差異。例如，西印度群島裔的男性似乎是從現實的和可歸咎於特定個人原因的生活環境惡化方面，來保持某種程度的大男人主義（有趣的是，人們會發現，這與其對自身勞動力的判斷之間的關聯是多麼遙遠）。不可否認，一些白人工人階級對年輕的西印度群島裔所持的敵對態度，似乎是基於性方面的嫉妒。自然地，正如同西印度群島裔的工作情況被從充滿男性氣概貶低為骯髒一樣，其性方面與生俱來的勇猛也被貶低為令人作嘔。

對亞洲人來說，似乎也存在著明顯的基本工作文化向度的反向變化。成功的店主、商人和學者，被許多白人工人階級看作是懦弱膽怯、「娘娘腔」的人，與循規的、女人味十足的白人一樣被動順從、缺乏進攻性（參看「對同性戀者的無故攻擊」和「毆打移居英國的巴基斯坦人」）。這種惡意的反應，可能可以借助於對此類向上流動（以及獨特的歧視傾向）的洞察來加以解釋，而這種向上流動關乎某種感受，即亞洲人確實應當屬於粗魯的、骯髒的工人階級。人們不清楚該使用哪類歧視，而從某種意義上來說，亞洲人身受兩者之害。

勞動以矛盾的文化形式完成自身的準備工作。如果有關這種矛盾的文化形式的基本論題具有任何有效性的話，那麼我們就應該對移民群體中的這類準備工作提出解釋。[7]

毫無疑問地，就年輕的第二代西印度群島裔而言，其文化反應和文化過程與那些「小子們」大同小異。他們在某些方面更為進步，並以某種形式將當前的形勢更加清晰地呈現出來。這些孩子多半在英國長大、接受教育，而且從結構的觀點來看，他們與學校和左鄰右舍的白人同齡人具有許多相同的經歷。我們由此可以想見，這將對他們的非正式文化產生影響，並使他們和那些白人男孩一樣，對學校和勞動力市場的本質擁有某些直接的「洞見」。然而，他們同樣也從西印度群島人那裡繼承了一種無工資和貧窮的文化。對他們而言，似乎存在著一種在毫無工資或任何官

---

7 對於工人階級女孩的勞動力準備過程而言，這也是正確的。這也可以表明，有關性別角色的具體觀念（從家庭模式到大眾傳媒模式），在學校的情境下，都表現在特定類型的實踐活動之中。這些實踐活動對於文化洞察的轉變，以及對於勞動力的某種意涵和定義的主觀與集體發展而言，都蘊含著豐富的意義。譬如，用甜言蜜語哄騙男教師，或是直接性感地挑逗男教師或許都促使女孩子們認為，女性特有的重要能力並不在於「工作」和「勤勞」，而是在於複雜而矛盾的性操縱、性快感和家庭的建設。

儘管我無法將女孩囊括進本研究的關注焦點，但是此處所概述的研究方法，至少在正式的層面上，同樣適用於對在校女生的研究。

方、明顯援助的情況下生存的可能。因此，這就為年輕的第二代西印度群島裔準確洞察他們的未來本質開啟了可能性——他們的未來得以向前推進，並非由於對某種工作的肯定，而是由於對所有工作的拒絕。

這並不意味著他們的文化和源於自身邏輯的那些行動毫無神祕感，或是最終不會被扭曲，不會以自己獨特的方式變得不完全。但是，如果他們由於拒絕工作而過早地關閉了流動的通路，而且這種拒絕沒有經過對社會現實環境和各種可能進行徹底的分析和政治聯繫，那麼他們就突顯了白人應對方式的不全面性，而這種應對混合了洞察、理性、歪曲和最終接受。

隨著結構性失業逐漸成為社會的長期特徵，且一部分白人青年被迫陷入長期失業，一種無工資的白人文化可能就此形成（儘管比對的是當前出現的龐克搖滾文化現象，但很有可能是借用了西印度群島裔的文化類型）。必需品可能被轉變為一種虛幻之物，而且透過文化上的調和，不工作成為了一種更為普遍的、「自由」的選擇。有關下層階級的文化再生產問題，與從事體力勞動的工人階級再生產問題一樣意義豐富。但是，我們在此無法深入探討了。

第六章
意識形態的作用

行文至此，我們已對某些文化洞察進行了探討，並向讀者展示了這些「小子們」是如何透過內在的「局限」，最終對體力勞動做出了令人驚訝的肯定。

無疑地，這已使我們身陷於對外部力量、國家制度和主導意識形態對工人階級子弟所產生的影響不夠強調的風險。雖然我們不可能在一次研究中全面地刻畫出外部決定因素和結構在文化層面上的複雜性，但還是有可能推斷出文化與意識形態相互影響的某種重要形式。從根本上來說就是意識形態作用於文化，並在一定程度上產生於文化。意識形態本身在一定程度上受文化生產的影響，同時它又在文化生產過程中具有一定的形式與功效。

我們已經在民族誌部分看到，諸多形式的傳統主導意識形態——特別是透過學校調和的——被支解、被轉化，或是完全被反學校文化擊敗。已經考察過的那些至關重要的分工、扭曲和轉變，通常並不是來自於社會統治群體向下傳遞的思想和價值觀，而是來自於內部的文化關係。本書在此要對工人階級對體力勞動文化肯定的某些方面進行探討，無論是從意識形態的角度，還是從物質論的角度而言，都極為重要。而且，這種文化肯定有可能向上傳遞給一個對此極不理解的官方意識形態機構。所有分工、性別歧視、種族歧視，以及借助於體力勞動力所完成的表達，都更強烈地出現在民間團體，而不是任何國家機構之中。事實上，自由民主與這類事物針鋒相對，其代理人將之視為需要剷除的邪惡之物，而不是自身生存的條件。無疑地，這既沒有阻止向上輸出的那些意識形態因素被國家所利用，也沒有阻止國家以矛盾的、非預期的方式再生產這些觀念。更確切地說，在「自由」、「平等」的資本主義秩序統治之下，不同機構中的國家代理人所懷有的美好信念，可能就是這些意識形態得以再生產的最重要條件之一。

然而我們不能完全顛倒意識形態傳遞的典型方向，也不能就此推斷，主導意識形態、國家機構和制度除了為分工、性別歧視、種族歧視等發揮作用與提供有利環境之外，在文化過程中沒有發揮任何積極作用。

我在討論被普遍接受的「意識形態」概念時，特別關注這些更直接的、更「占支配地位」的結果。此類結果對進一步限制文化洞察發揮了重要的作用。它們在一定程度上來自於時代的「統治思想」，即那些包含在具體制度和更為非正式的媒體（如電視、電臺、出版物和電影）中的「統治思想」。這兩種統治思想可以在一個共同領域裡被整合起來，例如學校。兩者，特別是後者，均受到來自於階級文化過程的意義（與有差別的扭曲不同）和範疇的影響，並對它們加以利用。

基於我們的研究論題可知，在意識形態對反學校文化施加的縱向影響中，最重要的兩種就是證實（confirmation）和擾亂（dislocation）。一方面，它們（以某種循環的方式）對文化（生產）過程的某些方面和決定加以證實，而文化（生產）過程則對當前的社會利益集團和生產十分偏袒；另一方面，它們（透過為局部系統注入新事物）使那些仍然對該系統保有某種程度批判式洞察的文化生產過程陷入混亂。雖然這兩種影響方式並不是對勞動力在主觀上和文化上的準備過程進行直接干預，但是它們參與、影響並強調現實的經驗過程。這裡並沒有詭計多端、不擇手段的意圖，意識形態的各種要素只有在與工人階級文化過程的現實運動結合為一體的時候，才會被人接受。關於這一點，如我們所知，人們很難僅透過上面的論述就徹底理解。儘管意識形態的意義和邏輯可能存在於文化過程之外，但是對於特定文化形式的外在特徵和內在邏輯，人們只能在不同時期、以不同方式接受，特別是當意識形態的意義和邏輯與在文化過程內部產生的意義形成對比的時候。

證實

職業指導和建議是「小子們」在為工作做準備期間被施加的最明顯的意識形態力量。我們之前已經注意到，職業建議和工作所包含的指導性觀念遭到了無情的拒絕，且被重新加以解釋。儘管如此，一些我們可以稱之為暗示性資訊的觀點確實仍然得以傳播，特別是在強化文化中業已形成的有關社會分工、性別歧視，以及從事某類工作的必然性的自然主義方面。職業指導與建議通常並不意在傳播這種資訊，而是關注於諸如：工作生活的總體環境；對工序和機器的痴迷；體力勞動者與腦力勞動者之間的分工；工業組織明顯的無時間性和必然性；未來工作領域中原子化的競爭本質；產業勞動的艱辛和必然性。這並不意味著職業指導和建議在一定程度上代表了理性職業選擇的一般模型，或是作為一般模型的一部分被接受。相反地，理性的職業選擇來自於大量影片所曝光的工人階級大眾的工作形象；來自於備選工作那令人不知所措的多樣性；來自於攝影師不由自主、憑直覺所捕捉的運轉著的機器影像；來自於白領指揮藍領時那絕對的權威。

或許此處最明顯的例子就是職業影片中的兩性角色差異。在這些電影中並不存在明顯的性別歧視，而且性別角色的定型化也從不是此類電影評論的主題。真要說有什麼的話，那就是明確強調兩性應更趨平等。但事實上，電影中的視覺形象和隱含假設仍保有性別上的分工，並被具有性別歧視傾向的「小子們」習得。

在一家蛋糕廠裡，我們只看到女孩子們在工作。當我們看一位女性為蛋糕裹上糖衣時，旁白說道：「沒錯，她做得實在是俐落，這可不是快轉鏡頭。」女性總是從事那些精巧細緻的工作，她們與更崇高的職業之間的唯一關聯，就是為自己的男人擔驚受怕。在一部有關拖網捕魚的電影中，人們看到一位年輕的水手告別自己焦慮不安的母親，而母親站在家門口的臺階上不停地揮著手。他的身影消失後，母親返回屋中，開始憂心忡忡地等待兒子歸來。與這種感情形成明顯反差的是：拖網漁船上的那個男船長被刻畫成一個淡定、強壯、「不輕易流露感情」的人物。他的注意力完全放在捕魚量上，而不是在關懷新船員上。

在另一部關於耕作的電影中，生活的艱辛和殘酷一覽無遺，但這兩者都不是只有在男性主題中才會被提及的尊嚴和才幹。此時，旁白提示我們：「開拖拉機並不像看上去那麼容易。」儘管電影中湯姆覺得很容易，因為「他在戰爭中開過大型推土機」。我們只能認為結尾的這段話是講給男性觀眾聽的：「生活是艱苦的，但是對那些全副身心投入生活的人來說，生活充滿樂趣。」

意識形態最重要的一般功能之一，就是將各種不確定的、脆弱的文化分析和結果變成一種普遍的自然主義。意識形態向人們提供了眾多範例以確定這一功能。來自於下層社會最缺乏挑戰性、卻最具神祕感的文化生產已經成形、具體化，並得到支持，以形成一種真實而生動的共同特性。這種共同特性使所有階級達成某種共識，而這個共識又構成了社會地位再生產的基礎和展示民主的舞臺。事實上，這種共識可能與某些官方意識形態準則相悖。而這仍然是為了穩定所付出的微小代價，是一種在意識形態層面上讓步的形式，這種讓步足以和下層社會向勞動及社會民主所要求的明顯讓步相匹敵。對於工人階級而言，這通常標誌著與一種絕對主義、資產階級意識形態決裂的同時，又回歸到另一種更深刻的絕對主義和資產階級意識形態，即自然的法則和常識的規則。

對於這些「小子們」而言，常識的支配力時時刻刻包圍著他們。常識部分是自我創造的結果，部分是證實性的意識形態資訊向下傳遞的結果。對於「小子們」周圍的人而言，常識是行動的明確根據。常識向人們提供了自然化的社會分工和普遍存在的性別沙文主義。或許最為重要的是，常識以一種對勞動力已然被扭曲的意義進行實證式曲解的方式，向人們提供一種無法抵抗的感覺：人情世道即工作之道。工作之道是直接而具體的。甚至在這些「小子們」離經叛道的行為中，也時常出現對「道」的提醒。當他們手拿偷來的蛋糕跑出店鋪時，店主在他們身後大喊，「我花了四先令做那塊蛋糕」；當他們在學校裡弄壞一把椅子時，人家告訴他們，「你父親曾為那把椅子出過力」；在家裡，家人以無數種方式告訴他們，向他們證明，「如果你不工作，你就沒飯吃」。

當世界上的工作必須有人來完成時，就會出現很多種組織常識的方式。被隱藏的文化洞察，而不是對於工作必然性的斷言，更加告訴這些「小子們」真實的社會組織。常識是「小子們」那最為偏頗、最受限制的文化「洞察力」的具體化。它阻止「小子們」去探索更平等、更合理的生產組織。[1]

當反學校文化的涵義中包含潛在激進因素的時候，在避免「敘述如下」的專斷的同時，對蘊含在反學校文化中的有序、連續時間的顛覆，透過完全自然化，被轉換成一種慣性和優勢。時間或許不是被建構起來的工業主義產物，也不是革命性選擇的產物。中產階級的時間並不是（以一種實踐的文化形式）對照於相對主義和可能性，而是與一成不變的自然及其惰性趨勢構成對照。與中產階級時間觀念的決裂，使人們趨於一種更為絕對的時間觀念。對於中產階級時間的「部分洞察」，以及其他各種「洞見」，造成了從文化和相對武斷到「自然」的轉變，而不是以其他新形式表現出來。這是對歷史的否定，而不是對歷史的承認，無論決裂後的前景如何。

擾亂

正如透過學校和職業工作所表現的那樣，意識形態的主要擾亂傾向之一具有獨特的非預期性。

如我們所知，主導形式的職業指導和「謀生教育」強調的是就業機會和被指導者全方位（從橫向和縱向兩方面）滿足人類抱負、期望能力之間的現實分化。由於受到反學校文化的影響，這

---

1 為了避免混亂，我並沒有使用「霸權」這個詞。但實際上，從很多方面來看，「霸權」在此處可能有助於表明意識形態與特定文化形式之間關係的準確狀態。就是在這個意義上，我才借用葛蘭西（A. Gramsci）的這個概念。可是，目前「霸權」這個詞的準確詞義並不確定，因此我儘量避免使用這個詞。參見A. Gramsci, *Prison Notebooks*, Penguin, 1973; P. Anderson, "Antinomies in Gramsci's Thought", *NLR*, no.100.

種直接推動力發生了大規模偏離，其錯誤邏輯也被反學校文化所發覺。對於本研究所關注的「小子們」而言，所有的工作從根本上來說都是相同的。然而，意識形態的推動力非常強大，並促使文化洞察陷入混亂。

由於支持分化的意識形態力量是如此強大，且無法說服其對象，因而推動力的影響發生了逆轉，產生了向心作用——不是使工作多樣化，而是使人們漠視導致工作千篇一律的真正原因。工作之所以缺乏多樣性，並不是由一個簡單的原因（資本主義的生產邏輯）導致的。各種令人眼花撩亂的電影、演說家的輪番說教，以及員工們在「選擇」過程中所感到的持續不斷壓力，這些都沒有表現出世界上工作的多樣性，反而超越多樣的領域和如此多樣化的決定因素與原因，表現出工作那令人驚訝的千篇一律。

因此，工作如此無聊、令人厭倦，且通常毫無意義，並非一人之錯。我們無法為此責備任何人，也不能採取任何行動。每個人遭受的懲罰各不相同。但是，在完全不同的領域中，如耕作、送牛奶、工廠工作等，都有工頭在嚴密地監視工人，而工人們完成乏味的工作，就是為了獲得那令人著迷的棕色信封——這些似乎都是再正常不過的事情了。這助長了先前所談及的自然主義，同時又被自然主義所強化。與其說以壓迫為中心的世界，來自於以具體、確定的思想、生產和利益為核心的社會組織，不如說我們擁有一個包含了上千個不受時間影響的自然主義世界。多元決定論帶來了苦難，這正是人類的處境。人們可以與單獨一個敵手搏鬥，但絕不可能與從人類所處環境中產生出來的一百萬個小敵人交戰。

非正式群體抑制了文化洞察，並促使其成員逐漸偏離該洞察。有時候，這種更為直接的擾亂是在職業工作中，透過明確強調個人主義的方式實現的。在漢默鎮學校，來自未來的威脅和工作中的競爭使群體團結產生分化，這是很常見的事情。

職業指導教師對五年級學生：

我以前告訴過你們，我通常並不提倡自私，但在這種情況下，我必須贊成。忘掉現在坐在你周圍的朋友吧，也許你現在正和你的朋友在一起，一起說說笑笑，沒關係。但是，當你們找到工作的時候，世界上所有的朋友就都沒用了。當你自食其力的時候，你就要完全靠自己完成工作，沒有人能幫上忙（……）所以，此時此刻，你就得自私。不要為你的朋友在做什麼而困擾，現在就出去，照顧好自己，找到屬於自己的工作，不必等你的同伴。

當然，在特定情況下，這是一個很好的建議，特別是對個人而言——很坦率，且充滿關心。然而，到最後一年年底，半數的五年級畢業生沒找到工作，這對於所有人來說都是極其可怕的前景：學生們還得做出實用主義的個人決定。現在的就業形勢較之以往更加嚴酷了。然而，事實仍然證明，意識形態總是宣揚自身的必要性，並且利用時間的短暫性排斥了其他的前景和可能。

與就業官員對話可能會強化某種力量，從而瓦解群體及其觀念，或者更確切地說，會阻止群體出現。這通常並不直接作用於那些「小子們」，其個人主義的邏輯，有時是菁英主義的邏輯，會在社會中播下異議的種子——儘管會抵銷文化的作用——最終發育成各種形式的個人主義和界線。

當然，接近最後一年年底，當工作遙遙在望的時候，由主導意識形態所激發的個人主義分化，借助於文化上的自相矛盾，已然變得根深柢固了：

〔一次小組討論〕

法茲：我去〔參加求職面試〕了。是這樣的……她極力向我推薦，「你想做鋪路工吧」，她說（……）「你想去修理打字機吧」，我根本就沒提到過打字機〔大笑〕。她說，「好吧！我會盡力為你找到一些合適的工作，到時候我會通知你的」。

喬伊：她知道你能幹什麼。她不可能每週平白無故賺三十英鎊。她應該知道你的強項是什麼。或許還知道你能做什麼（……）

法茲：她確實知道，而且想辦法讓你得不到那份合適的工作。

弗雷德：你想做什麼，而且說你決心已定，她就偏不讓你做什麼。是呀！我機械在行，她就不讓我做機械工作。（……）她說，「你做不了這項工作，因為你得有物理知識」，就是這麼回事。

喬伊：哎，就是如此。這就是她懂的東西。她明白，反正你得不到你想要的工作。

斯派克：因為如果你找那樣的工作，那你心裡肯定有數，你必須會什麼。她會告訴你，你得具備物理知識。那麼……這純粹是浪費時間，除非你還想學習（……）

威爾：她說的是對的。我們不說浪費時間，就說這一年，你接受了職訓，然後他們還是把你開除了。知道我的意思吧，如果你對那東西不在行的話。

這些就是職業動力對形成於文化層面的洞察所產生的主要擾亂作用。自然主義充滿並肯定了內在軟弱性，而這種內在軟弱性與意識形態活動聯手作用於文化激進主義，從而廣泛造就了工人階級的固定特徵。儘管不平等總是四處可見，剝削被人們承認，不公正和矛盾成了每天的家常便飯，但這些事物沒有一樣指向相同的方向。他們不具有共因。如果一些人剝削別人，而一些人受剝削；如果一些人是平等的，而一些人並不平等，那麼這一切並不與階級組織化相伴而生。所有人都有機會剝削他人，也都有可能被他人剝削，任何制度都不能、也不希望改變這一切。在任何賭博遊戲中，機遇、命運和運氣基本上在洗牌的時候就分配好了。對統治制度和剝削的清醒認識，對資本主義制度的文化調和（儘管是扭曲的）和在一定程度上對洞察的實踐，是可以與平靜地接受這個制度、相信人生中並不存在對個人機遇的制度性壓制並存的。壓制確實存在，但它只不過是人類處境中隨機的一部分。並不是資本主義，而是人類的本性，才是真正的陷阱。意識形態則協助這一切產生——儘管它不僅僅來自於其自身的資源，但因為意識形態在一定程度上是由自己創造的，所以人們相信它。

〔工作中的一次個人訪談〕

約翰：〔在一家生產汽車配件的小工廠中工作〕總是有更多的東西等著〔加工〕，不過，我的意思是，甚至我想說，我每月賺十二英鎊，但我一天能替他們賺一千英鎊。我的意思是，你所做的一切都是為了金錢。

PW：你指的是什麼意思？

約翰：我覺得，任何地方的管理階層都是養尊處優的……你看在哪都是如此（……）。

PW：不過，你依然認為事情總體來說還是公平的。

約翰：大致上是公平的，但我的意思很明顯，總是有不公平的地方，比如管理階層。可我覺得人人都有錯，人們都太貪婪了。這就是問題所在。我是說，即使是那些最窮的人，如果他們賺了一百萬英鎊，他們也會開始……他們還是會想賺更多的錢。雖然他們曾親身經歷，知道許多人吃不飽、穿不暖，但是他們也不會把錢施捨給那些窮人。所有人都一樣，本性都是貪婪的。不過，我想社會還是比較公平的。

〔工作中的一次個人訪談〕

PW：我的意思是，你是不是曾經覺得（……）你應該賺得像（……）主管的工資或紅利那麼多？

比爾：〔一家木材機械廠的實習機械工〕如果每個人都這麼想，就能實現了。不管怎樣，我也這樣想。但是，對此你也無能為力。並不只是這一家工廠，在任何一家工廠工作，情況都是如此（……）我曾經希望，我能夠在那裡升職，可是他們沒有想到我，你知道的……

內部對話者

本書所簡述的「意識形態」對於身分地位的重要作用，或許在很大程度上並不在於直接干預（此處只做部分探討）、制度支援或政治背景，儘管這些作用是重要的，正如意識形態與文化過程相互影響、作用的所有方式。在當代工人階級文化中，意識形態可以被視為一種非正式補充。

各種文化形式的根本弱點就在於個人經驗和可靠性的調和折衷性，特別是當文化形式與文化洞察重疊並受其影響的時候。雖然文化洞察是文化相關性和生命力的終極基礎，但是它們從未被明確地表達出來。文化洞察不是鬥爭的直接資源，在我們分析的過程中，它們與直接的政治聲明只有一點相似之處，即文化洞察替代不了政策或意識分析層面。在更廣泛的社會情境下，非正式文化過程的具體性、密集度、隱含的激進主義、關聯性，及其有關個體主張的實質，恰恰是其最大的弱點。作為這個社會中的一種反抗形式，非正式文化的本質就在於，它作為規則的例外而自我保留下來。非正式文化對所有可能推翻規則的其他例外都毫無所知。它沒有意識到自身「規則」的存在，對實際上直接指導其獨特文化反應的世界的分析噤聲不語，使意識形態自信地跨入這片沉默之地。無論對錯與否，無論是否被洞察，它就是那規則，它就有那話語權。對於文化形式的弱點而言，意識形態成為了一個內部對話者。不論內容如何，各種強大的意識形態總是具備正式性、公眾性和明確聲明的天賦。它們可以在輿論和共識之中發揮作用，因為在對立的文化過程中，任何事物都無法取代它們的作用和效力。

在「傢伙」和反學校文化的個案中，在那些拒絕制度和傳統道德的叛逆者與反對觀點之間，存在著一種令人感到驚奇的張力和矛盾。這種矛盾並非總是顯而易見的。但是，正是這一隱一現強化了對文化洞察的抑制——就像文化洞察受到局限一樣，促使文化洞察進一步陷入混亂，並使它們的各種意涵投射於不可能實現的目標。

當然，每個「傢伙」都以自己特有的方式，懷著不同的感情壓力，以不同的解決方法應對某種矛盾。正是文化本身，才能展現出那令人驚訝而持久的含糊不清。違規、拒絕和工具主義的邏輯無疑引發了許多行動、選擇和行為。但是，這種邏輯通常容易被人們視為相對於更大的社會道德、即所有人都遵行的邏輯之例外。個人經驗的力量——知曉事物的真正本質——或許能為了每日之生活，逾越一般邏輯。但是，個人經驗絕不可能擊敗一般邏輯。雖然文化對個體說：「這對我來說是正確的。」但是它也可能補充說：「儘管一般來說它可能是錯誤的。」非正式文化對現實行動構成指導，並使之合法化，但是非正式文化最終還是被涵蓋在正式文化這個更廣泛的框架之中。甚至在某些特定情況下，正式文化被明確拒絕之處，非正式文化的歸類能力仍在繼續發揮作用。反對和替代性解釋被無休止地納入規則的例外之中。

〔接近最後一年年底，學校的一次小組討論〕

斯潘克斯：是那些「乖乖牌」構成了我們所生活的這個世界，而不是我們。

法茲：絕大多數人就像那些「乖乖牌」，難道不是這樣嗎？他們使這個世界正常運轉。如果把這個世界交給我們（……）一切都會變得亂七八糟的，我們可沒法應付。

PW：（……）你想讓事情變成那樣嗎？

法茲：不，你只要想想就明白了，你沒能耐擁有什麼，一些人已經將所有東西都據為己有了。

斯派克：你這是在中傷自己。

法茲：沒有。

喬伊：就是。你說過，如果這個世界交給你，一切都會亂七八糟。

法茲：是這樣。

喬伊：但是，你不會讓一切都變得亂七八糟的。很顯然，真到了那時候，你會阻止它發生的。

PW：你的意思是不是你想當一名聽話的學生？

喬伊：我不想做什麼聽話的學生，我就想成為我現在的樣子。

（……）

喬伊：你說你不想聽〔教師的話〕，但是有時候你就得聽。如果你穿過走道時，地板上他媽的有一個大洞，你可能因此摔倒，還扭到脖子。你偏不聽話，走過去了，摔倒了，那倒楣是你自找的。

斯潘克斯：〔激動地〕我不會那樣做的，難道我會那樣做嗎？

喬伊：為什麼不會？你說了，你不想聽話（……）

PW：既然你這麼說（……）證明你夠聰明，能明白其中的道理，那你為什麼還不聰明地聽老師的話，按照老師說的〔好好上課呢〕？

喬伊：我可沒說我聰明。我是說，我們當中沒有人聰明到那個程度。

PW：但是，你已經聰明地指出這一點來了（……）那為什麼不那樣做呢？

喬伊：因為其他人沒那麼做。如果我不玩耍，不喝酒了，他們就不帶我玩了，那麼我就不會是這些人其中的一員了。我現在就是這個群體中的一部分，我不能離開他們。

威爾：老師們想讓我們變成「書呆子」。這就是我們衝突的地方。他們教我們這些東西，可是我們並不想成為「書呆子」。所以，我們覺得，呃……如果我們變成了「書呆子」那樣，我們就不喜歡自己了。所以，我們不能變成「書呆子」，就想像現在這樣子。

這些「小子們」的文化最缺乏抱負——支持此一觀點的對立規範與主導意識形態針鋒相對。在這種內部對話者面前，對抗性的內心活動只變成了一種回答。此處的核心問題，並不是要說明「小子們」對待暴力的態度是對還是錯——就其殘忍性而言，暴力是一種資本主義制度下競爭性個人主義的反映——而是要從內部證明其自身的合理性。雖然各種文化形式和經過調和的具體行動之「合理性」對主導意識形態進行滲透、顛覆，並使之逆轉，但是主導意識形態仍舊質疑將政治封閉於文化之外的真正形式。

〔一次小組討論〕

斯潘克斯：儘管每個人都會贏得勝利，但我要靠自己的力量獲勝，他獨自一個人被打了一頓，為什麼他沒叫上其他人一起呢？

喬伊：打架又怎麼樣？就是你把那個小胖子一把拎起來，一頓猛打。他可能家裡有十個孩子，但沒有妻子照顧他們。

彼特：是，這麼做不對，難道不是嗎？

比爾：你沒時間考慮，因為當你站在那兒考慮的時候，他可能就已經把你殺死了！

（……）

喬伊：如果他不夠勇敢，沒有保護好自己，或者如果他不是……

斯潘克斯：或者如果我在人數上勝過他，四對一……

喬伊：或者，如果他跑得不夠快……

德瑞克：哎！羅伯茨怎麼樣了？〔一個聽話的學生〕他長大以後，有沒有再找他的碴？

喬伊：那是他的錯，誰叫他長得不夠強壯，那是他的錯。

德瑞克：那不是他的錯，那可能是他爸媽……

喬伊：那只能怪他自己……

比爾：我們的爸媽，我和你打賭，我們的爸媽……

喬伊：〔激動地〕好了，好了，那麼……就是他爸媽的錯，把他養得像個同性戀。

德瑞克：「就是他爸媽的錯！」可你剛才還說那是他的錯呢！

喬伊：如果是他們的爸媽把他們養得像同性戀，那就是他們的錯了。總得有人承擔過錯，錯誤也總是可以追溯到某個人的……因為不管我多大歲數，我總是想看到一些十五歲的年輕人襲擊我（……）

PW：（……）難道你真的那麼認為，或者什麼就讓你覺得那是對的？

喬伊：事實證明那就是正確的！

PW：（……）肯定有什麼理由使你覺得那是正確的，為什麼會那樣？

喬伊：我不知道為什麼，你總是想證明它。如果你像……那樣做，就會顯得有點傻。我沒法解釋，你就想證明那是合理的，想讓它看上去是對的，總有這樣做的理由（……）理由是對我自己說的，不是對警察說的。對警察我就會說，「我當時不想那樣做」，然後開始哭喊，這都是胡扯，你只是想讓自己得到開脫……你知道，我總得有一些理由證明它為什麼合理吧。我總覺得，在這一段或下一段生活中，你總得對你的生活，對你所做的事情有個解釋吧。

PW：可是，如果你不相信這種說法，那它還有用嗎？

喬伊：還是有一點用的。有些情況，比如你確實能夠證明它是合理的，你也就心安理得了。而對其他人（……）你就得想辦法證明那樣是對的，是合理的，至少在表面上證明它有理。深究的話，可能就站不住腳了。你心裡明白，那是錯的。只是當有人議論這件事的時候，你會說，「啊，有些道理，我不覺得這有什麼殘酷的」。

正如在主觀層面上規定和理解的那樣，在這個地方，文化和社會組織的傳統原則之一，就是「他們」和「我們」之間的原則。[2]「他們」是在「我們」中得以存續，這一點通常被人們忽略。這種內在劃分並不會令人感到驚奇。在一個確實存在階級分工的和平民主社會中，「他們」和「我們」絕不是界線分明的。這兩者之間的基本區別，無論是在最廣泛的社會單元層面，還是在單獨的個體層面，都必須被熟練掌握、調和、附和。甚至是最「我們」的群體或個人，也會有一些「他們」的成分在其中。正是這一點使得「我們」徹底出賣了自己。意識形態就是嵌在「我們」之中的「他們」。這並不是自然形成的，而是與政治實踐無關的非正式文化和個人合法性的力量使然，是文化鬥爭的力量使然。一旦出現，它就在一定程度上證實了洞察，並使之陷入混亂。它阻止「我們」變成一個集體、堅定而自信的「我們」。意識形態成為虛假的「我們」、虛幻的團結——人們各自保全自身，並以其他人的名義屈服於最高統治權。如果說國家意志是一間布滿鏡子的大廳，那麼這間大廳就需要每一面小鏡子。在這裡，我們只是對其中一面鏡子的結構和關聯做了考察。

2 例如，參見理查．霍加特的經典著作《讀寫何用》（*The Uses of Literacy*, Chatto & Windus, 1957.）

第七章
對文化形式及社會再生產理論的註解

我們在前文中所考察的，雖然僅僅是勞動力再生產的諸多具體形式之一，以及使它得以應用於生產過程的各種態度，但是本研究在某些方面仍有廣泛的指導作用，例如發展一種有關文化形式、文化形式在社會再生產中的作用的更普遍理論，或是更加準確地界定文化形式在資本主義模式中，對於保持持續的物質生產所發揮的作用。

首先，該研究提醒我們要對文化層面上過於簡化或粗略的唯物主義觀念保持警醒。[1]例如，

1　例如，馬克思從未解釋勞動力如何形成，如何主觀地存在，又是如何以某種方式被應用於生產過程之中。在使用失業後備大軍（reserve army of the unemployed）這個概念來解釋工人的意識形態順從的時候，總是存在一套騙人的把戲。無論直接的壓力和額外的競爭壓力如何，我們首先還是需要理解導致某種生產力大規模供給的過程，無論這種勞動力失業與否。

在任何直接意義上，工業的勞動力需求都決定著勞動力的主觀和文化結構，這種觀點就是錯誤的。[2]諸如學校之類的特定機構生產出、或能夠生產出（若能運行得更好的話）無階級、標準化

---

2 儘管我曾指出，生產並不是機械地決定文化層面和那些有助於形成生產所需的勞動力的過程，然而，顯而易見的是，無論以何種方式造就的工人，在任何特定時刻都必須最大程度地滿足生產的全球化需求。這些需求在某種程度上受它們自身被滿足的形式的影響，反之亦然。不過，我們仍然需要面對這些需求較為獨立的邏輯表達方式和發展規律。借助於本研究的論據，我們可以在這複雜領域內做出初步的評論。

壟斷資本主義（monopoly capitalism）的誕生，標誌著向勞動程序控制和加強的一次前所未有的邁進。而競爭型資本主義（competitive capitalism）的市場在商品交換中居於更核心的地位，這就對勞動程序控制有了制約作用。如果某種工作變得過於困難，競爭型資本主義就會為個體勞動者提供具體的替代性可能。同時，它也試圖對技術升級和革新的速度加以限制，因為這些方面的投資可能會冒資本回報週期過長的風險（如果投資不是用於最佳資本積累，而是用於競爭性的產品升級，那麼這種投資甚至是無回報的），而無法獲得自由市場中盛行的短期營運收益。正是同樣的邏輯，阻止個人資本家採用更短的工作日。相對而言，現代企業免受這些市場壓力，而且可以根據自身生產的內在邏輯，推進對其所購買的勞動力的控制、強化管理和使用。勞動過程不斷被強化，手工技術被進一步控制和分解，這種趨勢是現實存在的（參見 Braveman, *Labour and Monopoly Capital*, Monthly Review Press）。控制的最主要發展方向，就是對規模生產進行專業化、理性化的控制。因而，存在一種普遍需求（即告別小規模的高度技術化——這會將控制傳遞給這部分人），使低技術勞動力為更大範圍的系統化和更快的工作節奏所利用，並具有一定程度的彈性，從而使不斷標準化的勞動過程得以相互交替進行。簡言之，壟斷資本主義要求其勞動力中產生一種加速轉變，即勞動者變為技術白痴，以工作為榮，個人與工作活動相融合。

本書所描述的文化和制度過程——作為一個整體——試圖造就出一大批與這一類型近似的工人。確切地說，我們已經

探討過的「部分洞察」，本質上就是要貶低和侮辱傳統的工作態度、工作中的控制感和意義。在某些方面，就壟斷資本而言，這些發展具有進步性，並且很可能為不斷社會化的勞動過程提供所需的工人，這些工人是工具性的，靈活、毫無幻想、「敏銳」，不掌握熟練技術，但卻可以順利地參與社會化勞動過程。

當然，無產階級工人的「先進性」（advancedness）不必走得太遠。拋棄舊時技術、職業奧祕和保護性態度，並不必然會拒絕現代工作，或放棄對現代工作無意義性的透徹理解。這種自由、獨立和改變工具型工人的願望，絕不能墮落為朝三暮四和任何的動機不純。最為關鍵的是，客觀存在於這些先進的無產階級工人之中的社會互賴——比以往任何時候都更加不具有偏見性、盲目性和局限性——不應該成為意識與政治目的的互賴和團結。

因此，源於現代壟斷的各種需求是彼此矛盾的。對於進步（或者缺少技術、受到職業約束的）工人的需求同時也使工人不忠於職守、缺乏動機，且易受大眾批判性政治觀點感染。

然而，我認為，這種矛盾也有可能在一定程度上被勞動力供給的文化形式所拯救。如果工業對於更為靈活、心無幻想的工人的需求，主要是由一類工人階級的文化過程（當然與這些需求存在一種調節關係）所滿足，那麼這種文化也會（再一次以一種調節性關係）提供能產生各種依附形式、分工和非預期性動機的其他過程，而這些都會以某種形式滿足工業恪盡職守和使政治混亂的需要。與那些違規者相比，循規者在勞動力準備過程中的各種文化變體，更有可能造就出不顧貧乏客觀物質條件獻身於工作、篤信工作內在價值且具有各種相關資格的工人。而且，這些對立的依附形式的存在，為勞動力分工和等級化奠定了基礎。人們藉此瓦解了工人階級內部的團結性，並從意識形態方面使現實的階級分工合法化。事實上，半自主文化層面上產生的這類文化分歧和扭曲，使人很難「看透」它們，從而對生產過程中的實際變化做出經驗性的判斷。另外，這也可能表明，工業需求與勞動力再生產的文化形式此刻似乎正在走向艱難而矛盾的和諧。然而，這個長期矛盾無法解決。意識形態過程和物質過程朝著根本對立的方向發展。勞動過程本身正變得愈發去技術化和無產階級化，與此同時，勞動過程中所涉及的各種工作顯然變得更加等級化和差異化——特別是在資格方面。由此可見，「當生產過程中的客觀技術分工正在進一步縮小的時候，腦力／體力勞動和性別上的基本分工是否還會不斷再生產和擴大生產過程中的分工」，這仍然是一個開放的問題。

在那些針對不斷變化的勞動力的控制和指導中，最有趣的管理革新之一就是「新型」的人際關係：工作重組、工作滿意度和自治性工作小組技術。就工人意識和反抗的形式而言，人們仍然對此類技術的內在邏輯大惑不解。在我看來，有關這類發展最具啟發性的觀點，就是將其視為對無產階級意識先進性（處於矛盾中）的回應。勞動過程的嚴格分工、高昂的士氣和對企業的忠誠，都日益變得難以實現。這是因為工人階級文化形式和與之關聯的行動，正穿過自我強加的腦力／體力障礙，轉變為一種對抽象勞動的實踐性理解；正穿過自身特有的性別障礙，邁向工作的徹底無意義，並對工作施以更加非正式的控制，從而形成更具對立性的團結——至少是在特定的、非正式的強大領域內。新型人際關係就標誌著管理階層試圖利用這一發展中的意識，來獲得更大的靈活性和更強的工作意願。

然而，這類戰略性解決方案的最終代價可能是極其高昂的，因為從某種意義上來說，追求效率最大化的生產邏輯（資本主義穩定性的首要信條）已被放棄，而且創造的條件更易於促使在勞動力中發展出更具批判性和挑戰性的觀點。在短期內，由於中斷的情況少有發生，產量因此可能提高；由於勞動力的相對原子化，反抗也可能減少。但是，如果我們將整個變動的特徵概括為把工頭有序、有條件地納入非正式文化，否則他的地位將被篡奪和受到挑戰，那麼我們會看到，人們在以此種方式處理與管理階層的對立關係的時候，設置了嚴格的限制。無論是權威正式的讓步與貶值，還是非正式的讓步與貶值，都是一種危險的策略，而且所有形式的參與都具有兩面性。能否在控制與服從之間達成一個新的穩定劃分，能否在長久、緩慢、微小的讓步過程中發揮作用，這必定是資本主義的賭注。人們可以期待分工和合法化在意識形態層面的發展，可以說，這就像是逆流而上尋找河流的發源地，從而抑制那種聲稱要掌握工作場所控制權的過度膨脹野心。

將管理技術方面的各種變化概念化的另一個方法，就是描述企業管理的焦點正在從生產力向生產關係轉移。以前，生產關係只是被簡單地看作為生產力的運轉提供條件；現在，生產關係已經被理解為具有獨特能力的力量。

泰勒主義（Taylorism）和福特主義（Fordism）均旨在促進對生產力的有效、合理使用。這涉及到對生產的客觀社會化，生產的客觀社會化反過來也可能會帶來所謂的意識社會化。在意識社會化中，相互依賴受到了廣泛承認，並被工人們用來控制生產。在自己的時代，泰勒反對「限制生產定額」和「系統性怠工」，但是他這種技術方法帶來生產的極端理性化和擴大化，為進一步非正式地控制勞動過程提供了條件。因此，操縱和控制生產力顯然會對社會生產關係產生影響，社會生產關係也會反作用於生產力。

我們知道，人際關係研究的第一次浪潮始於愛爾頓．梅奧（Elton Mayo）的著作，在其著作中，梅奧試圖遏制社會生產關係的反生產傾向，並使之失效。第一階段的人力資源管理技術絕不是因為考慮了社會關係，才有意識地重組生產力。這些技術在群體內部產生影響，也可以說是在上層建築層面起作用，特別是透過群體領導者的影響來管理、操縱、調節群體過程。

第二次人際關係技術發展的浪潮，標明了「理想主義」解決方案的局限性。在非正式群體和工廠文化中，一種更為唯物主義的觀念存在並發揮著作用。勞動過程沒有試圖限制非正式群體活動在固定勞動過程中的不利影響，它本身被視為非正式群體的決定因素，而且對生產過程的操縱也被作為控制各種文化形式的手段。到目前為止，控制下的試管社會主義微觀試驗在某些壓力點上，其成敗或許不如資本主義的承認來得重要，然而正是社會生產關係，而不是生產力的不適當發展，從實質上限制了生產。當資本主義將其敏銳的洞察力投射在它那至高無上的地位上時，我們可以在此處看到資本主義無限多樣化的資源和彈性。人們甚至可以再次認為，錯綜複雜的工人階級激進主義將被自由讓步弄得更加混亂，而且還可能在資本主義制度進一步變化的過程中，出現一個新的靜態平衡局面。

*例如，可參見Mary Weir (ed.) *Job Satisfaction*, Fontana, 1976; P. Warr and T. *Wall, Work and Well-Being*, Penguin, 1975; N.A.B. Wilson, *On the Quality of Working Life: A Report Prepared for the Department of Employment*, Manpower Papers, No. 7, HMSO, 1973; Report of a Special Task Force to the Secretary of Health, Education and Welfare, *Work in America*, MIT Press, 1973; W.I. Paul and K.B. Robertson, *Job Enrichment and Employee Motivation*, Gower Press, 1970; F. Herzberg, *Work and the Nature of Man*, Staple Press, 1968.

的勞動力，這種說法也不正確。在對某類工人的強烈渴望中，生產過程必然延伸到半自主的文化層面，而這個半自主的文化層面只是部分地、在特定條件下由生產決定。所謂特定條件，包括意識、集體聯合的創造力、理性、局限性、非預期性和分工。對於體力勞動的形成而言，其獨特的貢獻就在於對體力勞動所做的某種肯定，以及對一系列分工（主要是腦／體分工和男／女分工）的洞察和轉換。[3]

從更普遍的意義上來說，我們不能假定，文化形式作為一種自主反映，在一定程度上是由宏觀因素，諸如階級地位、區域和教育背景等決定的。毫無疑問，這些變數非常重要，不能忽略。但是，它們又是如何作用於行為、語言和態度的呢？我們需要理解的是，結構是如何在其自身層面上、在文化背景下，成為意義的來源、行為的決定因素。結構和經濟決定因素的存在並不意味著人們必須遵循這些因素。在一些社會中，人們被迫在機器噴槍一端以某種方式工作著；但是，在我們的社會中，這項工作顯然是在很自由的環境下完成的。為了得到一個令人滿意的解釋，我們需要釐清的是，在人類和文化的調節性領域中，結構性決定因素的符號權力是什麼。正是來自於該層面的力量，使得人們做出的決定帶來了非強迫性結果，而這些結果具有維護社會結構和現狀的功能。儘管這種說法簡化了我們的意圖，而且忽略了一些重要的形式和力量，諸如國家、意識形態和各種制度，但是我們可以認為，宏觀決定因素需要透過文化環境才能從根本上實現自我的再生產。

以無文憑工人階級的就業選擇為例，我們可以透過階級背景、地理位置、地方的就業機會結構和教育機會來準確地預測其最終的就業狀況。[4]毫無疑問地，較之於個人在職業指導諮詢時所表達的意願，這些因素能為我們提供更好的建議。但是，這些變數又是如何決定人們的就業選擇呢？人們做出決定的形式是什麼，欣然接受有限機會的依據是什麼，關於這些問題，我們仍未做出解釋。事實上，引證大量因素並不能從根本上解釋上述問題。因為廣泛引證無助於確定一串或一組因果關係，因果關係是可以從眾多可能性中指明特定結果的。這種方法只能進一步勾畫出有待我們做出解釋的情況，即年輕人在他們所熟悉且又生活於其間的世界中，為什麼、又是怎樣以他們自己看來似乎很理性的方式接受那些有限的、通常又毫無意義的工作。為了正確解答這些問題，我們必須對本書已研究過的文化環境做進一步探討，必須將文化過程看作是具有某種自主性的過程。這會使所有機械的因果關係、觀念失去解釋效力，也會賦予社會行動者某種眼界，使他們可以藉一種充滿人性而不是理論簡化的方式，來審視、呈現和建構他們自己的世界。滿足於體力勞動，不是一種受到錯誤文化的影響、愚蠢而又完全不合邏輯的經歷；也不是打著意識形態

---

3 生產過程的各要素以某種形式再生產意識形態的結構，這一結構反過來又作用於生產過程。

4 肯・羅伯茨在對學校中的就業服務和職業指導中心論提出批評的時候就提出了質疑。請參見"Where is the careers service heading", *Careers Bulletin*, DE, 1976.

的深深烙印、過時已久的無知經歷。它有凡俗平庸的一面，也有不同於他者的意涵。正是基於內在可信性和自我創造性，它才能被人們體驗。人們對體力勞動的主觀感受就是一種深入探知的過程：它是自身與未來相聯繫的有機體。

如果我們繼而需要對文化的獨特層面加以探討的話，那麼我們應當如何詳細說明其範圍及本質呢？在我看來，使用機械或結構的術語來說明，是一種帶有誤導性的做法。文化並不是靜態的，也不是由一系列可以在任何社會相同層面上記錄下來的永恆不變範疇所組成。在資本主義社會中，文化和各種文化形式的精髓，就在於它們對各類社會關係的再生產所做出的貢獻，而這種社會再生產大多是創造性的、不確定的和富於張力的。特別是文化再生產，總是包含著生產替代結果的可能性——在某種意義上，它確實在現實中發揮作用。文化形式輔助再生產的主要關係，就是該文化形式的成員與社會基本階級群體、生產過程之間的關係。雖然具體情況會大為不同，但是我並非意在暗示，主要階級文化在該正式層面上具有概念上的異質性。

在這一詳細論述的過程中，我們可以簡要勾勒出社會文化層面的三個具體特徵，從而說明我們實現論述的主要目標。首先，文化的基本素材由各種符號系統和思想體系所組成。從語言到系統化的身體互動；從獨特的態度、回答、行動、儀式化行為到表現性的藝術品和具體物品，這些都是文化的基本素材。這些形式之間可能存在著差異和矛盾，例如行動可能與言語相牴觸，或者嵌在文化實踐和儀式中的邏輯，可能與直覺意識層面所表達的獨特意義截然不同。如果對某一文化的闡述必須要詳盡，那麼正是這些壓力和張力為「底層」民族誌（以底層群體為研究對象）所需、更加趨向描述性的分析提供了研究主題。

其次，我認為，諸如此類事物至少在一定程度上由現實的文化生產所造就，而這種文化生產是完全可以和物質生產相提並論的。事實上，在諸如新的服裝潮流產生、物質環境變遷等領域，生產就是指物質生產。這種生產的基礎和原動力，就是非正式社會群體及其特有的集體力量。我的意思是，這些力量是以兩種相互關聯的形式表現出來的。一種形式是直接的，試圖對文化成員所處的社會位置（通常與語言存在一種對立關係）進一步做有意義的闡釋和再現，並嘗試各種可能，進而從中獲得某種激勵和轉變；另一種形式就是在第一個過程中所做的世俗的調查研究，以及對世界及其基本組織範疇無意識地進行的啟示性探索。對於文化世界以及其中（第一個）的各種可能性所做的象徵性建構，包括了對各種材料的應用——特別是材料中新奇的、只是被部分利用或是尚未被意識形態整合於其中的部分。這些材料可能帶來某些現實的、不可預測的結果。人類出於自身目的，運用能動性對材料施加影響，因此我們可以說，上述結果在很大程度上取決於材料的本質和世界的結構。相對而言，第一種形式帶有目的性，儘管它並非以個體為基礎。第二種形式則可能大大偏離了特定文化的核心，而且不包含任何目的論，儘管它深深地影響著文化的直接活動，並為特定個體提供長期關聯和回應的基礎。

最後，我認為，文化形式為主體性的建構和認同的形成提供了素材和直接情境。文化形式對於個體及個體之未來，特別是對於表現個體的生命力，做出了十分可信而極富價值的判斷和註解。這好像是在「標記」、「釐清」某些事物。我尤其認為，個體身分認同的形成，在很大程度上取決於勞動力文化習得的那些觀念意識和主觀歸屬；相反地，文化形式本身得以形成、維持和系統化，很大程度上也得益於世界上該文化形式的成員對勞動力的獨特判斷，以及集體模式的有效性。

這些只是文化層面上可見的主要形式、功能和獨特實踐活動中的一部分。然而，我們只有考慮到促使社會群體與其自身、與其他階層、與生產過程發生重要關聯的方式，才能理解文化形式的根本特性和自我的再生產。我們可以認為這個再生產的過程包括兩個關鍵環節。首先，外部結構和基本階級關係，在具體的文化層面上被理解為象徵性的、概念化的關係。我認為，這種形式就是對維護該文化的社會群體之生存條件所進行的文化（即不以個體或意識實踐為中心的）洞察。結構性決定因素之所以能夠發揮作用，並不是透過直接的、無意識的影響來實現，而是借助於文化層面的干預，正是在文化層面上，結構性決定因素特有的關係成為各種形式的解釋所指向的主題。在這一過程的第二個關鍵環節中早已成為意義、定義、認同之來源的結構，為我們在自由民主的生活中「自由」地做出決定和選擇，提供了框架及基礎，而這些決定和選擇是系統化的，總體規模巨大，且有助於社會主要結構和功能的再生產。這就是說，工廠每到週一上午就會工人成群，這些工人向我們展示著體力和腦力之間那必不可少的、明顯的等級差異，並在廣泛的範圍內保持著與維持階級和生產現有結構相匹配的態度。我將這些過程稱為局限（limitations），局限與第一個環節中的洞察相互作用，產生了一個文化場域，人們在這個場域中做出人生抉擇，進而再生產，或是接受，或是推翻現存的結構。哪裡有洞察傾向於揭露資本主義的不平等和決定關係，建構社會群體所關注的變革性集體行動之可能基礎，哪裡就有局限去瓦解和扭曲這些傾向，並使之得到完全不同的結局。這些局限在文化層面上是具體的，可以防止對文化形式做任何本質主義的解讀，不能產生於生產過程本身，並且包涵了文化過程在功能上固有的弱點、相對獨立的意義體系作用，如種族歧視、性別歧視，以及強大的外部意識形態影響。在我們已經探討的個案中，對當代資本主義特性的文化洞察，變成了一種對勞動力男性氣概的默認贊許。文化洞察險些導致反抗，又差點在接受可獲得的工作任務和神祕地利用工作任務——為了某種文化優勢和共鳴，尤其與性別歧視和男性的表現欲有關——之間，建構出政治性的替代選擇。我們不可低估洞察力和理性的力量。因為在那種工作環境中，人們只傾注了最少量的興趣，在最低限度上參與其中。至少在官方意識形態方面，在面對日常生活中截然相反的所見所聞和經歷的時候，將對於從屬地位的自我否認作為平等，這是被否定的。

那麼，此處的論點是，文化的諸多形式不能被簡化，也不能僅僅被視為是基本結構性因素的附帶表現。它們不是結構和文化中偶然或開放的決定變數，而是必不可少的循環中的一部分，在這個循環中，不能對任何一個術語單獨思考。唯有透過文化層面，社會的真實結構關係才能被轉換為概念化的關係，並再次折回原地。文化就是再生產那必不可少的辯證法中的一部分。[5]

這種有關各種文化形式與再生產的看法，既是悲觀的，又是樂觀的。悲觀體現在它揭露了具有諷刺意味的局面：正是借助於富有創造力的洞察，文化踐行著受到自己指責的行為，例如一大批工人階級子弟一邊譴責、抱怨著，一邊邁向了從事體力勞動的未來。而樂觀，則體現在它向人們指出不存在結果的必然性。從屬和失敗並非無法解答。如果存在著文化形式對世界做出真實洞察的時刻，那麼無論隨之而來的是怎樣的扭曲，在這個基礎之上，總會存在強化鞏固和發揮作用的可能。如果在保守的結果中存在著某種激進的起源，那麼其中至少存在某種對抗的能力。我們具備激進的邏輯可能性。結構主義的再生產理論[6]指出，主導意識形態（文化也被劃歸其中）是無法被洞察的。一切配合得太過巧妙。意識形態總是先於所有批評，並先發制人。撞球在平穩滑動的過程中是不會發出啪啪的撞擊聲的。所有具體的矛盾和衝突，在意識形態的一般性再生產功能中消除了。但是，本研究所證明的結論恰恰相反，我更樂觀地認為，在社會再生產和文化再生產之間，存在著根深柢固的裂痕和巨大的張力。社會行動者不是意識形態的被動承載者，而是積極的占有者——透過鬥爭、爭論，對結構進行部分洞察，實現對現存結構的再生產。[7]除去特定社會的結構性特徵不談，正是這種競爭性的解決方式有助於賦予社會獨特性。例如，正是勞動力所準備的特定形式為社會打上了深深的烙印。

不要對文化形式和再生產持有過於封閉或先入為主的觀念——這樣的告誡也是為了承認某種

必然的不確定性。人們往往假定，資本主義意味著對從屬階級完全有效的支配。事實遠非如此，現代自由民主形式下的資本主義，也意味著長期的鬥爭。工人階級文化中的調節性也是反抗之所在，這樣一來，資本主義制度永遠面臨危機。資本主義絕不可能成為一個王朝，其穩定性的高低，取決於它在多大程度上甘願冒不穩定之風險，即懷著收穫最少的統治共識的希望，賦予非預期循環相對的自由。因而，在資本主義的核心，存在著一種根深柢固的不確定性，以及因矛盾逐

---

5 在這種批評還原論或附帶性解讀的嘗試中，我並不希望暗示讀者，結構或被完全轉換為思想和符號——即假定文化形式具有某種歷史決定論式的明晰，而這正是我所揚棄的——或由於意識形態、國家和制度的作用，無法在文化和其他層面上形成有效替代模式。除了各種文化形式之外，還有其他形式的社會再生產，這就是我將這些術語區分開來的緣故。

6 例如，可參見L. Althusser, "Ideology and Ideological State Apparatuses" in B.R. Cosin(ed.), *Education: Structure and Society*, Penguin, 1972.

7 主流社會學過於強調社會化的概念和被動傳播的涵義，因而忽略了該過程中的張力和不確定性。工人階級並非總是與中產階級存在差異（不論出於何種原因），也不會如社會化的必然規律所概括的那樣，將劣勢永遠不可改變地傳遞給下一代（參見貧困循環理論及其他類似理論）。文化模式、行動和態度是應急性產物，而且每一代人都會根據自身原因，對它們進行生產或再生產。為了滿足工業應用的特定需要，每一代人都必須不斷實現和完善勞動力的發展模式，並使之在鬥爭和競爭中發揮作用。如果這種持續性再生產的某些顯著特性和曾經受到罷工影響的解決方式顯示出一定程度的持續性，那麼我們就不應該從諸如此類的連續過程中建構社會化的鐵律和動力機制。這種持續性的隱祕作用更加複雜、更具不確定性、更加與外部相關聯，而且更易於變化，因而無法被囊括於社會化這一概念之中。

漸升高而不斷變動的平衡。與其他任何制度相比，那充滿競爭的文化再生產對於資本主義制度而言更加重要，只不過生存之道也是更迭之道。資本主義的自由是一種潛在的真實自由，資本主義將自由看作是再生產的本質所在，並將自由作為自我譴責的工具。沒有下層群體的幫助，統治階級就無法保障這些自由。如果這些自由此刻並未被充分用於它們顛覆性、對立或獨立的目的，那麼人們就不能怪罪資本主義。資本主義下注於不確定性，其他制度也可以各自下注。

處於制度核心那個意義深遠的——卻並非無限的——不確定性，也在告誡人們要警惕階級文化過程中過於功能主義的觀點。例如，毫無疑問，本書所描述的那個矛盾的、非預期的循環，就是在這個意義上，適時地為資本主義服務。任何穩固到值得研究的系統都必然「有效」。因此，人們通常必須在功能的層面上對再生產進行分析。然而，這種必然不能掩蓋那些不確定因素所帶動的鬥爭。例如，「小子們」文化的許多方面都具有挑戰性和顛覆性，並且咄咄逼人。在再生產的文化過程之中及其背後，充滿了決裂、遲滯、對抗、根深柢固的鬥爭和真實的顛覆性邏輯——它們為結果而戰，而不是為滿足當前的制度。

這種不確定性也告誡我們要對任何有關資本主義發展的簡單目的論觀點保持警醒。譬如，國家大大提高福利和教育方面的投入，這種做法並不必然是為了獲得資本主義的「最大」利益。就某種程度而言，這是對抗性群體強迫使然；他們利用自身特有的真正自由來尋求自我發展，一如他們所知。當然，國家機構也在不斷被利用和改造，以幫助淡化或消除那些由資本主義造成、但又無法解決的問題。但是，在這些機構幫助解決問題的時候，卻不能完全被資本主義所容忍。它們保留空間與潛在的對立性，使爭議常在，並不斷刺激人們的神經——那條資本主義寧願人們忘卻的神經。這些機構的工作人員並非是簡單意義上的資本主義奴僕。他們通常只是短期地解決、混淆或擱置問題，因為他們所致力的職業目標，最終尷尬地獨立於資本主義功能需求之外。他們或許在不知不覺中助長了階級再生產的非預期形式；但是，同樣地，他們也可能引起對抗和批判的進一步強化。如果沒有這些對抗和批判，統治階級會更好，這種對抗和批判的存在，使資本主義面臨危機。國家機構和制度通常會採用超乎任何純粹資本主義想像、更加奇特、更具替代性、更加使人不知所措的形式，使矛盾深化、激化。這座官僚主義的、教育福利的國家機器，具有顯著的西方資本主義特徵，我們必須部分地將其視為積累性包裝的產物，透過這種包裝，資本主義設法將國家機器轉化為自身優勢，而不是作為自己的意志或赤裸裸統治的表現。這座機器具有不確定性，這使它富於變化，並在變化中賦予自我生命力。

再生產與國家制度

為了對制度在文化和社會再生產中的作用實現概念化，本研究提出了更為準確的建議，這些建議特別關注系統化誤認和非預期結果的重要性。

第一，我們不能期望特定類型的再生產整齊地發生在彼此分離的制度中。就像學校及其正式的課程表，與學習、體力勞動之準備等現實過程無關，其他制度也可能處於與現實社會功能對立的尷尬境地。制度與地方非正式文化互動所形成的各種關係和習慣模式，帶來了非預期且通常不可見的結果。與這些結果相比，制度在再生產中的作用範圍和特殊涵義，可能與其正式的特性及明顯的聯繫關係較小。此外，同一制度可能在不同類型的再生產中發揮截然不同的作用，舉例來說，與體力勞動力的準備相比，學校在腦力勞動力的準備過程中發揮了更重要的作用。

第二，本研究表明，制度不能作為簡單的個體來研究。制度至少具有三個層面的內涵，我們可以分別描述為官方層面、實用主義層面和文化層面。在官方的層面上，制度可能會對自身的目標做出正式說明，而這個說明涉及到對社會的主要結構和組織特徵，以及二者相互關聯方式（或者可能使二者發生關聯的方式）的見解。在一個自由民主的社會、例如我們的社會中，如果我們假定，像學校那樣的國家制度是為了統治階級的利益（如私立學校），以某種明顯或有目的的方式運作的話，那就大錯特錯了。國家制度的核心目標，並不是去推廣兩種截然不同的意識形態，以滿足被人們普遍認可的上層和下層兩個階級的需要。制度中那些受過教育、憂國憂民、誠實自由的工作人員，對此也不會贊同的。此外，與該層面上的機構實踐最為密切相關的，就是狹義的政治領域，以及在其中發揮作用的所有決定因素和各種利益。自第二次世界大戰以來，一部分主要的社會民主政治壓力是透過改革與制度發展，平等分配社會財富和必需品，或至少實現獲得財富和必需品的機會是平等的。趨同，而非趨異，已經成為主流的官方取向。

當然，實際上，同樣的標準、意識形態和抱負並不能傳遞給所有人，這也是對現存社會制度的絕對要求。一般而言，在很多制度中，官方意識形態的成功，或者是與之作用相同的反抗文化再生產的消亡，對於社會再生產來說都是災難性的。例如，對於那些確實已然接受了在工作中實現自我發展、獲得滿足感和興趣等規則的工人階級子弟來說，從學校邁向工作的過渡，將會是一場可怕的戰鬥。大批被「自我概念」武裝的孩子們，將為了爭奪對他們而言少得可憐的有意義的工作而拚殺；而大批的雇主，則將拚命把他們逼入無意義的工作之中。在這種情況下，必然會出現較之於當前所存在的、更大的「職業指導問題」。無論是戰時大規模的宣傳運動，還是直接有形的高壓統治，都被用來將孩子們驅入工廠。既然這並不是必需的，既然不論自由國家及其制度干涉如何，階級社會的社會再生產大致上仍在持續，那麼我們可以推斷，制度的某些現實功能是與其所聲稱的目標相悖離的。由此可知，這種誤認有助於使特定制度中發生的文化過程持續下去，而這些制度也促成了社會再生產。在第二個層面，即實用主義的層面上，官方的意識形態和目標被傳遞給特定制度的代理人和公務員。這些人可能對某些盛行的或未來的「官方」意識形態更為理論化的基本原則大為欣賞，但是他們也對自己所面臨的控制和指導問題，以及在承襲的制度中求得生存的日常壓力頗為關心。他們以實用的眼光審視著「官方」意識形態。例如，只有當新的意識形態看起來能夠提供真正實用幫助的時候，他們才會採納那些剛被承認的意識形態，否則縱然他們可以用更加純粹、被普遍接受的意識形態規則證明改變的合理性，他們也不會接受新的意識形態。正是這種實際的想法，妨礙了制度代理人察覺在他們底下究竟正在發生何事。

第三個層面位於上述兩個層面之下，是制度委託人所改寫的種種文化形式。這些文化形式作為制度委託人的外部階級體驗，與制度的迫切需要和過程相互作用，特別是當它們與制度委託人發生碰撞的時候。其中的重要變數之一，可能成為一種對抗性的非正式文化。實際上，該文化很可能有助於實現更大規模的社會再生產，而官方政策則一直在設法擊敗或改變這種社會再生產。正如我們在本書中所看到的那樣，文化層面上所發生的，對官方神話和錯誤觀念的解構，對世界所做的謹慎評估，都阻止不了制度融入世界。相反地，它們還有助於這種融入。如果制度的特性及其意識形態的脆弱性，有助於促進某類對抗性的文化和獨特的洞察，那麼它也有助於透過提供或鞏固強而有力的局限，使對抗性文化和洞察迷失方向，進入一種調和的狀態。另外，它也非常可能引起分化，特別是在自身所涉及的領域中，以及正式與非正式文化之間。例如，雖然學校並不如希望中那般有效，但它仍然是一個極其重要的場所，而且是絕大多數三、四、五年級工人階級子弟所經歷的對立階級文化復興最近似的原因。這種復興導致了勞動力主觀歸屬的變化和改進，進而也帶來了非常具體的結果。實際上，反學校文化以一種矛盾而又非預期的方式，實現了一項主要（儘管不被承認）的教育目標，即引導大量工人階級子弟「自願地」走上技術、半技術和非技術型體力勞動的工作崗位。實際上，反學校文化及其所宣導的過程，對於引發目前的教育

「危機」毫無助益，反倒是有助於防止真正的危機到來。

我認為，我們可以從上述這三個層面來思考制度組織中的重要變遷。以教育為例，學者們將進步教育理論與更廣泛的社會民主、政治和制度運動聯繫起來，並將其進一步發展、理論化為一種官方意識形態，從而增加對工人階級的教育供給，增加他們的受教機會。然而，在實用主義層面上，進步教育理論在學校中主要被用於實際問題的實用解決辦法，而在有關教育的基本思想體系中則毫無現實的轉換。在文化層面上，進步教育理論往往帶來某種矛盾和意外效果，從而有助於強化反學校文化過程。而反學校文化過程對於勞動力的主觀準備，以及以一種與教育進步目的相左的方式接受工人階級未來的做法，均負有責任。正是這種涉及學校的、不斷被強化的文化再生產，透過限制教育試驗的成功範圍，保證了教育試驗的未來。

這並不是對教育進步理論或其他制度改革的反對或批判。任何教育或其他制度的轉變，都會在與階級文化、外部系統的客觀需求的複雜關聯中，遭遇特有的意外、矛盾和不可知的再生產形式。意即，任何制度的目標、任何道德或教育行動，都不會按照其良好的意願，以牛頓文化機械論的方式向前發展。每前進一步，我們都必須考慮這一步的情境，考慮下層社會（通常以制度和官方的觀點而論）和社會階級關係中的有效循環。

譬如，教育進步理論和「提高離校年齡」計畫實際上已經著手解決現實問題，致力於長期保護孩子們免受產業工作的艱辛和不平等之苦，並幫助他們獲得——當然是以一種非計畫性的、意想不到的方式——某種父母不具備的洞察力和文化進步性。但是，我們不能輕信所謂的進步。相反地，我們必須對一系列問題加以思考：以何形式？為了誰的利益？發展趨向如何？透過何種非預期的循環？通常會對社會制度帶來怎樣的再生產結果，人們才能取得特定的進步？

毫無疑問，概括和歸納總存在著風險。不同的組織和制度具有不同的支配／被支配關係和專業人員／委託人關係，不同的遲滯、中斷和意識形態逆轉，不同的鬥爭時機和目的，以及與階級制度、文化再生產模式所發生的各種不同交集。然而，這也可能表明，許多制度或許在某些層面上、以某種方式，共用著一個自欺欺人的信念，即它們各自所持有的官方意識形態是統一的。可以肯定的是，這種意識形態被不加批判地向下傳播，直至底層的人們亦以某種方式接受它，並習以為常。意識形態的鏈條對於社會制度的再生產發揮著極為重要的作用，但是在某些時候，這一鏈條也會中斷和逆轉。這可能意味著，在許多制度中，正是文化洞察（受局限性所阻礙）所特有的判斷力激勵成員們採取具體行動，並以非正式權力和控制等帕提亞式的勝利，[8]使社會再生產終成定局。

8 帕提亞式的勝利（Parthian Victor），指的是古代帕提亞帝國騎兵在撤退或佯裝撤退時返身發射回馬箭，這種戰術因此而得名，現可泛指臨走時的敵意姿態。——譯註

第八章
週一清晨與千禧年

> 引導大多數人對當前現實世界進行清晰思考的（……）是一種比哲學天才發現真理更重要、更具獨創性的哲學事件，因為真理只是屬於知識分子小群體的財富（……）。這不是從零開始、將科學形式的思維植入個體生活的問題，而是要對既有活動加以變革和批判。
>
> 安東尼奧．葛蘭西（Antonio Gramsci），《獄中札記》

本書序言部分曾提問，工人階級子弟是如何、又是為什麼會自主選擇接受工人階級工作。可以說，在很大程度上，那些叛逆者——相對而言，循規的個案更容易理解——正是借助於對自身現實狀況的部分文化洞察，以及對體力勞動那令人不解的頌揚，才得以保持一種集體、理性、卻不完全的邏輯。我曾指出，這可以被理解為文化再生產的一種形式，有助於促成一般性的社會再生產。關於這一觀點的理論內涵，我們已在上一章中做出了嘗試性的探討。最後，我想從實踐／政治的層面上，特別是在本次研究最為關切的兩個領域——即對叛逆的工人階級年輕人的職業指導和教育——來考量本研究的意義所在。

本書所探討的所有層面的文化表述、分析和決定，表明了在文化層面上可能存在著某種普遍有效性。這似乎與我的觀點尤其吻合，即再生產的文化過程經歷了真實洞察的關鍵期和潛在的極端團結。各種文化形式何等頻繁地挑戰著舊有文化（形式），它們也何等頻繁地再生產舊有文化。對這一觀點的天真解讀就是，在進步和倒退之間，可以做出某種簡單的干預，或是直接將兩者分隔開來。毫無疑問，這種解釋的問題在於，它遺忘了文化在本質上所具有的整體性（此即民族誌部分所強調的），忽視了文化獨特的內在缺陷極其複雜這一事實，而這些缺陷正是文化本質的一部分，且易受到意識形態的入侵。

此外，文化絕不是不受任何約束的。文化與結構因素之間存在著一種中介關係；文化往往存在確切的物質、組織和制度情境中——而這些都是對於獨特的關係形式、平衡互補模式的保證。適應和反抗緊緊地鉚接在一起，它們的關係牢不可破，不會因我們的期望而動搖。

就教育或諮詢工作而言，如果我們假定在文化環境中存在著若干方法，僅僅依靠這些方法就足以產生我們所期望的結果，那麼就大錯特錯了。準確地說，本書第二部分分析的主旨就是，對於文化形式的理解，不能單就其本身或以其自身為基礎來談。為了理解反學校文化，我們必須另闢蹊徑，在一定程度上從外部來建構文化：從現代資本主義的勞動本質出發；從一般抽象勞動出發；從性別歧視出發；從意識形態出發。我們不能天真地認為，可以依靠抽象／分離的文化形式和獨立的文化自主性，對叛逆的工人階級進行完整且有效的職業指導和教育。干預和改革都將經歷從盲目到矛盾、再到文化再生產的循環，而這種循環通常與本書辨析的那些結構性因素有關。

另一方面，從業者面臨著「週一清晨」的難題。如果我們說不出週一清晨要做些什麼的話，那麼一切就會屈服於純粹的結構主義，停滯在還原主義的同義反覆之中：如果社會的基本結構不發生變化，我們不可能有任何作為，但是現有的社會結構又總是阻止我們做出任何變革。要求從業者同時在兩個層面上工作並不存在矛盾——為了被救濟者的利益竭盡全力，在此過程中勇於面對困難，與此同時，對上述行為永遠抱有讚賞的態度，這些都可能對內部存在問題的結構引發再生產作用。命中註定的是，被救濟者必然會將改變與平衡那些不確定因素的空間和可能性置於從業者身上。置日常的紛繁事務於不顧，就是對社會和文化再生產的活躍、競爭性本質的否定，就是將真實的民眾譴責為行屍走肉，就是無視未來。因為忌憚於前文述及的結構性局限這雙死亡之手，而拒絕接受日常之挑戰，就是對生活和社會本身所具有的連續性的否定。這既是理論上的失敗，也是政治上的失敗。它否定了再生產的辯證邏輯。一方面是出於善意、基於對發展和轉變規律的思考所採取的短期行動，另一方面是這些短期行動所帶來的不可預測的長期結果，兩者之間必然存在著張力，這種張力是所有社會代理者其人生的共同特徵，也是為人父母者每日所經歷的。因而，我們有理由對那些從事社會性工作、在兩個活動層面之間的張力和諷刺關係下行事的人提出質疑。[1]

本項研究對於文化層面所存在的某種程度的有效性和不一致性（就結構而言）進行了說明。考慮到前文所述，這足以表明，在文化層面上仍有行動的空間，而且毫無疑問仍有餘地向該文化的成員更明確地揭示，他們特有的文化是如何「講述」他們的結構和社會位置的。至少官方的錯誤觀念和其他意識形態是可以昭示於天下的。既不傷害、也不輕視工人階級的方式是可實現的，但這種方式是與結構性因素的重要性——儘管並不是不可避免的封閉——互相一致的。這裡若欲提出一份詳細的計畫，那就大錯特錯了。本書所提供的分析，可能在不同領域被其他學者探討過。但是，我們仍可以在此提出一些普遍原則，並列出本研究所涉兩大專業領域中的一些明確觀點。

- 在其相對統一性中認識文化，不能因那些最明顯、外化，或是個體侮辱性的要素而對文化避而遠之；
- 態度和行為是受到嚴厲譴責的原因所在，因此應當認識態度和行為背後潛在與隱含的意義；

- 嘗試理解文化層面所完成的再生產功能，而不是天真地證明各種文化形式與支配性文化形式同等重要，或是更具優越性；[2]
- 向各種文化形式學習，並努力區別各文化形式的洞察力和局限性——特別是與主導意識形態的影響有關的部分。探索各種洞察如何擴展到對社會的系統分析；
- 揭示文化的過程，而不是將其神祕化或強化；
- 在文化層面上認識活動的結構性局限，並進行政治組織，以在需要結構性變遷的時候，作為支持者的一員，或是代表支持者採取行動。

目前，職業指導的各個領域，特別是針對無學歷或低學歷群體的職業指導，都受到了日益嚴密的檢查。[3]從某種意義上來說，職業指導方面似乎比教育方面存在更大的行動空間，至少對

---

1 正是這些層面之間聯繫的斷裂或弱化，構成了近來社會學對社會工作相關實踐所提出建議的真正基礎。例如，請參見S. Cohen, "It's All Right for You to Talk: Political and Sociological Manifestos for Social Work Action", in R. Bailey and M. Brake(eds), *Radical Social Work*, Arnold, 1975.

2 「新」教育社會學的主要組成部分，請參見N. Keddie, *Tinker, Taylor: The Myth of Cultural Deprivation*, Penguin, 1973.

3 例如，請參見肯．羅伯茨近期對職業服務所做的批判性評論（"Where is the Careers Service Heading", in *Careers Bulletin*, DE, Spring 1976.）以及有關就業準備的政府報告（*Unified Vocational Preparation: A Pilot Approach*, HMSO, 1976.）。這

於職業諮詢師來說是這樣的，這是因為諮詢人員並未受到既有制度（如本研究中學校的物質環境和教學典範）的約束。另一方面，職業諮詢師所處理的問題，直接與現實世界、不平等就業機會分配過程中文憑和知識的作用相關，而這一切原本就有助於促使教學典範結構化。有趣的是，職業指導諮詢師通常具有極其詳盡的有關文化層面的隱性知識。從某種意義上來說，文化環境及其調和性就是他們手中的工具。正是以此為基礎，職業諮詢師才理解了向工作過渡的各種方式。毫無疑問地，他們對這類「小子們」往往比教師更富同情心，而且通常會對學校中反學校文化成員所做出的評價，進行系統性倒置或重新編碼。這種與工人階級文化的對抗性變體相協調的不同形式，就是學校與職業諮詢官員之間緊張關係的源頭之一。此外，人們也確實在嘗試表達根本的文化價值和利益——這些文化價值與利益存在於個體的多樣性觀念中，存在於超越紙上談兵的才能之中，也存在於人們在「生活方式」和「娛樂形式」方面所接受的作風中。

問題在於，文化理解的真正形式被一種無所不在的個人主義意識形態所瓦解和扭曲。一些價值從文化中被分離出來，並投射到個體及個體的本質特徵之上；文化的其他方面則被去情境化、原子化，並且與特定工作的固有特性聯繫在一起。於是，利用個體與工作匹配這一基本個人主義典範的行為，顯然變得可行，而這實際上只通用於中產階級。以個體及個體所面對的有意義選擇為核心的發展心理學，形成了完整的思想體系和語言。「個人發展」、「自我的概念」、「職業選擇」均獲得了普遍性應用，但實際上，這些詞彙只是在一種文化層面上，對存在於個體和可獲得工作中的虛假差異之同義反覆、個人化的扭曲。

或許對於職業指導實踐而言，本研究的重要意義就在於：文化層面可以被視為一種相對獨立的實體，該實體對於社會代理者現實處境的洞察，具有被扭曲的獨特邏輯和形式。

可以說，人們所能做出的建議，很多都是短期的、原則性的。為了實現更長期的結構性變化，為了徹底改變工人階級子弟所面對的工作機會和工作品質，我們有必要將那些代表短期力量的專業機構和其他社團，以一種更為政治化的方式組織起來。

份政府報告促使教育和科學部設立繼續教育課程審查和發展小組，以便監督和實施具體研究項目及課程實驗。迄今為止，該小組所提供的唯一一份原始文件確認了，百分之四十的青年工人完全缺乏教育和培訓準備，並呼籲制定聯合計畫，為青年工人提供培訓和繼續教育。然而，該文件並未涉及年輕人對各種培訓和繼續教育的態度問題，也沒有對那些要求在工作環境中做出「貢獻」和進行良好「溝通」方式的內在矛盾加以探索，而這些要求從本質上看毫無意義。肯．羅伯茨對於職業服務的批評極具挑戰性，而且我對於其有關「職業選擇」概念的指責頗為贊同，但是這種做法也很容易搬石頭砸自己的腳。為那些在教育方面處於劣勢的人提供良好的「職業更換」服務或是「相關服務」，與在特定領域內增加整體就業機會毫無關聯，因此在任何一次新的調整中，我們仍然會看到同類問題出現。由於忽視了文化層面，以及這些有限機會的實際經驗性反應範圍，故而無法針對就業指導實際應該做什麼的問題提出任何建議——無論就業指導的應用範圍如何。

- 運用文化的視角來認識那些可能與文化範疇無關，或是處於交叉過程中的「問題性個案」；
- 鼓勵工人階級子弟接受再教育。對於他們而言，「文化頌揚」不斷衰微，並使他們跌入陷阱，而工作則是為了獲得更大的承認；
- 我們必須認識到，這些建議只對特定情況具改良作用，而當前的經濟機會僅具有「零和多樣性」，即如果一些工人階級子弟利用了現有的機會，那麼其他的工人階級子弟將失去那些機會。對於那些被排斥的和叛逆的工人階級子弟來說，我們必須要認識他們文化形式的邏輯，而且這種認知模式不應是神祕或虛幻的，而應是誠實和非幻想的。尤其應該：

—認識當前由於無價值的文憑氾濫而導致的混亂和無意義性；

—認識絕大多數非技術性和半技術性工作內在固有的單調性和無意義性；

—在菁英領導的社會中，大多數人必須失敗，但與此同時，所有人又被以某種方式要求共用相同的意識形態，因此我們必須認識菁英領導的社會與教育體制具有的矛盾性；

—認識失業的可能性，相對於可獲得的真實機會和工作的實際意義——無論是否涉及文化層面的涵義，均存在著被迫失業和選擇性失業；

—廣泛地運用集體實踐、小組討論及各類項目，[4]來發現和審視這些工作的文化圖景。文化形式所展現的群體邏輯，同樣也可能與職業指導實踐相關聯。

如果對叛逆的工人階級青年施以原則性教學實踐，可能會面臨重重困難，因此我們在提出建議的時候必須格外謹慎。本研究旨在提醒人們，鑑於其全部階級文化經歷和階級位置，叛逆的工人階級子弟對於教師的個人風格和教育內容的反映，遠不如對學校結構和主導教學典範的反映強烈。相對於教學風格和特定類型的教育內容，結構和教學典範中關係的基本類型更難以改變。在學校中，教師們不得不與叛逆的孩子保持著尷尬、令人洩氣的課堂接觸，而且這種問題仍將持續下去，以至於他們尋求並形成一種較為長期的、看待上述日常接觸的視角。無論如何，就課堂教育而言，本書所勾勒的文化視角確有一定意義。

目前，在教育界存在一種「危機」。[5]該危機的焦點是進步教學法的基本標準和適宜性。一直以來，爭論持續不斷（最值得注意的是，在這場爭論中，任課教師和孩子們的看法是完全缺乏

4　學校聯合會職業教育和指導專案就集體工作和小組專案的材料，提出了諸多有趣的建議。然而，這些建議最終仍然被個人選擇、甚至是就業市場中超越於機遇的個體力量等虛幻觀念所束縛。

5　廷德爾事件近期調查（請參見 *Bennet's Teaching Styles and Pupil Progress*），首相在拉斯金學院就父母對「新」式教學法之擔憂而發表的演講（一九七六年十月十一日），以及黑人父母長久以來的壓力，都是對進步論、實用性和新型教學法提出的質疑。

的），這實際上是一場意識形態之戰。在這場戰爭中，發生於學校的那些真實的階級衝突過程、勞動力的再生產，以及文化的和一般社會的再生產過程，都只是被部分地、扭曲地呈現出來。但是，這並不意味著這場戰爭是虛構的，或者不必表明個人立場。闡述和訂立針對叛逆的工人階級子弟的教育目標和形式，必須與意識形態之戰無關。例如，我們必須認識到，在進步論技巧中存在著一種強烈的理想主義困境，而且這些技巧也被捲入了具有諷刺意義的再生產過程中。相反地，我們也必須承認，進步論技巧同時也是工人階級獲得發展的一個條件，即工人階級子弟在表達和符號操縱中發展出了某些規訓技術。[6]

以職業指導為例，社會的基本結構安排首先拋出若干問題，隨後教育試圖解決這些問題。我認為，儘管教育的功用能夠為此類變革提供重要的先決條件，但是這些問題無法僅僅在教育領域就完全獲得改變。這種結構性變遷只能源於特定的政治貢獻，代表著工人階級的利益，而這些政治貢獻可能是由教師們借助其專業的和其他集體的組織所實現。

一種折衷且更為明確的教育可能性，乃是為達成某種結構變遷，而在教育過程中施以集體政治的影響。即使最終較為重要的結構完全保持原狀，這種做法或許仍能促進那些所謂獨立的工人階級教育機構。哪裡的經濟關係和社會基本結構最終堅持國家教育原則及其主導的教育典範，哪裡的獨立工人階級機構就有可能藉由拒絕或減弱支配性交換關係之邏輯的力量，來避開那些無意識和再生產的循環。鼓勵工人們參加教育培訓，可以使人們對於教師的定義發生改觀；而集體勞動的非結構化和抽象化方法，則能使人們承認工人階級非正式文化的重要性及其所開創的再生產過程。支配性模式的交換關係，能夠為團結和自我理解的關係所替代。「等價物」這一虛幻觀念，則可能被合作與承諾所取代——這種合作與承諾的基礎不是個體，而是知識的社會力量。在諸如此類的非對抗性機構框架內，特別針對工人階級的教育實踐內容才可能付諸實行：拋棄特定的主觀觀念和特殊主義，取而代之的是對工人階級正式和非正式文化形式的不同邏輯和本質，以及非常重要的一點，即它們對當前文化和社會再生產中所發揮的矛盾作用提出質疑。過去，激進且獨立的工人階級教育形式[7]一直存在；甚至到現在，各種機構，包括最為重要的工會，也仍然存在於工人階級之中。這些機構能夠、並且已經在為教育活動提供基礎。考慮到教育預算的規模（在英國為五十億英鎊）和當前盛行、但被錯誤概念化的觀念——其中與叛逆的工人階級子弟相關的那部分預算，很多都被浪費了或是毫無效用——我們就會發現，將國家基金的一部分移交給獨立組織機構的主張是極為切實可行的。在某種程度上，人們或許可以利用時下爭論的混亂局

---

6 我一直對這些技術的形式持質疑態度。如我所主張的那樣，正是在各種文化之中，或是部分地源自於文化，工人階級的孩子們才可能得以發展，從某種意義上來說，他們與所接受的支配性語言之間存在著一種張力。然而，隨著技術的發展，或許如技術與其文化基礎間的關聯那樣，紀律和精確性仍必須占有一席之地，同樣地，有關技術如何才能實際有效地對抗主導表達形式的觀念，也必須保留。

7 參見 R. Johnson, "Really Useful Knowledge" in *Radical Education 7 and 8*, Winter and Spring, 1976.

面，為各種機構和實踐提供嚴密的教學與教育方面的「成本效益」論證；頗為諷刺的是，在更為自由的年代，這可能會被人們視為一種倒退或顛覆。

這些都是極其複雜的問題。為避免離題太遠，或者過於天真地專注於某一專門領域，我在此處僅力圖對文化層面做出分析，提出文化層面的相關性。作為結語，我們可以針對週一清晨的那些直接而複雜的問題，提出一些原則性的短期建議（這些建議從更長期的觀點來看也有一定意義）。我認為最根本的是，文化層面本身可以被認知，其獨特邏輯可以被勾勒，經驗結果可以被理解。教師可以用一種懷疑的、單調乏味的真實目光去審視產業、經濟和階級文化過程。與其對「教室中的混亂和暴力」（具有與保守意識形態相關的再生產功能）提心吊膽而陷於道德恐慌，教師們不如將反學校文化放置在特定的社會情境中，並為成員的長遠未來思考該文化的內涵——絕不介意反學校文化為了使成員在班級中站住腳而提出的那些難題。基於此，我們可以提出一些更為具體的建議：

- 要對階級和機構意涵的雙重標準性保持敏感，這樣一來，教學反應和交流就不會被誤認為是對社會階級與身分的傷害。
- 認識結構性因素和主導教學典範對教學主動性與風格所設置的限制。對於在分化後的關係中所形成的不可避免的惡性循環，應對其影響範圍加以限定。這無疑是一個極其重要的教育問題，但是本研究所提出的最佳建議，似乎是在與反學校文化的對抗中採取戰術撤退，從而避免任何過於簡化的憐憫之情，保持一定程度的體制權威。正如我們在本書中所提到的那樣，雖然反學校文化帶來了所有那些非預期循環，但是它仍然不可避免地在一定程度上維護了學校的權威。這是因為，為了從根本上保證自身在指導課堂活動方面的主動性，為了在公認的有限範圍內保證課堂教學內容的有效性，學校目前被物質結構化了。更為激進的教學風格可能被採納，並被那些有政治覺悟、有組織的學生所理解（參見「全國在校生聯盟」[8]），但是顯而易見地，那些叛逆的學生是最不可能被包含於其中的。例如，「小子們」按照自己的文化術語，將逃離衝突和傳統教學典範解釋為「敵方」的失敗和恥辱——這種做法帶有其自身標誌性的再生產結果。實際上，這種撤退也可以被視為對複雜矛盾責任的放棄。

- 盡可能地運用小班（這無疑暗示著要為額外的資源而戰，但這種觀點絕不是要去除學校教育）、小組討論的技巧和集體工作。此類技巧與傳統的個人主義教學典範之間存在張力，但是它們至少朝向某種組織單位努力——這種組織可能與那些正在被探索的集體過程和形式相類似。

---

8 全國在校生聯盟（National Union of School Students），成立於一九七二年，旨在反對強制性校服和體罰。——譯註

● 不時地將各種文化形式、主要轉變、社會態度作為階級工作的基本主題。在追求社會自我分析的過程中，努力提高各種技能和接受訓練。這並不是某種既定意義上的簡單「相關性」，因為不能假定各種文化形式之間是「等價的」，也不是不加批判地對文化活動全盤接受。這種做法能夠對洞察和局限加以區分，並從支配性文化和意識形態兩方面進行研究。在某種意義上，這種做法的核心可能將會失敗：工人階級再生產著他們自身特有的服從性，從而完成了社會的再生產。具體的議題（特別針對白人男性群體，儘管他們很可能與女性群體及少數族群相類似）可包括如下幾方面：

—在現代社會中，反學校文化在文憑、工作的意義及勞動力的作用和本質等方面，表明了怎樣的意涵。

—腦力勞動與體力勞動的分工是如何在文化層面上形成的，這又帶來了怎樣的代價。

—人們為什麼將體力勞動與男性氣概聯繫在一起，將腦力勞動與女性氣質聯繫在一起。

—性別歧視的代價和轉向是什麼。

—打架、偷竊和恐嚇意味或表達著什麼。

—友誼和非正式夥伴關係的本質是什麼。非正式的文化活動和反應具有怎樣的效力和代價。還可能存在什麼其他類型的友誼。

—文化如何解碼正式資訊，如何接受或拒絕官方的和意識形態的資訊。文化以理性還是非理性作為自身的基礎。

—基於非正式文化所做出的各種決定，積累起來的真正結果是什麼。

只有接受所有這些結構性限制，並且牢記各種文化形式之間的關聯性，人們才能將這些結論和本書的基本要旨，看作是對理論與實踐這個統一體的某種形式的探索。對文化層面的認同和理解，是一種不斷接近自我意識、進而更加接近政治意識的行動，也是一種在文化的物質性中認識文化成為某種物質力量之可能性的行動。事實上，這種文化的政治化既是較長期結構變遷的有機要素，也是其先決條件之一。[9]特別是在文化領域及文化領域與意識形態領域的獨特關係中，文化層面上和教育模式中才可能真正存在有效性。對於各種文化形式之共性的認知，以及對於文化形式特有過程的理解，已然強化了內在軟弱性，已然開始闡明正式文化施加於非正式文化之上的

9 沒有任何理由可以將這種觀點反駁為歷史主義，或是從「自在階級」到「自為階級」的進步。這種觀點僅僅意在使人們注意到：對於工人階級來說，如果發展型、而非壓迫式的變遷即將來臨——無論不同層面的相關因素和有效性如何——那麼他們之中絕大多數人就有必要在某一階段進行支持性的激進分析。這種觀點還可以提醒人們，工人階級在反對某些「進步」的過程中，扮演著實用主義檢查者的角色，然而他們並非必然發揮積極的作用，也可能發揮一種消極的作用——但這並不妨礙體現其精神。如果文化必須變得更加政治化，那麼政治就必須變得更加具有文化性。

影響力，甚至已然啟動了某種自我轉變。這可能不是千禧年，但它卻可能是週一清晨。週一清晨不必然意味著**同樣的**週一清晨無盡無休。

中心與邊緣：保羅・威利斯訪談[1]

一九六九年到一九八一年，保羅・威利斯是伯明罕大學當代文化研究中心的學者和研究人員。在那裡，他於一九七八年發表了自己的博士論文《世俗文化》（*Profane Culture*），研究的是嬉皮士和摩托騎士的次文化。他最有名的著作是一九七七年出版的《學做工》，這是一項突破性的民族誌研究，討論的是英國一間教室裡工人階級男性氣概的形塑。他還在青年政策領域集中發表了大量著述。他最近的著作是二〇〇〇年出版的《民族誌的想像力》（*The Ethnographic Imagination*）。他還是《民族誌》（*Ethnography*）雜誌的創始人兼資深編輯。

1　本文是大衛・米爾斯和羅伯特・吉布對威利斯的一個採訪，對理解《學做工》的寫作背景乃至威利斯本人的思想很有幫助。原文發表於《文化人類學》雜誌二〇〇一年第十六卷第三期。——譯註

作為人類學的學者，我們做這次訪談的動力主要是一種非學科性的好奇心。英國人類學曾對「它」的方法論在同源學科內表現出一種刻意的忽視，但是後來轉向了一種政治化的運用。是什麼導致了這種轉變？為什麼一系列起始於伯明罕大學文科大樓外面一座灰皮活動小屋[2]的辯論，至今仍被當作傳奇而為人津津樂道？這個訪談有助於我們回答這兩個問題。更重要的是，它為我們提供了一種歷史感，讓我們了解伯明罕大學當代文化研究中心（以下簡稱「中心」）在研究出版工作之外的日常行政和學術活動。人們很少承認的是，「中心」內進行的教學活動，比如研究生[3]主導的、相互協助的工作環境，實際上構成了日後理論創新的前導。只要教室裡的權力關係和學習的政治依舊被當作學術生活中習以為常的東西，這種情況就不太可能改變，有一些工作就是不太容易得到認可。

我們於二〇〇〇年五月在保羅．威利斯的家鄉伍爾弗漢普頓市與他交談了一整天。那個地方被稱為「黑郡」，作為工業革命的搖籃，它繼承了「黑乎乎」的傳統，故得此名。你現在看到的這份合力完成的文稿，正是來自於我們那天範圍廣泛的談話。那些話題既有（透過對形塑地方政府政策的可能性的樂觀討論而展開的）對他自己生活故事的個人反思，也有對人類學和學術界當代趨勢的一些尖銳評論。我們按照三個大主題對這次談話的內容進行了編輯和歸類：「童年和教育」、「教學和研究」、「民族誌和理論」。保羅最近經常將自己描繪成一個「知識上的破壞者」，而在這次對話中，我們也能不時感受到他自己打破偶像的氣魄。不過，這種打破偶像的行動在他那裡是一以貫之的。不管知識界的時尚如何變幻，他始終堅持一種人文創造力的模式，同時承諾要將理論與政策和實踐聯繫在一起——他為充實的學術生涯樹立了一個勇敢的典範。

第一部分　童年和教育

在學校的日子

順著《學做工》這個例子，我們能不能從你自己的童年和學校經歷開始（我們的談話）？這段經歷在多大程度上塑造了你後來的職業與知識生涯？

我於一九四五年出生在伍爾弗漢普頓市，也就是我現在住的這個地方。這是英國中部的一個工業城市，離伯明罕不遠。我猜我的文化背景應該是工人階級的，也許有一點點布爾喬亞。我的

2　這是一種可移動的建築，用來做臨時的辦公室或房間。

3　在英國，研究生指的是獲得本科學位後繼續從事學習的學生，比如文科碩士、理科碩士和博士。

父親是一個木匠，後來成了一個「總工頭」，也就是建築檢查員，為地方當局工作。再後來，他創辦了自己的小房地產生意。

在我非常小的時候，九歲，我的母親就去世了。我的父親就像是一臺令人難以置信的發動機，他有能力、幹勁和責任：一個單身父親照顧兩個孩子，也就是我和我的哥哥（他比我大四歲）；而且還在生活中獲得了經濟上的成功。除了不是核心家庭這個缺憾，我們的關係非常親近，是一種非常有男性氣概的氛圍和關係。對於家庭，我的父親雄心勃勃（「我做的都是為威利斯家好」）；而且他對那種經典的「底層現代主義」持樂觀態度，也就是說，「透過科學和勞動的力量，什麼事情都會越變越好」，他用這樣的理性思想來看待生活。雖然希望孩子在學業上有出息，但是這並不影響他在母親去世後不久，就強迫我們跟他一起到建築工地上勞動。「強迫」這個詞不對，事實上，那只是一種期望。家裡的氣氛反映了那個時代的典型情緒：期望值在升高，那種控制自然、控制世界、控制你自己未來的感覺與日俱增——對我們這些人來說，就是一種非常強調男性氣概的感覺。在學校也是這樣，運用理性和實際就是一切。換句話說，我們的活動全部都是實際的和科學的，在任何事情上我們都被鼓勵去努力奮鬥，不僅僅是在學校。

我上的是一所男女同校的「文法學校」。那個時候實行的是「11+考試」，也就是從所有十一歲的孩子裡選出百分之十五左右的人去上菁英文法學校。我的父親對我選擇文法學校和相對菁英的教育很支持。他覺得這都在計畫之中（笑），事情進展得很完美。所以，我的背景是什麼呢？一種很特殊版本的上進心：一個典型霍加特式的「獎學金男孩」的故事[4]，即透過文法學校體系被選拔去接受好的菁英教育。事實上，我是我所在的文法學校裡唯一一個後來到劍橋念書的學生。

這段經歷有沒有讓你——用《學做工》中那幫「小子們」的話來說就是——成為一個「書呆子」？

回過頭來看，很清楚的是，我必須在一種逆境中發憤圖強。那個學校非常強調成績和操行，但是與此同時，那所學校的絕大多數學生都是工人階級子弟。那裡的文化是粗獷的，極少數學習努力的孩子和不那麼刻苦的孩子之間涇渭分明。我在學校常常感到害怕。當法語老師點我的名，強迫我用法語說話的時候，我覺得很尷尬，我就覺得我不能這麼做，不然就會受到老師和其他同學的嘲笑。這讓我一生都沒學到多種語言。我常常哆哆嗦嗦地躲在課桌後面，心想下一個會不會點到我啊？

後來我喜歡上了學校，或者說至少我覺得能搞定。這一部分是因為體育，尤其是英式橄欖球

4 理查・霍加特在英國伯明罕大學創立了當代文化研究中心。——譯註

賽。學校那個時候已經由英式足球轉向了英式橄欖球，試圖提升它的形象，看上去就像是一個高貴的「公學」（英國對私立學校的稱呼）。我長得人高馬大，是運動型的，總之，強壯的那種，於是在只有十五歲的時候就被選入了第一隊。當時這還不太尋常，與一幫十八歲的男生一起比賽，在年齡上差距還很大。感覺那就是一個重大的突破，尤其是我們嚴厲、專橫和令人生畏的體育老師，鐘斯先生，突然以暱稱「威爾」喊我的時候。但是，對其他老師來說，你只是「威利斯」。突然之間，很顯然由於我意外地被選拔到了第一隊，在同學面前，在女孩子和女士們面前，人們就開始對我說：「威爾，週六見哦！」我成了同齡男孩子中的男子漢。我想，體育尤其是需要身體接觸的體育運動，過去是、現在仍然是一個非常重要的舞臺，在那裡，你能獲得「次文化」的名聲和學業上的名聲。老師們買這個賬。調皮搗蛋會被容忍，甚至會被看作是可以接受的具有男性氣概的表現，這樣的話，循規或者過於守規矩，都會被看作是女孩子氣。在我的早期生涯中，英式橄欖球是一個非常重要的載體，用來表達某種獨立、健壯，（表明我）不是一個「書呆子」；但是這種方式又不會讓我把學習成績搞垮。

你當時決定專攻理科，要得高分？

在我整個學生生涯中，我的理科都學得很好，在O-level考試[5]之後，我還得了一個學校的物理獎。很詭異的是，學校選擇以奧瑪．珈音的《魯拜集》作為給我的獎品。我覺得從某種意義上來說，科學家也是橄欖球運動員，文科是女孩子學的。對詩歌和戲劇感興趣絕對是娘娘腔。我記得很偶然地，我的一位老姑媽去世了，我得到了一本拜倫的詩集，是一本很古老的維多利亞時期的裝訂本；她將這本書遺贈給我了，或者至少是傳給我了。有一天晚上，父親把書帶了回來。那個時候我大概十六歲左右，我就在睡覺前開始讀。我記得我被浪漫的詩句徹底感動了，我在高中第一年[6]度過一半的時候遇到了一個重大的危機，那個時候我在主攻物理、數學和化學。我物理學得很好，而且我覺得現在我仍然有一點點物理學家的影子；我喜歡那種精緻、有效和清晰的推理過程。只是我沒有那麼感興趣。與此同時，我真的被那些浪漫的詩句所觸動，那些詩句就像是在跟我對話，觸及我青春期的那些迷茫，以及我對自己身分的掙扎：我是一個肌肉發達的、玩橄欖球的科學家呢，還是一個在週末被父親拉到建築工地上幹活兒的頭角崢嶸的包工頭呢？

或者是一個詩人？

5　O-level考試的全稱是「普通水準教育綜合考試」（General Certification of Education Ordinary Level），是每年在英國和世界大約一百個國家和地區為中等學校學生主辦的畢業會考。——譯註

6　英國義務教育到中學五年級，即十六歲時結束，然後是中學高等教育兩年，然後才能讀大學，這相當於我國的高中教育。那些讀中學高等教育一年級的預科學生，又被稱作六年級學生。——譯註

嗯，是的，我當時試著去寫詩。我必須誇讚一下我父親：我向他解釋了我的兩難處境，他很開放，沒有強迫我。他覺得這很詭異，他不知道我會成為什麼樣的人，學校也不太喜歡（我這樣）。不管怎麼說，在向周圍的人諮詢了一圈並經歷了某種家庭危機之後，我轉到了文科：文學、歷史和地理。這是一個很脆弱的決定：我本來可能很容易地就會想「我很蠢」，然後繼續盯著物理和化學不放。你知道，我至少可以有一個不同的生命歷程。但是，突然之間，我看起來適應得不錯，在十八個月之後，我的英語課就得了A，二十個月之後，我就坐到劍橋的課堂裡開始學習文學了。

劍橋

那是我父親的錯！在我得了A之後，他說：「你知道你會得到這些A，那麼你為什麼不去牛津或者劍橋呢？」但是我的學校沒有去牛津、劍橋的傳統，到今天這也得走一條非常特殊的路，所以在一九六三年的夏天，我給牛津和劍橋的所有學院都寫了信，包括女子學院——因為我不知道哪個是哪個。我問那些學院，有沒有機會在最後擠進來？牛津的聖彼得學院和劍橋的彼得豪斯學院在還剩四到五週的時間裡錄取了我。我選擇了彼得豪斯。

劍橋令你感到震撼嗎？

是的，我想是這樣。它完全是突然的，那是我在劍橋的實際體驗，在知識層面上，我完全、並且幾乎立刻就讓人感到失望。我很快意識到，我其實根本不知道發生了什麼。我不理解那些講座，牛劍著名的導師制對我不起作用。我很快就形成了一種印象，那就是導師們覺得我是一個從「黑郡」來的工人階級「野小子」，由於某些錯誤——也許是某種為失業者提供培訓的項目或者類似的什麼機會——才能來到這個地方瞎混。幾週之內，低年級交誼廳的指南上出現了一則從一所老牛劍「公學」轉來的笑話：「交誼廳這學期的情況顯著惡化，因為來了一些看來不能說純正英語的人。」我很確信，這其實指的是我。到現在，我都不是特別清楚我怎麼惹毛了彼得豪斯，那裡一直是老派右翼保守黨和輝格黨歷史學家的堡壘。到底是因為什麼？我不知道。我也從來沒問，我從不問這個。我很天真，不懂事地在一個老派的、充滿特權思想的堡壘裡徘徊，不僅僅是校園生活，而且很古怪，在課業上也這樣，一個學期不到我就迷失了。

因為它的經院主義？

是的，然而那時我把這些歸因為自己能力不足。我只是覺得沒有能力。有了那個想法之後，我幾乎是不可思議地發現，我再一次地站在了邊緣。小組討論和精讀課讓我曝光，對我來說完全是痛苦的來源。我們會找以前沒見過的一首詩或一篇文學作品，然後你要對它做出評價，試著把它放到某個脈絡中。那些「公學」的孩子們擁有對文學深層的歷史理解、口語表達的信心和優雅，讓人感到害怕。事實上我只知道莎士比亞和浪漫主義詩歌。我甚至不能輕鬆地告訴你英語的時期、大致的階段、流派、分類。這些完全超出了我的能力，更糟糕的是，我不敢開口。而且，我無法搞清楚這套講座體系運轉的節奏或原因。我就是無法把這些講座與我每週要寫的作業論文以及要上的精讀課聯繫起來。我們再一次可以回到某種社會科學上的範疇以解釋這種情況：我現在把當時遇到的所有困難，看作是我文化資本相對缺乏的表現。我曾經是一個到那裡求學的前途光明的工人階級子弟，期望取得什麼成功，但是基本上，我卻被語文弄得無精打采。如果說當初我還覺得自己有一點點文學氣質和小聰明的話，現在我開始覺得，自己基本上就是一個笨蛋。

我第一學年得了個三流的排名，這很令我尷尬，因為我曾覺得自己應該在這裡有一個燦爛的前程。暑假結束之後，我不想再回學校。我與老家的朋友們待在一起的時候感到更快樂。不過，我也跟文學死拼上了。這部分是因為我覺得，這是一項試圖發展對他人已有知識的工作。慢慢地，我的情況開始好轉，最終我的學位是「下二等」：我努力地跳出他們的包圍，但並不是特別清楚這些包圍到底是什麼。

正像以前一樣，在社交活動中，橄欖球再一次拯救了我。我參加了學院的球隊，成了「小圈子裡的頭」，甚至在校部也有影響，我家鄉的地方媒體還做了報導，中學母校的演講日上，這還被當作光榮事蹟做了介紹。我當時還是傾向於回到伍爾弗漢普頓。我想念這裡的喧鬧、雙層大巴和那種不自負高傲的氛圍。我想念迪斯可。我想念在這裡的各式各樣朋友，以及我的女朋友瓦爾——她後來成了我的第一任妻子。

你的朋友們在你從劍橋畢業後改變了對你的態度嗎？

我不這麼覺得，因為我最親密的朋友也拿了獎學金去讀大學。我的密友們是典型的工人階級的、從文法學校裡挑選出來的、帶有向上流動抱負的孩子，我今天還是會和他們當中的許多人聯繫。同時，我留在這個地方的原因之一是我認識這裡形形色色的人：透過我父親認識的街坊鄰居、抱負不是很大的中學朋友等等。在這些群體裡面，人們覺得我變了，甚至到現在，還有人說我的口音變了，變得優雅起來，雖然我用的仍然是一種很明顯的中部地區語調。我從沒有刻意去改變我的口音，但是我現在對此坦然接受，它就是自然而然發生的。

伯明罕

你怎麼去了伯明罕當代文化研究中心？是什麼促使你又去讀研究生的？

我當時已經確定自己不是那種學術人才，於是有了走我父親道路的想法：從工人階級做到一名小商人。於是我申請了曼徹斯特商學院，得了一大筆獎學金。我在那裡學會計學、作業研究和商業計畫，還學工業社會學和工業社會心理學。我記得湯姆．勒普頓和一名心理學家給我留下了深刻印象。突然之間，我成了聰明學生，又一次在班上名列前茅，感覺很棒。

我開始想，我要在社會科學裡找一項專長。我在曼徹斯特得到一份獎學金去繼續攻讀博士學位。但是由於我家鄉的女朋友當時在倫敦讀完了本科，我便申請讀倫敦政治經濟學院並獲得了一份理學碩士的獎學金，專業是產業關係。我變得有點嬉皮，長髮及肩，對「風雲激蕩的革命」感興趣，我也對社會科學感興趣，但是基本上把它看作是一種操縱的工具，用來告訴老闆怎麼控制工人——用一種更成熟和更聰明的方法。我開始對廣泛意義上的「文化」感興趣，不僅僅是因為我身邊那些在發酵的因素，而是在想，是否可以為我重新被喚醒的學術能力找到符合我真實興趣的學門。我不太清楚我是怎麼找到伯明罕，還有那個新成立的致力於當代文化的當代文化研究中心的。實際上那個時候它有一個非常時髦的形象，嗯，反正對我來說是這樣。也許是透過倫敦政經學院的員工，或者是透過在曼徹斯特的講座吧。

所以當你開始在伯明罕的學業時，你是第一批學生？

是的。也許是第二批學生吧，總之是非常早的一批，一個初具雛形的班。我沒機會得獎學金。但我還是去了，是斯圖亞特・霍爾面試並接受了我。我成了一名自費的在職學生。我想做關於文化變遷、文化發展、針對舊式工作的文化反抗的嚴肅研究。雖然我很高興又回到了伍爾弗漢普頓，但是我也很高興地看到「中心」為我提供了一種跳脫之前在伍爾弗漢普頓的階級、文化限制和經歷的方式，或者說，找到了一種與它們之間的新關係。在任何一本自傳裡都會有那種扮演積極角色的、扭轉人生的事件，你在什麼時間聽到了什麼。偶然事件能解釋很多東西。消極的「逃避因素」也是這樣。我只是不想找一份「合適的工作」。

我也被霍爾和他所強調的多學科深深吸引：「我對你是一名社會學家或者英國人或者管他什麼身分不感興趣，保羅。我真正感興趣的是，你想研究青年文化和音樂，你想了解現在青年人怎麼生活。」與之前我在好幾所機構（包括劍橋）非常受限的經歷相比，這就像是一種解放。

「中心」裡的學生和教職員的工作文化是什麼樣子的呢？你的同學和你的導師哪個更重要？

第一年，也就是一九六八年到一九六九年，我實際上是理查・霍加特的學生。然後他去了聯合國教科文組織。他是一個非常忙的人，我們的第一次正式交談是在午飯時間。我記得他說——

我想是在打飯的隊伍裡——「保羅，把你自己沉浸在無為的因素裡很重要，不要急著很快地投入到什麼事情中。除非你覺得非常困惑了，否則你不可能組裝出什麼新東西。所以我不會問你到底打算做什麼，或者你的理論是什麼。」這很好。濟慈稱之為「消極能力」，也就是能夠生活在不確定中，但是仍然有方向感。我覺得在一份好的研究計畫中，你知道，能夠容忍混亂同時願意追求連貫，保持那種狀態是一件非常重要的事情。如果你明確知道你想要什麼或者你打算去證明什麼，那就去田野中尋找例證，把你總是知道的那些東西寫下來。但是如果你願意去承受迷惑和不解，你會感到沒有方向、很困惑，但這也不一定是壞事，克服了就會得到真正的珍寶。當然，要是你一直感到困惑（笑），那就糟了。但是到了某個階段抓住一個新的話題，這才是關鍵。所以，對一個當時只有二十三歲的人來說，第一印象是：「把你自己沉浸在無為的因素中，保羅。不要定型……」

你當時必須論證你的方法或主題或工作風格的正當性嗎？

不，一開始不需要。不對，我確實這麼做了。一個非常重要的原因當然是我是自費生，半工半讀，要把辛辛苦苦賺來的錢在繳稅之後分出來交學費。所以，與在劍橋、曼徹斯特、倫敦非常悠閒、有獎學金保障的生活相比，我到「中心」的時候必須在四個不同的地方教書來支持我的學業。那個時候你能輕鬆地找到兼職的教學工作：我在阿斯頓大學教「傳播學」、在伯明罕商業學院教「商務英語」、在漢茲沃斯科技學院教「二外英語」、在伍爾弗漢普頓學院教「通識教育」。我在復活節、暑假和週末的時候，還在冰淇淋貨車上賣冰淇淋。我真的非常努力工作，不像那些全日制的學生一樣整天在「中心」悠哉。我在「中心」跟別人不一樣，因為我是一個當地的男生。我要開車從十四英里之外的伍爾弗漢普頓到學校，而且考慮到我的生活情況和每天的社交類型，我並沒有感到非常菁英或特別。在「中心」的第二年，我結婚了，而且有了一個剛出生的孩子。所有的壓力都來了。我並沒有覺得自己像一個菁英。我在劍橋做得不好，後來我成了一個有點像流浪漢、提著毛氈旅行袋的全日制學生。我必須非常有效地安排所有那些不同的教學工作，而且在自己的領域裡要安排得非常實用。我並沒有把全部的時間都放在「中心」。我只有在想去的時候才去，直接從別人尤其是斯圖亞特・霍爾那裡受益；或者當我不得不去的時候才去，比如在召開所謂「理論研討會」的時候。

第二部分　教學和研究

一九六八年與伯明罕當代文化研究中心

你參與了伯明罕的學生暴動嗎？

我並沒有直接參與一九六七年到一九六八年間倫敦政經學院的暴動。我一九六八年夏天離開了倫敦政經學院。大伯明罕地區的靜坐活動發生在一九六八年秋天，這個我參與了。我曾有一種感覺，有點像一開始時對濟慈和拜倫的那種感覺，但是現在社會化了，就是空氣中瀰漫的那種東西，那種在日常文化和社會交際中發生的東西。事情再也不會一樣了。我參加了（伯明罕）大學大禮堂的占領，並在計畫好的集會上靜坐，我喜歡那種氛圍。「中心」的學生是靜坐活動的先鋒，尤其是傑克・海沃德和拉里・格羅斯伯格，他們都是美國人，當時在「中心」求學。我記得，拉里穿著一件粗斜紋布衣服，馬尾辮搭在背上，他是主要的煽動者。我對事情真實情況的記憶已經模糊了。我當時在各地奔忙：教書賺錢、賣冰淇淋、趕回伍爾弗漢普頓，所以在革命學生中，我也不是全心投入，我有時候突然參與進去，然後又突然退出來去教我的書，還要維持我自己的個人生活。斯圖亞特和我完全相反，是學校的一名全職教師。他是靜坐中的重要人物，他在學生和激動的盟友組成的人群面前發表演說，是一個令人難忘的重要演講者。「中心」和那一批剛剛入學的學生捲入得很深。課程取消了，「中心」的全部活動暫停了，所有的時間和能量都獻給了對策略的辯論和政治討論，比如（運動的）要求是什麼，應該是什麼，或者可以是什麼。那是一個非常令人激動的時期。理查告訴我要不怕困惑，現在這個世界真的被搞翻天。不過，我想理查・霍加特十分尷尬，他總是腳踏實地、彬彬有禮，而他的孩子，也就是「中心」，卻已經成為學生革命的智庫。

在學校內，有多少（由此帶來的）變化持續了下來？從中心的立場來看，在某種程度上來說，一切（運動的成果）難道不是都消散了嗎？

嗯，我不知道，我現在已經忘記某些訴求是什麼了。但是肯定有學生的意願得到了表達。學生評議會成立了，許多學生投入到課程發展上，雖然這種改進延續了多長時間是有爭議的。從「中心」的角度來說，這些結果「消散了」？絕對沒有！至少，在我們的思想中，我們是擴展後的「靜坐永久革命委員會」。斯圖亞特非常勇敢——也有某種程度的偏執——曾有一段非常長的時間，他覺得自己是在一個敵對的機構安營紮寨，他要擺平這種感覺。但是從那時起，尤其是在理查離開之後，「中心」就非常明確地成為各種教學關係中的先鋒。我最清楚的是，斯圖亞特覺得他是在保護我們不受制度的欺負，「中心」就像是某種實驗，然而我們都覺得這是一個可以擴大並征服全世界的實驗。不知為何，我既處在中心，同時又處在邊緣。我現在想要收回我剛才說的感覺到「正常」、沒有優越感，你可以說，與其他學生一樣，我也分享了某種因為處於事件中心而產生的重要感。作為一個失敗的「獎學金男孩」，我現在被吸進了革命活動中，做好準備為以一種激進姿態回歸的東西而鬥爭。雖然之前我曾覺得，自己正在加入既得利益者的隊伍，但是後來這件事情發生了，透過歷史上的突發事件，個人的惰性與其他種未來鬥爭，我轉到了一個激進的立場上。我覺得在那些年裡，我確實是某種重要運動的一部分，而斯圖亞特就是那個富有魅力的領袖，拿自己的事業做賭注，試圖為我們這個小小的機構注入學生運動中產生的許多情緒和原則，尤其是在學科領域保持開放，以及讓學生的興趣——與外部相聯繫的興趣——引導機構的發展。

斯圖亞特·霍爾在多大程度上界定了「中心」的關注點？

也許是某種遠端控制吧，但是當然也控制和維護了基本的參數和政治氛圍。這並不是什麼實質性的控制。從集體意義上來說，我們確實控制了大多數的行政管理流程，包括工作、閱讀和研究領域。毫無疑問，這是一種集體控制的過程。我們當時絕對是那麼認為的。雖然現在回過頭來看，我們做的事情也許正是斯圖亞特當時的心願。這種安排絕對不能讓校方知道：如果校方的管理階層知道了，就會引發可悲的後果，比如將「中心」關閉，尤其是在理查・霍加特已經離開的情況下。第一年是一段非常奇怪的「更迭」時期。在一九六八年的靜坐之後，理查離開了。我沒有證據，但是我懷疑他的離開與那場靜坐有關。他會覺得他是在一個激進分子的老巢裡，而他永遠不會知道從此以後這個老巢裡的人還會做什麼。從某一方面來說，他一定感到心滿意足，因為他的雄心壯志實現了：建立這樣一個「中心」來引導文化研究的成形，而《讀寫何用》曾經是、現在仍然是這個領域內非常重要的一本著作。但是我覺得，當「中心」以某種不同的方式成為新左派鬥爭的延續陣地之後，他也一定感到憂心。

在理查之後，斯圖亞特扮演了一種新的領導角色。與理查那種相當職業化的學者形象不同，斯圖亞特試圖自下而上地「發酵」一場學術革命。每週一都會開會，斯圖亞特在那裡攤開書，說最近又發生了什麼，學校又對他做了什麼。所有的關鍵議題以及錄取流程都是集體決策的。錄取標準盡可能用理性的方式討論：政治標準、學科領域、學術標準。學生小組對申請人進行面試。學生們對課程了然於心，他們集體選擇研究領域、課題和教科書——雖然這些都在斯圖亞特的指導之下。我記得他就曾警告說，選讀馬克思主義書籍的時候要小心，因為一旦你讀了，就不那麼容易走出來或者欣然接受一種折衷的框架。我還記得他說過無數次，品質才是最重要的，理解的深度和論證的嚴謹程度是說服別人的武器，而不是政治上的宣示。

後來人們對那段時期的偶像化讓你感到吃驚嗎？它被神祕化成那個樣子，你感到吃驚嗎？

我不知道。真正學到的東西也許已經被完全遺忘了。我覺得對教育方法以及如何組織學術機構來說，我們仍然可以從中學到很多。這是一種真正集體操作的長時段學術試驗。有點詭異的是，從一場跌跌撞撞但仍然在持續的試驗中，從失敗者的體驗中學到的最多。

「理論研討會」是怎麼回事？

我們一開始是想對「文化」做出界定，去尋找相關的學科和方法，這些活動後來就發展成了我們所說的「理論研討會」。在這種研討會上，我們以一種比較系統化的方式對相關的知識傳統進行梳理。在受到那場學生靜坐的刺激之後，我們試圖把一些集體工作的原則帶到研討會上。我記得不是特別清楚了，但是我想，我們是從文學理論、結構主義開始的，然後是社會學。我記得伯格和盧克曼，他們最終成了馬克思主義者。但是這種努力基本上失敗了。試圖透過一種一致的立場來討論什麼是文化以及確定一種方法，並將它們應用到實際的項目中——這種想法被證明不可能實現。人們無法達成共識，而且根本就沒有什麼一致的看法。作為一種折衷，我們從所謂的「緊密的集體合作」轉到「鬆散的集體合作」。我們分成了不同的「工作小組」。於是，那些對文學和人文學科感興趣的人去了文學小組；重量級的理論家去了意識形態小組，還有女性主義小組、「種族」小組等等。我們只是無法在所有問題上都達成一致。

有政治上的分歧或者理論上的分歧嗎？

我現在回憶起來，最主要的問題是，我們無法就一個核心的理論內核達成共識；不過你可以想像的是，理論分歧是和政治分歧——在某些情況下還是非常偏執的政治立場——聯繫在一起的。那個時候氛圍是很緊張的，或者說，我所感受到的是這樣。這些小組常常在沒有一名教師參加的情況下自己聚會長達一年，而且必然是自我指導的。但是仍然有一些「緊密的集體合作」保留了下來。你必須每年暑假在所謂的「中心報告會」上告訴大家你到底在做什麼。這個地方，你知道，仍然有那種抱負，那種要做大事的感覺。你會在「中心報告會」上被人品頭論足，所以你會全力以赴，甚至開夜車來做準備。人們往往會對做報告感到很恐懼，因為你要在那裡展示自己做了什麼——他們當然做到了——而且也許更重要的是，透過某種方式來證明自己所做的事情是規劃的一個部分。現在回過頭來看，許多來自工作小組的陳述——這些陳述也許只是少數幾個學生合作弄出來的——後來都成了專著或者《文化研究工作論文》的議題，這真的是很了不起的事情。所以我覺得，我們是無意間發現了一個有效工作的神奇方式：總體的指導和承諾、實質性的自主、觀念和批評的集中處理，以及個人慌張地在截止日期前趕寫報告。這是邊緣與中心的又一次怪異組合。一個穩定的集體主義和蔓延的個人主義的不穩定性。

《學做工》

你自己的作品——不管是關於嬉皮士的還是關於「小子們」的——在「中心」的工作小組中反應如何？

我自始至終都覺得，我的田野工作被他們看作是非科學的、人文的和相當主觀的。我感到一個明顯的——有時候是私人的——批評，來自於馬克思主義者對能動性和主體性的攻擊，後者基本上是一個非常正統的主張，講的是人文主義立場的不充分性。我覺得我必須證明自己的合理性，必須嚴肅地對待這個問題。在其他地方，你也許可以沿著人文的軌跡按照自己的想法走下去。但是在「中心」，透過夏季學期裡的全體大會，你會感到人們試圖把事情帶回到某種一致的、集中的、批判性的文化研究路數上去。不過我仍然覺得自己不屬於那個陣營。

儘管如此，就我自己的工作來說，很重要的一點是，我所在的「中心」有一些集中的集體目標，但同時也為自主性的工作提供了空間。雖然「中心」裡並沒有一個真正強大的民族誌傳統，但這種自主性和（集體）目標的混合使我得以堅持下來。「中心」的發表會上，人們向我提出了一個又一個的問題，問題很尖銳，我無法迴避。我處在邊緣，要非常嚴肅地對待中心。

在這些批評四起的時候，你有沒有為自己的項目辯護？你有沒有覺得你必須不停地為自己「化圓為方」的方式辯護？

這麼說吧，有人指責我以一種陳腐的或者沒有經過理論化的主體性和能動性做研究，而且我有點像是在沒有陳述主要困惑的情況下就假設了答案。透過假設一種主體性和能動性，我是在讓大腦短路，故意忽視或者乾脆就不顧阿圖塞關於詢喚的觀點。我的工作起步於這樣一個假設，即「小子們」是具有創造性的，而不是試圖解釋他們感覺到自己與所有相反的證據都格格不入這個難題。我覺得，把握住「創造性」才是我的主要關注，而且我現在仍然是這麼認為的，雖然論證的術語毫無疑問已經改變了。我不知道我為自己做的辯護是否跟我對自己立場的小聲堅持有得拼。不過我記得，在對我參加的那場工作小組報告會做出評論時，斯圖爾特說：「保羅所說的創造性，就是我說的生存。」

你關於創造性的思想，在你的作品中有著非常強烈的連續性。

我覺得那是我的故事。我一開始對個體性的藝術活動感興趣，覺得那是事物的中心；但是我未能對這些活動中單調的、審美的、精細的文本版本進行思考。於是這成為我的動力，持續地去日常生活中尋找同樣的東西：也許是某種可以將中心與邊緣聚在一起的東西。而要想在日常的普通經歷中看見創造性、抱負或者審美動機所激發的火花，就需要更長時間。這並不是連續和可見的，而往往是迷失、扭曲或者異化的，或者被轉換成具體化的形式，在不同場景、機構和情景內根據環境的不同，以奇怪的、被壓抑的形式展現出來。關鍵是這些東西永遠不會徹底消散，它們總是會恢復過來。我覺得在每一部知識作品中，人們都在試圖保存這種內核，也就是一種去知曉、陳述或者爭辯的潛意識流或動力。

我在「中心」得到的教訓是，關於「人的創造性」的人文主張不得不受到「中心」內部關於再生產和階級連續性的正統馬克思主義觀點限制。而且，在「中心」裡肯定有人從女性主義的角度出發對我進行批評：我怎麼能忽視父權制的分工，把它們都簡化成階級分化呢？尤其是我對家庭的重要性多少估計不足：正如工廠是資本衝突的場所，家庭也可能是性別衝突的場所；而我的方法幾乎都跟工作和學校有關，而沒有對家庭內部關係給予足夠的關注。在「中心」的報告會上，有人對《學做工》這本「自然主義的民族誌」提出了批評，甚至是強烈譴責，因為他們覺得這本書是在不加批判地重複、而不是指責和解構男性至上的習俗、形式與偏見。

事實上，在《學做工》裡，我當時確實覺得自己已經考慮到父權制的範疇和女性主義的批評。這是另一個我感到自己在與之鬥爭的壓力，我並不是在拒絕，而是在做創造性的內部擴展、創造和轉移。我仍然覺得，女性主義者沒有認真地對待我努力想表達的某些論點。我想表達的是，性別分工在資本主義內部是如何特別地與體力／腦力分工交疊在一起的。我並不是在說，某種工人階級的男性氣概永遠與體力勞動和男性氣概聯繫在一起；男／女和體力／腦力，它們是兩組不同的二元體系，有著自己的脈絡；在其他的情境下，你也許會發現性別、父權制和資本主義範疇的不同表現。就性別體系和資本體系或者資本關係透過對方得以呈現這一點來說，確實有一種不穩定性在裡面。

現在，學徒模式正在經歷一場大崩潰，自工業革命以來長時間所形成的社會再生產模式被重塑。而且，我們正在目睹一場危機或者說重新建構的過程：與性別、階級和位置有關的思想的重要二元體系，如何重新匯聚到一起。我想說的是，民族誌的、理論性的馬克思主義的某些觀點仍然是有意義的，這意義不在於對特定的工人階級男性氣概給予最佳描述，而在於釋放出分析的術語，這樣不同的呈現和組合就成了可能。所以說，也許會產生一種更溫和的工人階級男性氣概，或者也許會有一種與父權主義無關的男性氣概。在我的腦中，之前就已經考慮到女性主義者關於父權體系的觀點。至於我是否在方法論上恰當地順應了他們的觀點，或者他們所提倡的方法是什麼，我並不知道。

這對你來說一定是非常艱難的——你必須鼓起勇氣一遍又一遍界定你的立場？

是的，雖然你不必在我如何為自己辯護上想得太過英雄主義。在那段時間裡，我住在伍爾弗漢普頓，我開車去伯明罕：在這段時期的早期，我在四個不同的機構打工，還賣冰淇淋；在第二階段，當我成為一名研究人員開始從事《學做工》的相關研究時，我要麼是在外面做田野調查，要麼是在伍爾弗漢普頓過著非常正常的生活。所有這些都是對另一種主體性的支援——我不需要在「中心」裡維護這種主體性或為它鬥爭。總是有某種生活重心或者基礎，它與別的身分聯繫在一起。而且你也可以說，這讓我在田野實踐中保持了某種人道主義和某種樂趣。我並不是一個積極的鬥士，在話語上和知識上全副武裝起來，和「中心」裡的每一個馬克思主義者、女性主義者和反種族主義革命者鬥爭。我理解所有圍繞詢喚、性別、「種族」這些主題的論點的主體性意義。這些我都能懂。但是，這麼說有點不好意思，就是我還有一種「常識」，也就是我知道你的身分總是超出階級、性別或種族，牽涉到你所有生活方式的組合，你如何適應生活，你認識哪些人，你的私人和家庭關係如何——所有的這些東西，都與那些說法明顯的二元分工理論是不同的。如果你想在田野中理解一間酒館或者一家工廠運作的方式，那就要理解無數其他的東西：幽默、語言、性格類型、玩笑戲謔，而你就是不夠聰明，無法弄懂所有的那些二元對立，還有所有那些生產其他術語或者其他二元對立的二元對立。一個好的田野工作者知道某種東西的重要性，不會說：「這是一個階級範本。這是一個性別範本。這是一個『種族』範本。」

你如何看待《學做工》後來收到的迴響？

從許多方面來說，《學做工》是一本奇怪的書。當時並不覺得自己可以走多遠。我當時覺得這「只不過」是一本我終於出版的專著而已。我與出版商簽了一份不怎麼樂觀的合約，但是它後來獲得了成功，賣出了很多本，這讓我很吃驚。這其實有點意外；也許它正好碰到了學術史的某一特定時期，馬克思主義、文化研究、教育社會學的某一特定時期，教育政治的某一特定時期——政府承諾提供全面的學校教育，但是人們對此的失望和除魅卻在湧現。這本書現在已經有很多的版本和譯本。它在日本、德國和美國肯定賣得更多。我最近去了趟韓國，在那裡發現有一個盜版也賣得不錯。我將這本書的銷售情況，看作是在不曾預料到的地方所發生的、有關創造性和社會後果的民族誌。它仍然在引發各式各樣的辯論、議題和興趣，超出了文化研究這一領域。也許它在本質上屬於人類學，這既奇怪又讓人感到欣慰。

在人類學家之中，你是否覺得《學做工》在美國的影響更大，因為美國的人類學傳統與英國相比更加寬廣和具有包容性？

我不知道，我無法就人類學下什麼權威性的論斷。當然，在美國，這本書最早是被歸入人類學的。好幾所美國大學的人類學系都曾向我提供過教職或發過邀請，而直到最近才有英國的人類學系這麼做。就英國現在的情況來說，這部分是偏執，部分是對文化研究蓬勃發展的合理反應。也許他們向我敞開大門，是想保護他們不受其他來源的威脅。也許我的作品在文化研究內部被當作是一匹顛覆性的特洛伊木馬，表明敵人中的菁英一直在做同樣的事情！

政策、政治和大學

你能不能和我們說說，你是如何開始為伍爾弗漢普頓市議會工作的，以及一九八八年的《青年評論》是如何出爐的？

在柴契爾政府於二十世紀八〇年代初縮減經費之後，我丟了自己在伯明罕文化研究中心的研究員工作，有大約一年的時間處於失業狀態。我參與了工黨在伍爾弗漢普頓的活動，他們要我做一項關於青少年失業問題的評估報告。他們的想法是試圖形成和執行有效的政策來應對席捲全市的經濟危機。當時我們正深陷大規模失業的漩渦之中：自一九七九年以來，該市已經流失了一半的製造業工作。柴契爾的策略是使用貨幣主義、強勢英鎊和國際資本來包抄和教訓工人與工會。英國鋼鐵廠和其他工廠的關閉重創了這個市鎮。青少年失業尤其引人注目。我利用這一機會，試圖就失業對當地的影響做一番全面的解釋；我使用了一整套的研究方法，對包括年輕男性、年輕女性、加勒比海黑人、亞裔在內的社會群體，做了抽樣問卷和民族誌的考察。我還有三名助手，他們都由市議會撥付報酬，而研究也越做越大。我還對當地主要的政府機構進行了調查——我想應該有十個，目的是搞清楚我所說的年輕人所面對的「新的社會情況」。我想，這是當地第一次對後工業時期大規模失業的地方影響做如此全面的評估。

與通常的政府內部評估不同，我們試圖從年輕人自己的觀點出發來顯示這場危機，然後轉而討論地方政府部門應該如何採取措施，來應對新的情況和年輕人的新需求。可別忘記，「黑郡」曾經是工業革命的「矽谷」。你可以說，在一九七九年和二十世紀八〇年代初，它目睹了後工業革命的開始，此後的真空仍然有待填補。（世界上的）其他地方則經歷了新工業革命。這是一場我們今天絕對依然在應對的危機。這個地區和這裡的人口在過去兩百多年裡已經適應了工業時代的節奏、剝削、紀律和權力。突然之間，這裡失去了方向。相對定型的社會和文化再生產模式遭遇了一場危機。看起來幾乎就像是柴契爾夫人想要把這樣的地區推到邊緣。

你對參與政策制定的體驗是什麼？你有沒有試圖去制定一份日程，或者主張政策工作應該為你所說的「給人美感的創造性」留下空間？

我不能說我（在報告裡）提到過「給人美感的創造性」，但那是我工作的泉源和希望釋放的東西。政治從某種程度上來說是骯髒的。從讓地方層面做出改變以及也許會為全國層面提供點什麼東西這一角度來看，我覺得為地方政客們提供豐富的證據是非常重要的。《青年評論》是一份非常「厚實」的文件，包含了軟硬兩類資料。我強調了用年輕人自己的視角來看待問題的重要性，而不是只採用政府部門和職業人士的視角和標準；我還強調了建立年輕人的系統性表達機制的重要性。從讓變革發生的角度來說，政治操作、尋求聯盟、開放政治影響的新管道是非常重要的。我幫助他們成立了一個青年評議會。除了分配文化事務的經費之外，它還派人參加一個叫做「青年事務委員會」的新的政治機構。這個政治委員會所感興趣的東西，並不僅僅是通常排在教育委員會日程最後的內容，比如青年俱樂部、青年休閒和體育活動，還就住房、治安、社會服務、教育等事務發表報告。青年事務委員會和青年評議會今天仍然存在。《青年評論》的基本精神就是為地方政府重新引導方向，導向年輕人的需要和問題，而不是像當時的流行做法那樣，利用政府將年輕人轉變成國際化資本主義勞工市場上更為有用和廉價的勞動力。

我試圖向志願部門以及政府建議的是，政策應該根據年輕人的實際生存狀況，而不是根據掌權者該如何改變或塑造年輕人的想法而制定。認為有一條金光大道將民族誌和政策連接在一起的想法是錯誤的。我覺得民族誌可以扮演一個重要的角色，但是政治的問題——只要你在做田野，就會涉及到政治——確實是一個牽涉非常廣泛的前線。我們使用了各式各樣的方法。其中之一當然就是採用抽樣問卷，這樣你就可以用大量數字來展示到底發生了什麼。這種方法又與定性工作聯繫在一起，這樣你就能開始嘗試發展出一套年輕人所需要的議題。你不能僅僅在研討會上拿起手機，打電話去問他們想要什麼；事實上，處在他們的結構性情境中，當需要匯聚成共同立場的時候，他們也感到迷茫和沒有方向。儘管如此，你可以利用民族誌的技術來探求他們的生活方式，而且在某種程度上替他們說話。教育培訓、文化娛樂、住房等方面仍然有一大堆問題需要解決，但對許多年輕的工人來說，主要的問題則是工資過低。比方說，不管他們有一份低薪的工作還是沒有工作，他們都會發現，要想進入日益私有化的蕭條市場是不可能的。政府到底為什麼不處理這樣的議題呢？

你怎樣看待在這種新環境下運用民族誌？

我並不是在聲稱我取得了不起的成功，但是我主張要就年輕人的真實需要做直接的溝通。比方說，從青年事務的視角出發，政府已經將住房需要確定為年輕人問題的中心，而且至少透過一些特殊開發專案，滿足了年輕人關於住房的某些需求。

更集中點說，在我看來，《青年評論》所做的工作幾乎就是那些製造了大量人類學民族誌的殖民遭遇的反面。現在，不要忘記的是，我偶然撞入了人類學方法的懷抱這件事情讓我感到寬慰，在我的眼裡，殖民地式的民族誌幾乎充滿欺騙和罪惡。另一方面，它給了我一個人文主義的推動力，這股推動力也許就是一名白人工人階級或者小資產階級分子對「人的創造性」的自我理解。殖民地式的民族誌帶著一種懷舊的情緒，試圖用一種割斷歷史或者菁英主義的方式，來延續自己受到威脅的、或者也許是想像出來的過去。但是，我所做的與此大為不同。我覺得我在做的是幫助那些正在掙扎的「人們」表達他們的立場，從而在面對一系列新的社會關係時，滿足他們的要求。我是權力圈內部的一個反對力量，而不是在趨炎附勢。

當然我知道，事情很複雜。你可以說，我關心一種正在消失的生活方式，卻從一個殖民主義的政府那裡領取報酬——不過，工黨真的是這樣一種組織嗎？但另一個事實是，一九八一年的騷亂之後，在全國範圍內確實出現了一種恐慌的氛圍，人們對青年暴動感到擔憂。對政府官員們來說，如何聰明地進行社會控制確實是一個問題。

但是在工黨內部，確實有人真的認為，我們在地方服務、青年救濟和教育上花很多錢，確實對「我們的孩子」有很大的意義。人們有一種感覺，就是這整個地區是在跟更大的權力對槓。如果你真的考慮了底層的感覺，哪怕是從改良主義的項目中獲得這種感覺，你也肯定會覺得讓組織、救濟和服務更符合真實與新出現的情況是值得的。

現在回過頭來看，你覺得你改變了什麼呢？當然，這個問題的答案部分取決於你自己的觀點，取決於你看待事情的方式。在你的新書裡，你曾在一處將自己描述成一個「知識上的破壞者」。在另一處，你說大議題已經不存在了，只剩下文化上的園藝工作。回過頭來看你所做過的各種項目，你會說某一個比另一個更有影響嗎？《學做工》是不是比《青年評論》更有影響？

對我來說，很難用某種特定的方式將自己標榜得很成功。當初在「中心」的時候，我們這些理想主義的人自我標榜為有機知識分子，我們要改變這個世界！但是事實上，我們只是在一個非常小的知識分子圈子裡相互影響，也許最終我們也影響了其他一些知識分子，但是我們並沒有影響整個世界。如果什麼事情不是我在直接的背景和環境中完成的，我會不太好意思說這些事情取得了什麼可見的效果。當然，你在心裡完全可以對這些事情的長遠結果有這樣或那樣的看法，但是很顯然，這絕不等於事情就會這樣得到解決。在知識實踐中存在掙扎，但這是值得的；而在我們自己的實踐中，我們如何看待這個世界也有各自的結果。

我所做的工作，一直試圖用一種民族誌的方式，透過別人的行為來展現當前的結構性情境以及被改變的結構位置，捕捉它對生活的意義。現在很多孩子已經找不到固定的工作了。他們有時候參加培訓項目，有時候從事收入極低的臨時工作，有時候還要求助於父母，然後再參加另一個政府專案。對國家來說，這是一個全新的角色，或者說是對常規的政府角色做了很大的拓展。政府部門要對整個事態全程負責，而不是一個過渡部分，也不是一個早期階段，而是持續的全盤過程。布萊爾也曾經說過，要讓過半的十八歲青少年進入高等學府。學生的構成主體正在發生全新的變化。也許令人驚訝的是，在這個國家，由於現在學生必須自己承擔費用，除了職業教育、電腦培訓之外，對社會學、媒體研究以及文化研究的需求還將繼續下去。學習社會科學最後很難找到飯碗，但是（學生）需求還是很明顯的。具有社會意義的民族誌，包括我的工作在內，能夠為這些新空間提供非常有用的課程和項目素材，使學生能夠認識、美化和分析他們自己的個人體驗和文化實踐。民族誌能夠幫助學習者建立某種自我反思，不是說對自己完全了解，但是可以了解自我的各種可能性，了解作為一個歷史性和現實性建構的自我。我保存了許多工人和其他人寫給我的信，這些人在不同的情況下讀過《學做工》，有的是以前在課堂上讀過，有的是碰巧在監獄的圖書館裡讀過，他們對自己過去十幾年甚至更長時間裡的經歷有了新的理解，在精神意義上和社會意義上變得更加調和。我們確實不能低估知識產品的擴散性：文字確實有它自己的生命。民族誌裡有一種特別尖銳的東西，涉及那些被反覆提及、可以再次獲得新生或者用不同方式再次點燃的經歷，那些在讀者自己的體驗內部、在閱讀過程中產生的體驗。對於自我和它們被調整過的生存狀況之間的關係而言，這是一種將這類關係挖掘出來的手段；這也是一種對生活在變化後的生存狀態中的可能意義進行思考的手段。這是一種方式，可以識別出什麼東西可以控制，同時識別出「文化錯置」的持續力量，即便我們不知道「同時性」是什麼。

你覺得這種作品在現在的英國，一個布萊爾主義者執政、口號響亮、提倡焦點小組[7]的國家仍然有可能嗎？

從結構意義上來說，總體政策框架已經轉到了左派的反面，轉到了那種試圖從底層系統性地理解這些議題的激進政策的反面。工黨曾經是將底層的影響和利益連接起來的主要指望，但是如今（這個黨）已經與工人階級脫節了。從許多方面來說，它仍然在推行柴契爾主義的方案，透過宣傳手段與群眾建立聯繫。但是布萊爾主義、焦點小組主義以及政治宣傳並沒有吸乾政治和政策

7 在布萊爾執政早期，其治下的政府聲稱自己將會倚重「焦點小組」來收集民意。所謂焦點小組，指的是一種由「普通群眾」組成的受到監控的議政小組。但是廣大的「下層階級」並不受焦點小組的歡迎：文盲、長期失業者、社會邊緣人都被排斥在這種小組之外。有學者認為，這反映了布萊爾主義者並未將這些人看作是「人民」的一部分。——譯註

領域。不管從哪方面來說，政治都在、並將繼續參與對全民的管理，不僅對怎樣的政府機構，而且對每個人來說，都有許多重大的議題需要解決：如何在智識、文化、個人、政治方面解決這些問題。面對爆炸式增長的新技術、通信手段、潮水般的廉價或無成本資訊、新製造業、指數級發展的電腦技術和人工智慧、對基因構成的微觀控制，政府應該在管理中扮演什麼樣的角色？商業利益與人類福祉的商品化和這些東西交織在一起，政府不可避免地會牽涉其中，又該如何處理？但是更重要的是，在管理這個新世界新湧現的趨勢所造就的社會關係中，政府該發揮什麼樣的作用——尤其是，如何管理在經濟上和文化上被遺漏、但仍有可能在其他議題上使執政黨毀滅的那些人？就底層感受的實踐維度成為權力運作的一部分而言，會出現一種新治理模式的解放維度，而且可以從這裡挖掘、蔓延和增長。不過在新工黨統治下，我們很難察覺我們如何不僅只是跨國資本的一個分支，政府努力培訓工人，以吸引國際資本，但它並不完全清楚自己在做什麼。不過，事情是有很多面向的。不要忘記，政府部門仍然很龐大——在這個國家，每一英鎊開銷中就有四、五便士是由政府花費的，大多數是由地方政府或透過地方政府支出的。與地方層面的政治和治理有關的問題——比如在當前這樣的情況下，人口是如何被徵召的——事實上仍然是極其重要的，尤其是在文化和主觀體驗的重要性提升的今天。有一種觀點是，你必須考慮到人民的意見。即便你最終操縱了民意，你也不能用那種老式的自上而下的手段，尤其是在面對面服務時和在公共機構中。關於人權的新話語出現了，而從某種意義上來說，這正反映了人們確實已經改變。人們已經不再願意接受被賦予的身分，比如我是一個工人，她是一個什麼。每個人都以彼此不一致的方式，努力按自己的辦法行動。這些文化趨勢如何與那些技術和經濟趨勢發生交集呢？經濟失權與一種奇怪的文化父權並列在一起。這也正是批判性民族誌可以發揮重要作用的地方，即產生更多經過深思熟慮的、整合一致的政策觀點，尤其是針對地方政府的政策觀點。這些觀點既考慮到文化上的推動力，也保持對生計問題的關注。

你剛才說到讓過半的十八歲青少年去讀大學這種政策的影響，以及終身為政府服務的那些人。在你看來，對大學的未來而言，這些變化的潛力和風險在哪裡呢？

在大不列顛王國，許多關於教育和培訓的話語都是非常實用主義的，目的是吸引對英國的投資，比如增加我們的「人力資本」、「競爭優勢」等等。全球的（新）狀況已經改變了遊戲的尺度：在官方話語中，這是一場永不停息的遊戲，他們的目的明顯是要增加勞動力的價值以吸引跨國資本。與此同時，在地方層面，上大學的人更加多元化。看到中年的工人階級女性來選修社會學和文化研究，我至今仍然感到很驚奇，因為與電腦或者人力資源管理相比，前者的就業前景要窄得多，而後者的技術也許能為她們提供二十年的收入和物質保證。她們之所以這麼做，是為了個人發展，是為了理解她們過去的個人和文化歷史，用我過去使用的具有人文色彩的術語來說，是為了尋找她們自己生活中的某種創造性，以及尋找並不僅僅與勞動市場的結果聯繫在一起的可能未來。我覺得這整個領域可以為社會學研究、文化研究和人類學提供巨大的機遇，利用批判性民族誌作為活生生的研究項目，在文化實踐和體驗的邏輯內來理解這些新的轉型、歸宿、「鑲嵌」以及可能性是什麼，所以讀大學是一件非常有意思的事情，並與正在出現和發展的新意識形式有關，而無需依靠那些過時的「種族、階級和性別」等陳詞濫調。如果文化研究一開始是以另一種方式發展，在早期階段讓文化研究民族誌成為主流，而不是分裂成好幾個意識形態陣營，那麼今天文化研究可能早已成為成人教育的形式了。

總而言之，當前的教育陷入了一種不同觀點之間不平等的鬥爭之中，這些觀點涉及如何看待勞動力，你也許可以把它稱為工具主義的勞動力與表達性的勞動力之間的鬥爭，而前者一直占據優勢。不過有時候，尤其是在地方層面，人們的體驗和動力也許會與表達性的勞動力有更多的關聯；而如果你夠聰明的話，也許能夠把兩種勞動力聯繫在一起，因為對許多雇主來說，成熟的表達性勞動力可以是一種非常有價值的資源。

未來會怎麼發展？我不知道。對制度性位置進行界定、對主觀位置進行界定、試圖論證表達性勞動力是一種經濟資源——所有這些都有可能發生。毫無疑問的是，「菁英」與「新」大學之間的分裂會繼續，而「網絡大學」則會興起。我們會走向一種更像美國的狀態。但是以我對地方性大學的經驗來看，它們應該成為真正的大學，而不應該被粉飾為繼續教育學院，只是被授權傳授別人做過的研究。不管從什麼標準來看，有一部分地方相關性事務都必須成為高品質工作的對象，政策和民族誌的興趣可以在那裡會合。

第三部分　民族誌和理論

「在那裡」：答錄機與民族誌的「數據」

我覺得我當時抓住了民族誌工作的第一波技術浪潮。那時我的時間很緊張（那是一九六八年，我的生活中發生了很多其他的事情），而我特別渴望走出去，去看看這個世界到底發生了什麼事。那是典型的、第一次的、平淡的民族誌式不期而遇。在伯明罕嬉皮士們活動的中心地帶，有一個酒吧，我去問那裡的酒保，誰是這裡最有名的嬉皮士。他告訴了我，向我引薦了其中的一些人，告訴他們我正在寫博士論文，講的是音樂和嬉皮士文化，需要收集一些資訊。我之前沒修過任何的方法論課程，我也沒有把自己看作是人類學家，我只知道我必須收集素材。於是我說，你們介不介意我錄音啊？他們那個時候根本沒有可攜式的答錄機和磁帶，不過反正我當時也不知道這個。「中心」剛剛花了一點錢，買了一個品質不錯的盤式磁帶答錄機，看上去就像一個手提箱，我就提著這個沉重的箱子到這些嬉皮士的住所，把它放到桌子上，打開一盤盤磁帶，插上電源（開始錄音）。這就是不加干擾的方法！我當時就覺得，「看在上帝的分上，弄出一點什麼吧，生出一些材料來吧！」我當時時間很趕，我就想著趕快開工，不管用什麼形式，我要弄到一些素材來用。

你不認為你只能做筆記嗎？你有沒有覺得你必須做一些錄音？

是的。得到素材會讓我樹立一種信心，覺得我已經拿到了一些東西，有了那種開始做田野和儘快用素材填補研究的感覺。一堆素材，有點像是一筆錢，與進行理論構思時是不一樣的。你可以日後再考慮怎麼利用這些素材，雖然你當時並不知道怎麼用，但是在以後的日子裡你會掌握一大堆資料。要未雨綢繆。我也做筆記，尤其是在一開始做理論解釋的時候。不過我記得，雖然我從田野，也就是嬉皮士那裡帶回了一堆筆記，我還是在想：「天哪，我的筆記還不夠！怎麼辦啊？」你們在做田野的時候有沒有過這種感覺？我當時真的有一種不安，覺得我收集的素材還不夠，弄到那些日後可以用的素材對我來說是至關重要的。我覺得非常有意思的一件事就是去搞清楚錄音是什麼時候開始被採用的，它們是不是改變了田野實踐，是不是讓人變懶了？我覺得，我要對文化研究中過於依賴口頭回應的現象負部分責任，要對一種文化研究概念只建立在東拉西扯基礎之上的快速、卑劣的突然襲擊負責任。首先你求助於答錄機，而當你做完一個小時的訪談之後，你就搞定了一個題目。然後，如果你只是使用其中的幾個詞，為什麼當初不乾脆就把那個人在酒吧裡告訴你的那點事情拿筆記下來呢？〔笑〕所以你們可以想像嚴肅的田野工作開始受到侵蝕。

不過與此同時，我覺得這也是一個很好的例子，說明科技是可以發揮非常出色的作用的。我們現在在利用現代科技方面做得很糟：影像、移動畫面、視頻等等。有時候「牆上蒼蠅式的觀察紀錄片」、「肥皂劇式的紀錄片」[8]以及許多通俗文化都會採用影像手法來表達日常體驗，然而在「專業人士」看來，如果你不用自己的筆和紙，你就仍然不是一個真正的人類學家。

但現在這裡的問題是，錄音記錄成了民族誌本身。這就有點像是用錄音代表了田野工作。

8　觀察紀錄片出現於二十世紀六〇年代，技術基礎在於便攜型攝影機和磁帶攝影機的出現。這種紀錄片放棄解說，放棄扮演，紀錄片導演成了「牆壁上的蒼蠅」，觀眾和攝影機只是被動觀察者。經過剪輯，它也會有類似肥皂劇的情節，因此也被叫做肥皂劇式的紀錄片。——譯註是的，我覺得這不是一件好事，以某種方式複製了肥皂劇式紀錄片的缺陷。雖然如果你誤用了田野筆記或者誤解了意思，你也會出糗。所有這一切的「解毒劑」就在於，用靈活和開放的態度使用理論。在所有關於理論如何與民族誌建立聯繫的問題中，我覺得民族誌的關鍵點就在於靈活性。也就是說，當你進入田野之後，你幾乎能夠不知不覺地對理論和假設進行檢測。不過有時候，這也許在你後來對自己的素材進行分析時才會發生，所以要仔細地聽錄音，以發現是否會有什麼重要的概念從你的錄音裡發展出來，它們又是如何與你現在的想法聯繫在一起的——這是一種培養思路、走上正軌的方法。如果你能夠回到田野去改進，這自然很好，但即便是在這些素材內部也存在著類似的辯證關係；如果你無法再回到田野，你還是可以回到素材的其他部分，或者翻閱田野筆記，帶著一種新的敏感去發現當初你記下這些素材時不曾意識到的課題。素材永遠不應該成為癱瘓的路障，不應該只像水泥板一樣等著我們去把它推向讀者。

這再一次告訴我們，為什麼在做田野的時候要用開放的心態記下你覺得相關的東西，用開放的心態記下你覺得有意思的和重要的理論觀點，即便當時你沒有辦法講清楚為什麼要這麼做。也許在後來的階段，在處理和分析資料的時候，你會知道為什麼當初你有一種直覺，覺得這些素材很重要，儘管你當時並沒有理論上的恰當理由。

關於「多點民族誌」

你的民族誌在人類學內部被接受的部分原因是，這個學科內部當時有一種觀點：我們還沒有考察過階級。這就聯繫上了另一個問題，那就是什麼東西會被說成是「多點民族誌」，你如何去做與更大的系統——資本主義或者全球化——有關的民族誌，而這個問題在今天似乎比過去更加緊迫。

我對「多點民族誌」以及一些美國式的人類學有一點擔心。透過我們新創辦的雜誌《民族誌》，我得以了解一些這個學科內部的當代趨勢。許多人類學家透過採納一種當代的歷史觀，來對後現代的轉向做出回應。你對整個國家進行觀察的時候，帶有一點政治經濟學的色彩，你玩一點制度歷史學，然後你得到一張快照：某個人坐在走廊裡，與某個來自經濟發展署[9]的人在一起。這是一種超級成熟的新聞處理手法。那種明確的人類學眼光，變成了對當代史進行綜覽的眼光。我理解為什麼會出現這樣的現象，而且這確實有作用。但是，我只是不想丟掉對情境化的人

9　英國政府於一九九九年設立了九個地區發展署，目的是為當地受到經濟挑戰的商業與社區尋找、建立相應的解決方法。——譯註

類創造力的關注，對「厚實」的民族誌的關注。面對許多現代人類學，你並不是特別明白，為什麼它們要告訴你這些東西。它很有趣，它是個好故事，但這又怎麼樣呢？作者所要講的是什麼樣的問題或困惑，他的制高點又是什麼呢？調查的模式有什麼特別之處呢？對地方性和敘事的擔憂不應該讓我們拋棄厚實、徹底、細緻、細節豐富、給人美感的民族誌，不應該試圖以一個單一的描述框架囊括所有層次的決定因素。

除了敘事這一條途徑之外，還有其他的途徑來理解地方性是如何與全球性聯繫在一起的。在全球資本主義的支配地位和某些複雜的內部體驗之間，也許存在著什麼快速通道。把主體性或者體驗上的親密感的集中細節記錄下來是非常重要的，不管呈現它們和保持它們的原貌有多麼困難。和其他手段一樣，這麼做的目的是用一種理論性反思的方式、一種緊迫和微妙的方式、一種可以產生恍然大悟效果的方式去把握一個機會，將它們與具有廣度和深度的因素聯繫在一起，從而揭示結構性的決定因素、變遷和連續性是如何被理解和被展現的。我們現在的生活方式既是由結構力量和逐漸強化的權力所塑造的，也是由內部體驗和非常地方化的實踐帶來的明顯的生存能力所塑造的。在我看來，多點民族誌和綜覽型民族誌的危險在於，內部的決定因素、影響和生活力量被假設成某種「全球之水的蓄水池」。水就像瀑布一樣順著許多層級傾瀉下來，一開始是一種全球歷史，而你把它當作一個層級，然後它流向全國性的舞臺，接著一股股地流到政策和制度層級；有一點水濺到了地方經濟上，還有一點濺到工會和特定的地方，最後等到需要呈現和解釋創造性的群體及個人的時候，你已經無「水」可用了。回流是肯定不會發生的。處理這一問題的方式之一，就是努力理解前面所說的「快速通道」，比方說，努力去理解我們周圍這種商品化的物質和溝通環境中的商品拜物教，去理解這對主體性而言意味著什麼。對我來說，這是一種可以在主體層面上進行界定的結構性「力量」，並在這個層面上做出交互性的分析，而不是透過無數的中介因素來進行追蹤。非常詭異的是，雖然萬事俱備，但是沒有什麼是地方性的，我從未如此重視親密性。先是從全球資本主義開始寫起，然後轉向全國資本主義，接著轉向布萊爾的政策……這樣的做法不會讓你理解那種親密性。

就像存在一種簡化的和無聊的「全能」政治經濟學一樣，有一種無聊的「話語主義」依然流行。如果你只是關注敘事和話語，那麼你對意識和主體性的理解就會停留在一個非常造作和自欺欺人的水準上，讓你自己不可能去記錄和理解給人美感的活動和過程，無法理解其中包含的深度和廣度，以及混沌微妙之處。人們會因為他們無法解釋的熱情而受到感動。人們接觸音樂、科技、情境這些東西，它們會幫助人們保持和發展一種對自我的感覺，這種感覺可以表現和感受出來，也許常常會與他們在話語上的「立場」相牴觸。與（經濟的和符號的）結構性決定因素的一點點滲滴不同，人們會努力以創造性的方式來弄懂個人和私密性的體驗周圍的中介要素，在這樣的特定歷史階段，會有某種東西圍繞著文化、意識和主體性而展開。如今，第三世界正經歷著一個快速壓縮的歷史時期，不僅僅經歷著（經濟上的）工業化，而且意識也在工業化；在那裡，主觀變化對這一中介層次的決定作用，也許和更大的結構性變遷的作用一樣大。當然，我相信和支持「全球民族誌」。它又是如何起步的呢？我們現在不能將「全球化」留給資本家和抽象的理論家。但是我們需要努力去界定我們所說的東西意思是什麼。

如果對經驗主義的批判所導致的結果，是放鬆對具體的地方經驗及其處理世界變遷的方式的關注的話，那麼我們其實已經走錯路了。我們需要切實維持一種辯證性的開放姿態來面對那些中層制度，它們既受到文化和主觀變遷也受到宏觀變遷的影響。尤其是，它們必須適應努力控制和包容「來自底層」的壓力、阻力和抵抗。在繪製總體圖景方面，新聞記者、歷史學家和經濟學家可以做得一樣出色，但是我們在這裡所說的人類學和民族誌的貢獻，應該是對體驗給予持續的關注。多點研究及方法論當然對我們理解更宏觀的現象非常重要，但是它們不應該是一種沒有深度、空洞的多重區別，覆蓋在二手的政治經濟學曬衣架上。它們應該展示，隨著權力、地點和利益的不同，同樣或類似的趨勢是如何以不同方式在體驗和地方實踐中辯證性地展開的。

理論、民族誌和倫理

你覺得誰對你的理論立場影響最大？

目前我已經發展出了一套連貫的理論立場，這既來自我自己的興趣、經驗上的興趣、政治上的興趣，也來自我想保護自己的人文主義立場不受其他理論立場的侵害，或者讓它獲得相對於其他理論立場的正當性。我最近的著作《民族誌的想像力》從某種意義上來說，是我第一次試圖系統化地表達某種理論立場。《世俗文化》是早期文化研究的一種人文主義範式的產物，試圖理解摩托車騎士的文化。《民族誌的想像力》則試圖理解民族誌的特殊之處，一種相對於被語言學範式和後結構主義接管的文化研究和社會科學的獨特性（這雖說是對文化研究和社會科學的一種簡化歸納，但是卻有合理的成分在裡面）。該書還試圖反思我在《世俗文化》中的幼稚做法，比方說在隨後的討論中得到了啟發，從我自己的角度出發，審視進行田野工作的可能性。

對剛剛開始研究生涯的研究生和人們來說，「大理論」構成了一個主要的悖論。你知道，人們會問：「我是一個馬克思主義者嗎？」「我現在是一個布赫迪厄主義者，還是一個符號互動論主義者？」「一個現象學家？」「一個符號學家？」這些框框我都搞不清楚。我自己的觀點是，民族誌學者應該有一種健康的獨立性。我事實上並不是反對任何理論。我已經從「中心」了解了所有的理論革命，而我現在則從布赫迪厄範圍廣泛的著作中獲益良多。不過，如果我之前不曾從人文主義的創造性或者我自己的田野經歷中獲得自身的根基——不管是多麼有限——那麼現在我很難不陷入理論中不能自拔。很有趣的是，我想布赫迪厄也會對他在阿爾及利亞早期的田野工作發表非常類似的感悟。問題是，如果你在田野工作之前僅僅是布赫迪厄的一個信徒，那麼去做創造性的田野工作甚至會更難；你會用到一套布赫迪厄的體系，尋找例證和範例。在這一點上，我們再次回到了霍加特所說的「沉浸到無為的因素中」。

所以，我反對加入什麼學派。研究生往往會覺得他們需要屬於某個學派，然而這樣他們就很難不捲進去，找到一個理論上的，有時則是現實中的「守護神」。在我看來，這有點危險。民族誌學者應該專注於自己的議題以及政治選項。在原則上應該是折衷的，而不是把所有的雞蛋放到一個籃子裡。物以類聚，理論家以群分，他們說的東西往往差不多。他們陶醉於自己的重要性，讓自己「獨特的誘人命題」變得更完善，他們非常善於進一步製造相關的概念，用一小片一小片的理論來反對自己的論敵。你最終會感到更加心煩意亂，想搞懂理論家說的是什麼，而不是文化的意義是什麼。只有當理論能闡釋事實、讓事物變得更加清晰、幫助你更完整地展示現象本身的時候，你才應該使用理論。太多的民族誌受到了理論膜拜的束縛，而不是得到了釋放。如果沒有什麼清晰的概念可用，不要羞於提出或者採用你自己的、與世界相關的概念——世界顯然走在我們的前面，發展出各式各樣無法用之前的範疇來歸類的形式、二元對立、美感和文化形式。對理論和理論家的過分依賴是一個大問題。

你如何指導自己的博士生面對理論，而不被理論壓倒？

我會問他們，為什麼對這個課題感興趣，然後用霍加特給我的建議來提醒他們。我會告訴他們，對於那些引起他們興趣的議題，我希望得到一些解釋。我會鼓勵他們進行廣泛的閱讀和勇於嘗試。這也是「知識上的破壞者」誕生的地方。試著使用不同的理論，不過要以一種簡單的形式；不要向布赫迪厄、馬克思、阿圖塞、巴巴或者史碧娃克低頭屈服。不要做一個「書呆子」！努力去搞懂他們所說的東西在實踐中的實質是什麼，搞清楚哪些形式有用，把你感興趣的概念挑出來，看是不是管用。如果它很有啟發性、很有趣，很好，那接著對這個概念進行改造，少做一些破壞。如果不適用，那就試一下其他概念。

你在創作那些已經完成的知識作品的時候是否感到孤單？對你來說，堅持自己的立場，堅持你的折衷主義是否很困難？

好問題。如果你問我，我是不是一名知識分子，我會回答我不是。我會說，我只是住在伍爾弗漢普頓的一個人，有時候會從事一些知識工作。這個工作不是我的中心。我在學術機構裡賺一些錢。我有某種並非由學術機構來界定的存在或者身分的中心感——與我所知道的那個不同，我當然肯定不願意給它貼金。如果我絕大部分是一個被學術機構界定的人，我大概不僅會感到孤單，而且不可能從事自己的工作。但這是另一種孤單，很詭異地帶來了它自己的團結感，使得我與學術偏執症絕緣，讓我不再認真地對待那些無休止的爭論。我不太清楚，難道所有的民族誌學者不都在一定程度上面對一個問題嗎？入世或者出世。確信田野工作的必要性；不可避免地懷疑人類契約的真誠性。不管他們是否加入某個理論流派，他們都知道民族誌中剝削關係所蘊含的巨大矛盾。作為一個民族誌學者，你是一個「窺視狂」，你努力四處打探以確保沒有遺漏資訊。你還在某種程度上對你的交談對象遮遮掩掩，做出你的解釋。你正在做一種不平等的交換，其本質是資本主義的，因為它看上去是平等的，但實際上卻非常不平等。你從這種貌似信任和互惠的關係中得到了一些東西，然後單方面地在學術機構裡把它「市場化」成一種公共的、可交換的資源：從本地的使用價值中剝離出特定類型的交換價值。你把它拿走，然後在學術機構裡換成錢，就像《學做工》成了一本書一樣，在以後的二十年裡賣了十萬本。上述的所有「罪過」，我都犯了。雖然現在我比較多從事理論而非實踐工作，但是我仍然願意鞏固這種互動，因為那是試圖理解創造性、感性、特殊性的唯一途徑，即便這一做法以其次級動機損傷了這一目的。

這些多重、常態的社會氛圍壓力——只有田野工作者能感受得到——有時候讓我覺得，我們的方法是一臺象徵性的坦克或潛水艇。田野角色有點像是坦克或潛水艇，這些都是接近陌生人或危險地域的有用工具。你永遠不會知道它們能快速成為一個死亡陷阱，直到你自己試一試。你是研究工具。這才是關鍵。但是，這麼做的話，你也讓自己成了一個可以被毀壞的圍欄。

你不常提起另一面，也就是民族誌在倫理上不可能做到的事情。那不正是民族誌想像力的另一個角度嗎？

也許那就是想像力所要還清的債。不過我在這裡特別指出，我已經感到自己與民族誌學者們是同一條戰線上的人，不管他們的傾向是什麼，因為我覺得我們是在一個祕密會社裡，入會的儀式和會員費就包含了處理那些不能明說的愧疚。也許這就是惡魔梅菲斯特[10]。會費越高，成就越大。我能夠感受到這種折衷，以及它帶來的那種張力，但是在文本中這卻是無法看見的；我也能感受到一部分對體驗進行描述的方式之重要性；我還能感受到真正作為被牽涉其中的目擊者的體驗；以及一部分無法卸下的罪過，它轉化成一種無休止地折騰人的政治。

我並不在乎他們是被稱為人類學家、馬克思主義者、現象學家還是語言學家。不管是誰，只要他試圖去做下面這件非常奇怪的事情，我就立刻對他產生認同感；這件事情就是，出於完全只屬於我們這個小俱樂部、並極有可能受到社會能動者懷疑的理由，而參與到某種社會情境中，這一理由就是：我們作為一個社會群體的邊緣地位是其他一些事情的中心。然而看到你四處打探之時人們如此開放和坦誠，我還是感到吃驚。你並不是有意識地像資本家剝削剩餘價值那樣想做

10　梅菲斯特是《浮士德》裡惡魔的名字，浮士德以自己的靈魂與其立賭約。——譯註

什麼骯髒的交易，但是正如我之前說過的那樣，你已經有了這些感覺，就是要「弄一些資料」。如果說我已經建立了一個學術之家的話，那也是和那些意識到這種道德兩難的人一同建立的。你幾乎可以說，與那相比，理論流派是非常不重要的。而且，我厭惡某些純粹的理論家。我想逼迫他們走出來，面對那些道德兩難。揪住他們的後衣領對他們說：「這就是你所說的東西。」你知道，我說的不是那些學術上的事情，我不會說：「給我展示一些經驗資料。」我要說的是：「你是否真的努力從你所談論的人那裡，獲取過與你所說的理論有關的資料？」對那些與你不同的人尤其要這麼做——那些人安安穩穩地坐在研討會小組裡；或者對那些你想提出一些批評意見或說一些讓他們感到不舒服的話的人，也應該這麼做。一方面，在沒有與我們討論的對象交談，或者沒有授予我們討論的對象平等的互動式人性的情況下，我們是否有可能從事社會科學研究？另一方面，我們如何能夠在不對他們進行某種程度剝削的情況下做到這一點？你們知道，在現存的社會關係下，坦誠迫使我們變得不坦誠。這導致了關於承諾、回報和政治的討論：為什麼我們要將自己置於道德困境中才能起步。在這一設定框架和辯解的過程背後，有一個妥協的但並非錯誤的獨特能量，使得我們與社會科學的「外套」分離開來。而正是這種關於道德困境之能量的共識，使我與這個陌生的群體產生了共鳴。

參考文獻

Hoggart, Richard

—— (1957) *The Uses of Literacy.* London: Chatto and Windus.

Willis, Paul

—— (1977) *Learning to Labour : How Working Class Kids Get Working Class Jobs.* Farnborough : Saxon House.

—— (1978) *Profane Culture.* London : Routledge and Kegan Paul.

—— (1986) *Youth and Community Education. The Future Role and Organisation of Local Government.* EducationWorking Paper 2.4. Institute of Local Government Studies : University of Birmingham.

—— (2000) *The Ethnographic Imagination.* Oxford : Polity Press.

Willis, Paul, Andy Bekenn, Tony Ellis, and Denise Whitt

—— (1988) *The Youth Review : Social Conditions of Young People in Wolverhampton.* Aldershot : Avebury.

Willis, Paul, Simon Jones, Joyce Canaan, and Geoff Hurd

—— (1990) *Common Culture.* Buckingham : OUP.

國家圖書館出版品預行編目資料

學做工：勞工子弟何以接繼父業？／保羅・威利斯（Paul Willis）著；秘舒, 凌旻華譯. -- 初版. -- 臺北市：麥田, 城邦文化出版：家庭傳媒城邦分公司發行, 民107.04
面；　公分. --（時代感；7）
譯自：Learning to labour: how working class kids get working class jobs
ISBN 978-986-344-544-9（平裝）
1. 勞動階級　2. 勞工
546.17　　107002857

時代感 7

學做工

勞工子弟何以接繼父業？

Learning to Labour : How Working Class Kids Get Working Class Jobs

作　　者／保羅・威利斯（Paul Willis）
譯　　者／秘舒　凌旻華
導　　讀／李明璁
主　　編／李明璁
責任編輯／江灝
協力編輯／吳菡
校　　對／吳美滿

國際版權／吳玲緯　蔡傳宜
行　　銷／艾青荷　蘇莞婷　黃家瑜
業　　務／李再星　陳玫潾　陳美燕　杻幸君
編輯總監／劉麗真
總 經 理／陳逸瑛
發 行 人／凃玉雲
出　　版／麥田出版
10483臺北市民生東路二段141號5樓
電話：(886)2-2500-7696　傳真：(886)2-2500-1967
發　　行／英屬蓋曼群島商家庭傳媒股份有限公司城邦分公司
10483臺北市民生東路二段141號11樓
客服服務專線：(886) 2-2500-7718、2500-7719
24小時傳真服務：(886) 2-2500-1990、2500-1991
服務時間：週一至週五09:30-12:00・13:30-17:00
郵撥帳號：19863813　戶名：書虫股份有限公司
讀者服務信箱E-mail：service@readingclub.com.tw
麥田網址／https://www.facebook.com/RyeField.Cite/
香港發行所／城邦（香港）出版集團有限公司
香港灣仔駱克道193號東超商業中心1樓
電話：(852)2508-6231　傳真：(852)2578-9337
E-mail：hkcite@biznetvigator.com
馬新發行所／城邦（馬新）出版集團【Cite(M) Sdn. Bhd. (458372U)】
41, Jalan Radin Anum, Bandar Baru Sri Petaling, 57000 Kuala Lumpur, Malaysia.
電話：(603)9057-8822　傳真：(603)9057-6622
電郵：cite@cite.com.my

封面設計／王志弘
印　　刷／漾格科技股份有限公司

■2018年4月　初版一刷
■2019年3月　初版二刷
Printed in Taiwan.

定價：480元

ISBN 978-986-344-544-9

cite城邦媒體 麥田出版
Rye Field Publications
A division of Cité Publishing Ltd.

廣 告 回 函	
北區郵政管理局登記證	
台北廣字第000791號	
免 貼 郵 票	

英屬蓋曼群島商
家庭傳媒股份有限公司城邦分公司
104 台北市民生東路二段141號5樓

▼
請沿虛線折下裝訂，謝謝！

文學・歷史・人文・軍事・生活

麥田出版
Rye Field Publications

書號：RC6007 書名：學做工

讀者回函卡

cite城邦媒體

※為提供訂購、行銷、客戶管理或其他合於營業登記項目或章程所定業務需要之目的，家庭傳媒集團（即英屬蓋曼群島商家庭傳媒股份有限公司城邦分公司、城邦文化事業股份有限公司、書虫股份有限公司、墨刻出版股份有限公司、城邦原創股份有限公司），於本集團之營運期間及地區內，將以e-mail、傳真、電話、簡訊、郵寄或其他公告方式利用您提供之資料（資料類別：C001、C002、C003、C011等）。利用對象除本集團外，亦可能包括相關服務的協力機構。如您有依個資法第三條或其他需服務之處，得致電本公司客服中心電話請求協助。相關資料如為非必填項目，不提供亦不影響您的權益。

□ 請勾選：本人已詳閱上述注意事項，並同意麥田出版使用所填資料於限定用途。

姓名：________________ 聯絡電話：________________

聯絡地址：□□□□□________________

電子信箱：________________

身分證字號：________________（此即您的讀者編號）

生日：____年____月____日　性別：□男　□女　□其他________

職業：□軍警　□公教　□學生　□傳播業　□製造業　□金融業　□資訊業　□銷售業

□其他________________

教育程度：□碩士及以上　□大學　□專科　□高中　□國中及以下

購買方式：□書店　□郵購　□其他________________

喜歡閱讀的種類：（可複選）

□文學　□商業　□軍事　□歷史　□旅遊　□藝術　□科學　□推理　□傳記　□生活、勵志

□教育、心理　□其他________________

您從何處得知本書的消息？（可複選）

□書店　□報章雜誌　□網路　□廣播　□電視　□書訊　□親友　□其他________

本書優點：（可複選）

□內容符合期待　□文筆流暢　□具實用性　□版面、圖片、字體安排適當

□其他________________

本書缺點：（可複選）

□內容不符合期待　□文筆欠佳　□內容保守　□版面、圖片、字體安排不易閱讀　□價格偏高

□其他________________

您對我們的建議：________________

____